rororo

Zu diesem Buch

Silke Schütze, Jahrgang 1961, wuchs in Berlin auf. Während des Philologiestudiums beschäftigte sie sich mit mittelalterlicher Lyrik und britischen Utopisten. Die Journalistin lebt und schreibt in Hamburg.

Silke Schütze

Henny Walden

Memoiren
einer vergessenen
Soubrette

Rowohlt
Taschenbuch
Verlag

Originalausgabe
Veröffentlicht im Rowohlt Taschenbuch Verlag GmbH,
Reinbek bei Hamburg, April 2000

Lektorat Asma Semler
Umschlaggestaltung Cordula Schmidt
(Foto: © Sammlung Eickemeyer / Berlin)
Satz Garamond PostScript, PageOne
Gesamtherstellung Clausen & Bosse, Leck
Printed in Germany
ISBN 3 499 22680 4

Prolog

Hör'n Se doch
Hör'n Se doch
Hör'n Se doch mal hin
Weil ich 'ne
Weil ich 'ne
Weil ich 'ne Entdeckung bin!

Bin kein Frauchen
Bin kein Heimchen
Zeig gern meine Lotterbeinchen
Bin modern und sachlich
fleißig, schnell und praktisch.

Und die Männer
Und die Männer
Und die Männer sind verdutzt
Weil ihr Charme
Weil ihr Charme
Ungenützt verpufft.

Geld verdienen,
Keck flanieren
Und am Zahltag frohe Mienen.
Eine Frau kann das wie Ihr!
Und zum Würstchen trinkt sie Bier.

Die moderne
Die moderne
Die moderne Frau
Ist von Hause
Ist von Hause
Ist von Hause aus sehr schlau

Lieber auf dem Diwan räkeln
als am Haushaltsgeld zu mäkeln
Lieber Tanz und Dollerei
Als die olle Kocherei!
In der Küche stehn beim Topf
Ab mit diesem alten Zopf!
Kragen plätten, Hosen flicken
Putzen, waschen und fromm nicken?
Damit lockt kein Mann –
Heute keine Frau mehr an.

(Henny Walden, 1923)

«Ich werde hier mein Herz verlieren.»
Berlin, Anfang der Zwanziger Jahre.

Zur Entstehung dieses Buches

Im Dezember 1997 machte der Berliner Hobbyhistoriker und Heimatkundler Max Gerstenberg einen ungewöhnlichen Fund. Gerstenberg, Kenner und Sammler von Zeitzeugnissen der Kaiser- und Vorkriegszeit, wurde häufig bei Wohnungsauflösungen zu Rate gezogen, sein kleines Privatarchiv war eine wahre Fundgrube für deutsche Alltagskultur. An diesem Tag fiel ihm auf dem Flohmarkt an der Straße des 17. Juni eine unscheinbare Ledermappe in die Hände. Darin befanden sich drei schwarzweiße Fotografien, einige Zeitungsausschnitte und ein Brief. Gerstenberg kaufte die Mappe für den lächerlichen Preis von dreißig Mark.

Die Unterschrift auf dem Brief, Henny Walden, sagte ihm zunächst nichts. Doch er stieß wieder auf den Namen, als er sich den vergilbten Zeitungsausschnitten zuwendete, Kritiken über verschiedene Kabarett-Programme im Jahr 1923.

Auf dem ersten Foto lachte eine junge, dunkelhaarige Frau mit dem für die zwanziger Jahre typischen kinnlangen Pagenkopf unter einem dunklen Hut in die Kamera. Sie trug ein langes, weich fallendes Kleid mit passendem Mantel, ihr rechter Fuß stand auf der Bank eines Schuhputzers mit Schiebermütze, in den Händen hielt sie ein Manuskript. Das Foto ist auf einem belebten Großstadtplatz aufgenommen, zweifelsohne Berlin.

Das zweite Bild kannte Gerstenberg. Wer kennt es nicht? Marlene Dietrich in der Haltung, die sie weltberühmt machte: als fesche Lola auf einer Tonne in *Der blaue Engel*. Das Bild war hinten beschriftet: «No cream in my coffee». Die fahrige, nach rechts gelehnte Handschrift glich der des Briefes.

Gerstenberg fiel zum ersten Mal hinter der Dietrich eine halb vom Vorhang verborgene Frau auf: Henny Walden?

Das dritte Bild zeigte eine Partyszene. Aus einem Film? Einer Theaterinszenierung? Das sorgsam komponierte Stilleben eines Fotografen? Auf der Rückseite entzifferte Gerstenberg «Immer noch die erste von links!». Die erste von links lagerte auf dem Bild auf einer diwanähnlichen Plattform in den Armen eines Mannes im Smoking, war in glänzendes, hauteng anliegendes Lamé gekleidet und der schwarze Pagenkopf war unverkennbar: Henny Walden!

Gerstenberg studierte den Brief ein zweites Mal. Er war «Winter 1929» datiert und Henny Walden schrieb: *«Verehrter Herr Max! Ich hinterlasse Ihnen mein Berlin, das Füllhorn meiner Erinnerungen scheint nur halbgefüllt. Billets, Bilder, Bonmots. Sie sprechen wenig, ach so wenig, über die Synkopen meines Lebens. ‹Werden Sie jetzt nicht lyrisch, Walden›, würde der Doktor sagen. – Aber ich weiß, Sie haben mich immer verstanden. Vielleicht als einziger.»*

Gerstenberg forschte nach. Doch Archive und Büchereien gaben nichts über Henny Walden her. Er entschloß sich, an die Öffentlichkeit zu gehen. Im Februar 1998 erschien in einer Berliner Lokalzeitung auf den Kulturseiten die kleine Notiz, daß Material aufgetaucht sei, das in Zusammenhang mit der «weitgehend unbekannten Schauspielerin» Henny Walden stehe. Schon am nächsten Tag erhielt Gerstenberg einen Anruf aus der Redaktion: eine Frau Meyer meldete sich. Sie habe einiges aus dem Besitz von Frau Walden und ob er Interesse daran habe.

Gerstenberg konnte sein Glück nicht fassen, als ihm die verwitwete Gabriele Meyer, geborene Krummbiegel, in ihrer kleinen Mietwohnung in Berlin-Weißensee verriet, daß sie einen Koffer von Henny Walden in ihrem Keller habe.

Gerstenberg bat um Erlaubnis, das Gespräch aufzuzeichnen, denn Gabriele Meyers unverfälschtes Berlinerisch schien ihm wie eine Stimme aus der Zeit, in der Henny Walden lebte. Er erfuhr, daß Frau Meyers Vater, Max Krummbiegel, im Speiserestaurant «Aschinger» am Alexanderplatz von 1918 bis 1930 als Oberkellner tätig gewesen war. Frau Walden gehörte zu den Stammgästen, und Frau Meyer erinnerte sich, daß sie als kleines Mädchen 1927 oder 1928 auf den Knien ihres Vaters Frau Walden dort singen hörte.

Den Koffer hatte Henny Walden ihrem Vater zur Verwahrung gegeben, als sie Berlin 1929 verließ. Danach war sie nie wieder aufgetaucht, und ihr Vater hatte den Koffer mit nach Hause gebracht, wo er im Keller den Krieg, Mauerbau und Mauerfall unbeschadet überstand. Über die Ledermappe, die Gerstenberg auf die Spur von Henny Walden brachte, wußte Frau Meyer nichts.

Sie zeigte Gerstenberg mit Stolz eine gerahmte und vergilbte Fotografie von Henny Walden, die im Korridor neben dem Spiegel hing. Henny Walden lächelt darauf mit glänzenden weißen Zähnen, dem charakteristischen schwarzen Stirnpony und in verführerischer Pose in die Kamera. Die Widmung darunter lautete: «Zur Erinnerung an ‹die Kleene›, die im Aschinger ihre glücklichsten Stunden verlebte. Ihre Henny Walden.»

Frau Meyer erzählte, daß Max Krummbiegel der «Kleenen» immer wieder Kredit gab, wenn sie im «Aschinger» nicht genug Geld hatte, um zu essen und zu trinken. «Vata hat imma jesacht: det Künstlerpack redet und phantasiert so fille, als wie wenn se Worte essen könnten.» Aber die Walden, die hatte er ins Herz geschlossen. «Besser die Kleene schnorrt bei mir wie det se in der Josse landet. Wär schade um det Mechen.» (Tonbandprotokoll)

Bei aller Nostalgie hatte Frau Meyer wenig von der Freigebigkeit ihres Vaters geerbt, der Anfang der fünfziger Jahre starb. 500 Mark zahlte Gerstenberg für den Koffer aus hellem, brüchigem Leder, den er im Keller hatte besichtigen dürfen.

Als Gerstenberg in seinem Büro den Koffer öffnete, fand er Briefe, Notizen, Gedicht-, Drehbuch-, Liedentwürfe und Abschriften. Programmzettel, Fotografien und Zeichnungen, auch persönliche Dokumente, die Neuruppin als Henny Waldens Geburtsort angaben. Und ganz zuunterst das Kostbarste: lose, dicht beschriebene Tagebuchseiten. Die ersten datieren von 1919, die letzten von 1929.

Akribisch machte sich Gerstenberg an die Edierung seines Fundes, recherchierte in Standesämtern und Kirchenbüchern, Bibliotheken, Bild- und Textarchiven. Mit jeder Zeile fügte er ein Stück in die Biographie von Henny Walden, einer zu Unrecht vergessenen Soubrette und unbekannten Hüterin der Erinnerung. Die hier abgedruckten Texte sind dem heutigen Sprachgebrauch angepaßt.

Kurz vor der Vollendung seiner Arbeit riß ihn ein Herzinfarkt aus dem Leben. Mir fiel die dankbare Aufgabe zu, Max Gerstenbergs Werk zu vollenden. Das vorliegende Buch wäre ohne seinen Enthusiasmus, seine zähe Recherche und nicht zuletzt ohne seine Liebe zum alten Berlin und den Frauen dieser Stadt nicht denkbar.

Silke Schütze
Hamburg, August 1999

«Immer noch die erste von links!»

Einleitung

Die zwanziger Jahre waren recht eigentlich das Jahrzehnt Berlins. Mehr als irgendeine andere Stadt war Berlin wie für sie geschaffen. Die Zeit saß ihr wie angegossen. Die Stadt riß mit keckem, übermütig selbstvertrauendem Griffen alles an sich, und alles strebte auf sie zu.

(Peter de Mendelsohn)

Wohl kaum eine deutsche Stadt beflügelt auch heute noch die Phantasie der Menschen so sehr wie Berlin in den 20er Jahren. Der Lebenshunger nach dem Ersten Weltkrieg ließ ein unbekümmertes, lustorientiertes Klima entstehen, in dem alles möglich erschien und das das 20. Jahrhundert maßgeblich beeinflußte. Berlin wurde zur hektischen Metropole, in der die Uhren schneller als anderswo tickten. Zeitungsjungen rasten auf ihren Rennrädern durch die Straßen, die Autos verdrängten die Droschken, und mit schnellen Schritten strebten, Seite an Seite mit Arbeitern und Geschäftsleuten, junge Fräulein in die Kontore, Läden und Fabriken. Tempo war das Wort der Stunde und der Autor Kurt Tucholsky kritisierte seine Zeitgenossen: «Sie haben Quecksilber im Plüschsessel.» Am Abend explodierte die Stadt im Lichterflirren der Kabaretts, Theater und Kinos. Halbweltdamen, Literaten und Kriegsgewinnler schlürften Schaumwein und Absinth, der Foxtrott revolutionierte das Tanzparkett und die Inflation spielte die Musik dazu.

Der Typ der «kessen Berlinerin», mit keckem Pagenschnitt oder Bubikopf, etablierte sich, das Adjektiv «pikant» kam in Mode. Daß viele dieser Frauen, die die Bars und Cafés, die Modenschauen, die Büros, Fabrikhallen und Theaterbühnen bevölkerten, keine geborenen Berlinerinnen waren, spielte keine Rolle. Die Millionenstadt schluckte sie alle, drückte ihnen ihren Stempel auf. Das Atmen der vielbesungenen «Berliner Luft» reichte aus, um Berlinerin zu werden.

Die Züge, die am Potsdamer Platz einfuhren, spuckten täglich Hunderte junge Frauen aus, die auf ein neues, ein freieres, ein «modernes» Leben hofften – fernab elterlicher Kontrolle und festgefügter Lebensplanungen. Berlin – das war die Verheißung auf ein selbstbestimmtes Leben.

Sie kamen als Dienstmädchen, als Sängerinnen, als Gouvernanten, als Studentinnen, Wissenschaftlerinnen, Fabrikarbeiterinnen, Schauspielerinnen und Schriftstellerinnen. Sie kamen aus Österreich, aus Prag, aus Wuppertal – oder wie Henny Walden aus dem von Berlin nicht weit entfernten Neuruppin. Viel ist über die Frauen geschrieben worden, denen damals der Sprung aus der Anonymität gelang. Marlene Dietrich, Anita Berber, Else Lasker-Schüler, Fritzi Massary ... die Liste ließe sich noch lange fortsetzen.

Doch der Glamour, den diese Namen verströmen, war nur die eine Seite der Medaille. Wenig ist über die vielen namenlosen Frauen bekannt, die Berlin in jener Zeit zu dem machten, was es war: eine Weltstadt zwischen Glitzer und Elend, magisch und hart, verschwenderisch und unerbittlich.

Die Geschichte ist immer eine Geschichte der Männer gewesen und nicht zufällig schrieb Bertolt Brecht die Fragen eines denkenden Arbeiters und nicht einer denkenden Arbeiterin auf ...

Henny Walden, so entnehmen wir ihrem Tagebuch, war keine Gewinnerin. Sie lebte mehr am Abgrund als im Scheinwerferlicht. Doch von diesem Rand warf sie Blicke auf die Großen, Berühmten, die nicht unbedingt mehr Talent als sie, sondern einfach nur mehr Glück hatten. Sie war ein Stern, der nur manchmal auffunkelte. Heute würde man die junge Frau, die das Kultur- und Subkulturleben Berlins wie ihre eigene Tasche kannte, die Dichter und Boxer gleichermaßen anschwärmte, vielleicht als Groupie bezeichnen. Eines von den Mädchen, an die sich keiner erinnern kann, aber die jede Party, jeden Tanztee zu einem prickelnden Vergnügen machten und sich mit jedem Schritt von der Frauenrolle entfernten, für die sie erzogen wurden. Doch für ein Groupie war Henny Walden zu klug und ambitioniert. Sie wollte selber schreiben, schauspielern, singen – nicht nur am Ruhm eines Mannes und an seinem Geld teilhaben.

Keine Kulturgeschichte verzeichnet den Namen Henny Walden. Und doch hat sie gelebt. Sie hatte keinen Biographen. Aber ein Tagebuch.

Manchmal schlägt die Geschichte ihre eigenen Haken und der Zufall übernimmt die Regie. So einem Zufall verdanken wir, daß Henny Waldens Tagebücher gefunden wurden. Fast sieben Jahrzehnte, nachdem sich ihre Spur verlor …

Sie war eine der vielen jungen Frauen, die in den zwanziger Jahren in die Metropole Berlin strömten: Henriette Elisabeth Wuttke, Lehrertochter aus Neuruppin. Als Henny Walden, Soubrette und Dichterin, brachte sie es in der brodelnden Berliner Clubszene zu bescheidenem Ruhm.

Viele ihrer Gedichte, Lieder und Prosatexte sind im Nachlaß erhalten. Ein einziges Tondokument läßt ihre in den Tiefen rauchige, in den Höhen scharfe Stimme aus der Vergangenheit zu uns herüberklingen. Eine begnadete Sängerin – jedenfalls nach den Maßstäben ihrer Zeit – war sie nicht. Henny Walden zirpte nicht, die Melodie vertändelte sich nicht in niedlichen Koloraturen. Herb, fast sprechgesangsartig lobt sie in dem aufgezeichneten Couplet einen Mann namens Gustav, natürlich berlinisch – also «Justav». Doch in ihrer Stimme liegt eine fesselnd laszive Rauheit, sie dehnt die Silben gegen den Rhythmus, verleiht mit eigenartig synkopenhaft eingesetzten Pausen dem Lied einen ganz eigenen Stil.

Der größte Schatz ihrer Hinterlassenschaft sind die erhaltenen Tagebuchfragmente. Sie zeichnen facettenreich und authentisch ein lebendiges Porträt der Goldenen Zwanziger. Ohne literarische Pose beschrieb Henny Walden die Stadt aus einer persönlichen, subjektiven, weiblichen Sicht. Sie betrachtete die Künstlercliquen, trieb sich in Bars und Kaffeehäusern herum, arbeitete an Berliner Bühnen und in verschiedenen Kabaretts. Sie beobachtete alles, was Rang und Namen hatte: Schauspieler und Schriftsteller, Filmgötter, Außenseiter und schillernde Eintagsfliegen, die Helden und Verlierer, den Glanz und das Elend dieser Zeit. Textpassagen ihrer Tagebücher lassen den Rückschluß zu, daß sie Mitte der zwanziger Jahre eine unglückliche Liebe mit dem Lyriker Gottfried Benn verband.

Von den 14 Jahre deutscher Geschichte, die wir Weimarer Republik nennen, erlebte Henny Walden zehn Jahre als Soubrette, Chormädchen, Journalistin, Drehbuchautorin und Dichterin in Berlin. Es war eine aufregende, widersprüchliche Zeit. Die Sektkorken knallten, Spartakus erwachte, Ballettgirls warfen die Beine, Kapp putschte und das Publikum johlte beim Damenringkampf.

Die Folgen des Ersten Weltkriegs zwangen Frauen zunehmend zum Broterwerb und bescherten ihnen damit neue Freiräume, auch und gerade im künstlerischen Bereich. So ist die bruchstückhafte Biographie Henny Waldens mehr als ein faszinierend direkter Blick in eine Zeit, die Stefan Zweig als «einen Weltaugenblick» friedlicher Verheißung beschreibt. Vielmehr ist sie exemplarisch für ein verändertes Frauenbild, das ein neues Leben zwischen Aufbruch und Anpassung ermöglichte.

I Wenn ich ein Knabe wär'

1900–1918

Wenn ich ein Knabe wär',
Vater, liebtest du mich mehr?

(Gedicht, um 1915)

Wie schreibt man die Biographie einer Frau, über deren Leben der Vergangenheit nur knappe zehn Jahre zu entreißen sind? Über die nur bekannt ist, daß sie gelebt hat? Daß sie Berlin liebte und träumte, als Soubrette dort Karriere zu machen? Deren Stimme, mal frech und pointiert, mal melancholisch und verzweifelt durch den Schleier der Jahre dringt? Der zielbewußten Erforschung dieses Lebens sind noch engere Grenzen gesetzt, als dies gemeinhin bei Biographien der Fall ist. Wir haben uns dennoch bemüht, Henny Waldens Nachlaß eine Chronologie zu geben, der einen Zauber aus seiner Lückenhaftigkeit bezieht. Sie selbst wurde einmal als «die Soubrette, die aus dem Nichts kam» beschrieben, und obwohl wir wissen, daß dieses Nichts die brandenburgische Kleinstadt Neuruppin war, liegt dieser Bezeichnung doch eine tiefere Wahrheit zugrunde. Trotz ihrer Texte bleibt Henny Walden eine Figur aus dem Schattenreich. Das Nachzeichnen ihres Lebenswegs ist Dektektivarbeit. Doch über die Jahre hinweg erwachen ihre oft hastig hingeworfenen Zeilen und ihre kurzen, manchmal unvollständigen Sätze zu neuem Leben. Und ganz nebenbei spiegelte sich in ihren Aufzeichnungen das Lebenstempo von Berlin wieder.

Wer war Henny Walden? Wir stellen sie uns als junges Mädchen vor, entdecken Berlin mit ihren Augen, wir erleben die Geburt der mysteriösen Soubrette, das Reifen an Mißerfolgen und Rückschlägen, sympathisieren mit der nachdenklichen, aber ungebrochenen Frau, die zehn Jahre später die Metropole wieder verließ. Den ganzen Menschen lernen wir nicht kennen, doch gelegentlich erahnen wir ihn. Wie in Momentaufnahmen, auf einem unscharfen, verwackelten Schnappschuß erkennen wir den Kern einer eigenwilligen Person, die mit Charme, Witz und auch mit dem Mut der Verzweifelten ein für Frauen noch weitgehend unbekanntes Lebensmodell ausprobierte.

Ein wenig erinnert sie uns immer an eine Statistin aus einem Theaterstück, die in jedem Akt nur einen kleinen Satz zu sprechen hat. Dabei trieb sie nie die Handlung voran und blieb letztlich nicht mehr als Kolorit. Doch in diesem Moment, in dem sie ihren Satz sprach, gehörte ihr die ungeteilte Aufmerksamkeit und am Ende stand auch sie vor dem Vorhang und das Publikum applaudierte ihr. Henny Waldens Applaus kommt für sie selbst zu spät. Es hätte sie sicher stolz gemacht und amüsiert, wenn sie gewußt hätte, daß ihre Berlin-Schilderungen, ihr Berliner Leben, Gegenstand eines Buches werden.

In ihren Liedern, Gedichten, Drehbuchentwürfen unterschied sich Henny Walden wenig von anderen oft erfolgreicheren Zeitgenossinnen. Ihre Texte spiegeln im Gegenteil ein genaueres Bild der jeweiligen Trends in Literatur und Unterhaltungskultur wider, sie setzte sich mit dem Expressionismus, mit Nonsens-Lyrik, mit dem klassischen Chanson und «Berliner Liedern» auseinander. Auf privater Ebene nahm Henny Walden die klassischen Probleme weiblichen Lebens vorweg. Sie war der Prototyp der modernen Single-Frau mit allen Vorzügen und Schwierigkeiten, die diese Daseinsform mit sich bringt.

F. Scott Fitzgerald hat einmal geschrieben: «Biographie ist die unaufrichtigste aller Kunstformen.» Natürlich, denn es gibt wohl kaum ein Leben, das sich lückenlos dokumentieren läßt. Jedes Ereignis wandelt sich im Schatten der Zeit, Gefühle und Empfindungen werden von der Chronologie der Jahre erdrückt, verlieren an Wichtigkeit und Größe, und übrig bleiben oft nur die harten Tatsachen. Fakten, historische Zusammenhänge, Geburts- und Sterbezeit, Daten, die nicht mehr als ein Gerippe des Lebens ausmachen.

Biographien stellen immer bestimmte Höhepunkte heraus, folgen hier einem Faden, vernachlässigen dort einen anderen. Einmal dienen sie als Interpretationsgrundlage für das Werk der porträtierten Persönlichkeit, ein anderes Mal werden sie herangezogen, um eine bestimmte Theorie des Verfassers über den in der Biographie Beschriebenen zu untermauern. Biographien sind oft ehrlicher als Autobiographien, bei denen der altersmilde Blick auf die zurückliegende Zeit die eigene Vergangenheit oft allzu glatt, zu schimmernd und zu golden schildert. Leider können wir Henny Walden heute nicht mehr selbst zu ihrem Leben befragen und ihre Zeitgenossen nehmen nur wenig Notiz von ihrem Schaffen, um ihre echte Stimme zu hören. So bleiben uns nur ihre Tagebuchfragmente, Briefe und Notizen. Das Bild der frivolen Soubrette überlagert das des unbedarften Mädchens, das im Strudel der bewegten zwanziger Jahre in Berlin mitgerissen wurde und darum kämpfte, nicht unterzugehen. Oft war sie verzweifelt, hungrig und frustriert, dennoch überrascht sie in ihren Schriften durch heitere Gelassenheit, durch sprühenden Humor und durch eine lebensbejahende Risikofreudigkeit. Einem glücklichen Umstand verdanken wir ein Bündel ihrer eigenen, an die Mutter gerichteten Briefe. Einige waren ungeöffnet und mit dem postalischen Vermerk «Zurück an den Absender» versehen. Sie stammten aus der Zeit, in der die Eltern den Kontakt mit der Tochter in Berlin abgebrochen hatten. Ein anderes dünnes Bündel aus den späten zwanziger Jahren vereint fünf Briefe von Henny Walden an die Mutter – vielleicht hat Henny Walden ihre Mutter später gebeten, sie ihr zurückzugeben.

Weiterhin von Bedeutung sind die erhaltenen Briefe von Henny Waldens älterer Schwester Wilhelmine, die die Entwicklung der Jüngeren mit Sorge und Angst vom heimischen Neuruppin aus verfolgte und kommentierte, sowie die Briefe von Henny Waldens Freundin und Arbeitskollegin Meta Andersen, die wie sie das Max Reinhardt-Institut besuchte, jedoch nach einigen glücklosen Jahren in der Komparserie an diversen Berliner Bühnen die Stadt verließ, um in Norddeutschland zu heiraten. Der Briefwechsel zwischen Henny Walden und ihrer Mutter gibt nur bedingt über Hennys Leben Aufschluß, da sie sich in ihnen stets als artige Tochter präsentierte, die ihre Lebensumstände beschönigte, um der Mutter Kummer zu ersparen, und daher bemüht war, wenig detailliert auf ihr wirkliches Leben einzugehen. Das Zusammenspiel von zeitgleich entstandenen Chansontexten und der erhaltenen Korrespondenz an Henny Walden zeigt das Bild einer zerrissenen Persönlichkeit, der es letztlich nicht gelang, eine positive Einstellung zum Bruch mit den gesellschaftlichen Normen zu gewinnen. Henny Walden war zu keiner Zeit eine echte Avantgardistin, die sich unbekümmert über Konventionen hinwegsetzte. Ihre persönliche Problematik war der immerwährende Versuch, ihre durch Begabung und wirtschaftliche Notwendigkeit diktierte, individuelle Daseinsform mit dem Gesellschaftskodex zu versöhnen.

In ihrem Nachlaß findet sich ein kleines Pappschild. Es ist sauber mit Linealstrichen umrahmt. Zwei Löcher am oberen Rand zeigen, daß sie die Pappe offensichtlich irgendwo zur Inspiration aufgehängt hatte. Zwei Sätze des englischen Dichters William Wordsworth (1770–1850) notierte sie darauf: *«Es war ein Fest, in diesem Aufgang einer neuen Zeit zu leben. Und dabei noch jung zu sein war wie der Himmel.»*

Wie Wordsworth sich von der Französischen Revolution, ließ sich Henny Walden von der Stimmung des Nachkriegs-Berlin begeistern, in der ihr, der jungen Frau ohne familiäre Bindungen und Aufsicht, alles möglich erschien.

Bei der Rekonstruktion ihres Lebens sind wir vielfach auf Vermutungen angewiesen, auf Rückschlüsse, die ihre Texte und in ihrem Nachlaß Gefundenes nahelegen. Manches Mal wird uns die Phantasie, aber auch das Wissen um die Zeit, in der Henny Walden lebte, zu Hilfe kommen müssen.

Wir wissen, daß sie in der Silvesternacht 1899/1900 – «nur zwei Stunden hat das Jahrhundert mir voraus» schrieb sie in einem unvollendeten, undatierten Gedichtentwurf – als Henriette Elisabeth Wuttke in Neuruppin bei Berlin geboren wurde. Über ihre Kinderzeit und Jugend ist nur bekannt, was sie aus der Rückschau beschrieb, und ein einziges Gedicht, das um 1915 entstand. Man darf vermuten, daß bei ihrer Geburt nichts daraufhinwies, daß das Leben des Mädchens Henriette in anderen Bahnen als den traditionellen verlaufen würde.

Neuruppin, Kreisstadt im preußischen Regierungsbezirk Potsdam, war um die Jahrhundertwende ein Postkartenidyll bürgerlich-preußischer Vorbildlichkeit. Die romantisch am Ruppiner See gelegene Kleinstadt war auf rund 18000 Einwohner angewachsen, besaß vier evangelische Kirchen, ein katholisches Gotteshaus und eine Synagoge. Mit ihren Schülermützen auf den Köpfen streunten die Gymnasiasten nach der Schule über das Kopfsteinpflaster und versuchten mit den jungen Damen, die das städtische Seminar besuchten, Blickkontakt aufzunehmen. Neben dem Land- und Amtsgericht befand sich im Zentrum das Hauptsteueramt, der Bahnhof und eine Nebenstelle der Reichsbank. Vor den Toren des Städtchens lagen die – im damaligen Amtsdeutsch – Landesirrenanstalt sowie die Garnison des Infanterie-Regiments Nr. 24. Die Neuruppiner waren stolz auf ihre florierende Industrie, die Eisen verarbeitete, Maschinen baute, Stärke produzierte, Bilderbögen, Bürsten und – sehr fortschrittlich – Feuerlöschgeräte herstellte.

Vater Wilhelm Wuttke gehörte als Lehrer am örtlichen Gymnasium der gebildeten Oberschicht an und nahm, wie späteren Aufzeichnungen von Henny Walden zu entnehmen ist, am gesellschaftlichen Leben der Neuruppiner Honoratioren aktiv teil. So pflegte er einmal wöchentlich zu seinem Stammtisch in einem Neuruppiner Lokal zu gehen und dort zu politisieren, wie sich Henny Walden später in einer Tagebuchaufzeichnung erinnerte. Mutter Mathilde Wuttke, geborene Brinkmann, war Tochter eines Pfarrers. Beide Familien stammten aus Neuruppin.

Henriette war nach Wilhelmine (geboren 1893) und Hedwig (geboren 1897) die dritte Tochter. Vielleicht besonders, weil ihm der ersehnte Stammhalter versagt blieb, achtete Wilhelm Wuttke, der von den Mädchen gleichermaßen geliebte wie gefürchtete «Papa» bei seinen drei Töchtern auf eine gute Schulbildung.

In der Kindheit besuchte sie mit großer Wahrscheinlichkeit die Volksschule in Neuruppin, im Matrosenkleid, das im Schulhaus hinter einer schwarzen Lüsterschürze verschwand. Die Schulzeit zur Kaiserzeit konfrontierte die kleinen Mädchen mit einem klaren, harten Regelwerk, das eingehalten werden mußte. In den Gängen oder auf den Treppen des Schulgebäudes durfte nicht geschwatzt werden, die Haare mußten gerade gescheitelt sein, sprechen durfte nur, wer gefragt wurde. Man kann sich denken, welches unterdrückte Energiepotential eine Frauengeneration freisetzte, die, derart erzogen, nach dem alles verändernden Weltkrieg ihre Selbständigkeit erproben durfte!

Henny Walden beschäftigte sich in ihren Tagebuchfragmenten erst zu einem relativ späten Zeitpunkt mit ihrer Familie. Allerdings findet man in ihrem Nachlaß eine von ihr wohl als Schulmädchen abgefaßte Übersetzung eines Textes von Cäsars «De bello gallico». In runder Schulmädchenschrift steht «Henriette Wuttke» auf dem vielfach zerknitterten Papier und mit schwarzer Tinte, vielleicht die Schrift ihres Vaters, ein «fein gemacht!» darunter.

Da man bezweifeln darf, daß Henriette und ihre Schwestern das Jungengymnasium besuchten, wo ihr Vater unterrichtete und es keine Unterlagen (Zeugnisse, Schulanmeldungen oder Abgangszeugnisse) in ihrem Nachlaß gibt, erhielten die Wuttke-Mädchen nach Besuch der Volksschule wohl privat von ihrem Vater Unterricht oder beendeten als junge Mädchen am Seminar ihre Schulzeit. Daß der Vater Henriette auch in ihrer Freizeit zu Übersetzungsübungen heranzog – wäre der Cäsar-Text eine Hausaufgabe für die Schule gewesen, hätte er fein säuberlich in einem Schulheft gestanden –, zeigt sein besonderes Interesse an seinem dritten Kind. Henriette war Vaters Liebling. Er förderte sie besonders und erweckte dadurch in ihr ein Selbstbewußtsein und Selbstwertgefühl, das stärker ausgeprägt war als bei ihren Schwestern.

Trotz der geringen Wissensgrundlage, die wir über die Familie Wuttke haben, kann man sich aber das Familienleben, das sich von anderen Familien der Bürgerschicht nicht unterschieden haben wird, gut vorstellen. Die erhaltenen Briefe an ihre dritte Tochter zeugen von keiner großen Bildung, wenngleich Mathilde Wuttke Orthographie und

Grammatik ordentlich beherrschte. Ein Brief, in dem sie Henriette nach ihrem Weggang nach Berlin beschwor, nicht mehr zu schreiben, und auch nicht mehr den Vater um Geld zu bitten, weist sie als eine zutiefst konventionell denkende Frau aus; es wäre ihr im Traum nicht eingefallen, ihrem Mann zu widersprechen oder sich gar eine eigene Meinung herauszunehmen. Mathilde, von Henny in einem erhaltenen Briefentwurf einmal als «Mamutschchen» bezeichnet, glich das cholerische und oftmals despotische Wesen ihres Mannes mit Wärme und Fürsorglichkeit aus. Vielleicht las man abends in der Wohnstube gemeinsam Klassiker und Frau Mathilde Wuttke fand sich, wie viele deutsche Frauen über Generationen hinweg, in dem in Schillers «Lied von der Glocke» proklamierten Frauenideal wieder: «Und drinnen waltet / Die züchtige Hausfrau, / die Mutter der Kinder, / Und herrschet weise / im häuslichen Kreise.»

Man kann sich gut einfühlen in die Stimmung dieser Zeit und liegt mit dem Klischee der deutschen Familie, die sich zur Lesung von Goethe und Schiller zusammensetzte, wahrscheinlich nicht allzu falsch. Oberhaupt der Familie war unangefochten Vater Wuttke, der nach der Heimkehr von seinem Stammtisch in gehobener Stimmung, wie alle Altphilologen, gerne einmal augenzwinkernd Sallust zitiert haben mochte. Obwohl derart Anekdotisches Vermutung bleibt, ist klar, daß Henriettes Interesse an Literatur und dem geschriebenen Wort mit Sicherheit in dieser Zeit geweckt wurde. Jahre später in Berlin verdingte sie sich in ihrer finanziellen Not unter anderem auch als Vorleserin und verglich in einem ironischen Gedicht die Helden der Klassiker, die sie in ihrer Jugend kennengelernt hatte, mit den realen männlichen Zeitgenossen. Wir dürfen hier schon verraten, daß die Klassiker besser dabei wegkamen!

Für Henny Waldes Biographie ungleich wichtiger war jedoch die – ebenfalls nicht außergewöhnliche – Tatsache, daß sie wie alle Töchter ihrer Schicht Klavier- und Geigenunterricht erhalten hatte und damit für ihre Karriere als Soubrette unerläßliche Grundsteine gelegt wurden.

Henny und ihre Schwestern erlebten ihre Kindheit nach heutigen Verhältnissen in relativem Wohlstand. Selbstverständlich erhielten Dienstboten damals weitaus weniger Lohn und waren aus einem «ordentlichen» bürgerlichen Haushalt nicht wegzudenken. Wuttkes ökonomische Verhältnisse allerdings ließen kein «Personal» zu. Sie hatten eine Zugehfrau, die von der Küche bis zur Wäsche für alle Verrichtungen zuständig war, und an deren «dicke graue Erbsensuppe mit Speck» sich Henny in ihren Berliner Jahren so manches Mal wehmütig erinnerte.

Darüber hinaus gab es zumindest bis Anfang des Ersten Weltkriegs das Dienstmädchen «Berta» für das Allergröbste, das jedoch – vielleicht nach einer Tändelei mit einem Soldaten der in Neuruppin stationierten Infanteriegarnison? – unehrenhaft entlassen und nach Hause geschickt wurde. «Ich denke an Berta», schrieb Henny in ihr Berliner Tagebuch, als sie selbst vermutete, schwanger zu sein. «Aber, ach, ich kann mich selber nicht nach Hause schikken. Ich habe ja kein Zuhause mehr.»

Auch wenn Mathilde ihre Tochter vielleicht aufgenommen hätte, Wilhelm Wuttke hätte es niemals zugelassen. Als Pädagoge war mit Sicherheit sein Hauptziel, daß seine Töchter zeitgemäß «tadelloses Benehmen» zeigten. Ein uneheliches Kind hätte in dieses Erziehungsideal nicht gepaßt. Der «Berta-Vorfall» beschäftigte offenbar die kleine Henny damals sehr, und die harsche Reaktion ihres Vaters behielt sie nachdrücklich in Erinnerung. Jahre später sollte der Vater Henny selbst nach Berlin schicken, «um das Schlimmste zu verhindern».

Doch wir greifen vor. Denn um 1912 war Henriette Wuttke noch eine, wahrscheinlich bezopfte, Schülerin mit Matrosenkragen. Das vielgeliebte «Nesthäkchen» und weitgehend unauffällig. 1914 brach der Erste Weltkrieg in die heile Neuruppiner Welt ein. Wilhelm Wuttke, ehemals Wachtmeister bei den Kürassieren und Veteran des Deutsch-Französischen Krieges von 1870/71 war einer der ersten Begeisterten, die sich bei der Mobilmachung gemeldet hatten. Eine Information, die wir einem Tagebuchfragment entnehmen, in dem sich Henny Walden an ein Bild erinnerte, das im heimischen Wohnzimmer hing und den Vater in Uniform, mit Säbel und Helm mit goldenem Adler zeigte.

Der Krieg veränderte das ruhige Leben in Neuruppin erst langsam, dann im Verlaufe des Krieges immer drastischer. Henriette knüpfte sowohl nostalgische, als auch bittere Erinnerungen daran.

«Weißt Du noch die niedliche Brosche, die Du im Krieg trugst, zwei gekreuzte schwarzweißrote Flaggen in Emaille? Meine Zöpfe waren ebenso mit Schleifen in deutschen Farben gebunden. Noch immer suche ich nach einem Stoff von diesem ganz besonderen Rot. Ein Heil-dir-im-Siegerkranz-Rot – daraus ein Abendkleid, wie himmlisch!!! Doch dieses Rot finde ich in ganz Berlin nicht. Gestern abend habe ich den Kindern unser Strickstrumpfverschen vorgetragen, woraufhin mich Fr. Kressin auszankte. So ein Ärger nur wegen eines alten Gedichtes.»

(Aus einem unvollendeten Brief von Henny Walden an Wilhelmine, Tagebuch 1919)

Das erwähnte Strickstrumpfverschen stammte aus «Treuhilde. Den deutschen Mädchen in Stadt und Land dargeboten von Margarethe Telschow», einer mehrbändigen Erbauungslektüre für Mädchen, die sich in bürgerlichen Haushalten großer Beliebtheit erfreute. Man kann davon ausgehen, daß auch die Schwestern Wuttke der Parole «Strickt feldgraue Strümpfe für unsere Feldgrauen» folgten und sich dabei das Strickstrumpfverschen – «Diese Strümpfe strickt ich dir, / lieber deutscher Krieger. / Wünsche webte ich hinein / für den tapfern Sieger» – im Kopf hatten.

Weiteren Aufschluß über das Alltagsleben dieser Zeit gibt ein erhaltener Brief von Mathilde Wuttke an Henriette:

«Es ist fast nicht zu glauben, wie gut es uns hier wieder geht. Vater hat oftmals noch mit Schmerzen im Bein zu kämpfen, doch ein guter Braten bessert seine Laune stets erheblich. Ißt Du in Berlin auch immer gut? Denke daran, daß der Mensch essen muß, um zu arbeiten. Du hast immer das Essen vernachlässigt, Dich nicht beklagt als im Krieg das Brot wie aus Stroh schmeckte und das Beefsteak aus der Tüte kam. Das war zu Zeiten gar Dein Leibgericht.» (Brief vom 3. April 1921)

Auch die Berliner Ausdruckstänzerin Valeska Gert beschrieb diesen wohl für die Kriegszeit typischen Fleischersatz in ihren Lebenserinnerungen: «In der Tüte befand sich ein gelbliches Pulver, das man mit Wasser anrührte, zu Bouletten formte und briet. Sie schmeckten nicht einmal schlecht.»

Nicht nur der Krieg, sondern auch Wilhelm Wuttkes persönliches Schicksal warf bald einen Schatten auf die Familie. Denn der Vater wurde 1916 verwundet und kehrte als geschlagener Held zurück. Man kann davon ausgehen, daß dieses Ereignis und die mit dem Krieg verbundenen Erlebnisse des Vaters kein Thema im familiären Kreis waren. Doch noch Mitte der zwanziger Jahre, als die elterliche Unzufriedenheit mit dem Lebensstil der Tochter in Berlin in einem Abbruch des Kontakts eskalierte, mahnte Mathilde Wuttke brieflich: *«Deine Briefe führen den Vater in einen Zustand der Niedergeschlagenheit, wie damals als er der Verletzung wegen aus dem Feld zurückkehren mußte.»* Diese «Niedergeschlagenheit» mußte eine nachdrückliche Signalwirkung auf ihre Kinder gehabt haben, sonst hätte die Mutter sie nicht herangezogen, um Henny die Größe und Tiefe des väterlichen Kummers und Entsetzens über die Tochter vor Augen zu führen. Von dem Vater findet sich – natürlich? – kein einziger Brief in Henny Waldens Nachlaß, obwohl sie in ihren Tagebuchfragmenten einmal «Brief von Papa» vermerkt. Sie wird ihn vernichtet haben. Weinend und enttäuscht oder wütend und rebellisch.

Während nach dem Zweiten Weltkrieg und bis heute die Folgegenerationen leidenschaftlich versuchen, das Schweigen der Väter zu brechen, gelang dies nach dem Ersten Weltkrieg kaum. Der zurückgekehrte Vater schottete sich mit seinen Erinnerungen und Bildern im Kopf ab. Durch die Verletzung wurde seiner Kriegsemphase eine aktive Beteiligung versagt, was er als Schmach empfand. Die Niederlage Deutschlands mag er sich als persönliches Versagen angerechnet haben. Henny Waldens Vaterbild erhielt durch den Krieg erste Sprünge: wohl nicht zum erstenmal empfand sie, wie enttäuscht der Vater war, keinen Sohn zu haben, der nun statt seiner ins Feld ziehen konnte. In dem bereits oben erwähnten, 1915 datierten Gedicht der junge Henriette setzte sie sich mit der Haltung ihres Vaters auseinander und schaffte damit ein frühes Zeugnis feministischen Gedankenguts:

Wenn ich ein Knabe wär',
Vater, liebtest Du mich mehr?
Ach, dann könnte ich marschieren
bei den Kürassieren

Wär' ich zackig, wäre ich feige?
Hätt' ich Sehnsucht nach der Geige?
Gleich! Tränkt' die Erd' mein Blut so rot –
Vaters Stolz! Doch ich wär' tot.

Man muß bezweifeln, daß Henriettes Eltern von der lyrischen Begabung ihrer jüngsten Tochter angetan waren. Die verwöhnte Jüngste war mit Sicherheit geltungsbedürftig und gewöhnt, mit elterlicher Zustimmung und Ermunterung bedacht zu werden. Mit großer Wahrscheinlichkeit zeigte sie das Gedicht ihren Eltern. Bürgerliche Familien förderten damals die musischen Seiten ihrer Sprößlinge mit Stolz. Die Kinder durften schon früh Theater spielen, bei Hauskonzerten mitwirken – und die Angewohnheit, im Familienkreis ein Gedicht vorzutragen, ist mitunter noch heute – zumindest um die Weihnachtszeit – eine Horrorvorstellung vieler deutscher Kinder. Doch bei diesem Gedicht handelte sich nicht um «Von draußen vom Walde komm ich her» und auch nicht um «Die Bürgschaft» oder andere Erbauungstexte – dieses Gedicht ist Ausdruck eines zutiefst berührten jungen Mädchens in der Pubertät, das mit seiner Geschlechterrolle ebenso zu kämpfen hat, wie um die schwer zu erringende Liebe des Vaters. Wie wichtig dieses erste Gedicht ihr selbst war, dokumentiert allein die Tatsache, daß sie dieses frühe Zeugnis ihres Schaffens all die Jahre aufbewahrte. Die damals entstandenen Risse im Verhältnis zu ihrem Vater vertieften sich im Laufe ihres Lebens zu tieferen Gräben – zementiert vor allem durch die starre Haltung des Vaters, der sich einer erneuten Annäherung und versöhnlichen Kommunikation verschloß.

1918 lebte Henriette trotz des Krieges und den damit verbundenen Einschränkungen – es gab für einige Jahre kein Dienstmädchen und keine Köchin mehr, die Lebensmittel waren knapp – im Elternhaus ein geradezu exemplarisches Leben ihrer Frauengeneration. Sie half ihrer Mutter im Haushalt und ging dem Vater zur Hand. *«Ausführliche Erfahrung im korrekten Excerpieren des Ciceros»* steht ironisch auf einem in ihrem Nachlaß gefundenen undatierten Zettel. Unter *«Singen, Geigenspiel, Notenlesen, Dichten»*. Wahrscheinlich entstand diese Liste in einer finanziell problematischen Situation, in der sie ihre Qualitäten zusammenstellte, um sich Klarheit darüber zu verschaffen, womit sie Geld verdienen könnte.

Nicht Krieg, Brotknappheit oder etwa die schauerliche «Kohlrübenmarmelade», an die sich Wilhelmine Wuttke später einmal in einem Brief an die Schwester erinnert, sind für sie in diesem Jahr von Bedeutung. Das wichtigste Ereignis dieses für Deutschland so schicksalsträchtigen Jahres war für Henriette ihre erste große Liebe. In ihrem Nachlaß findet sich ein gepreßtes, vertrocknetes Maiglöckchensträußchen, aufgeklebt auf ein Stück Pappe, daneben in Henriettes Schrift das Datum 3. Mai 1918. Und in zartem Bleistift die leidenschaftliche Frage: *«Warum liebe ich Dich nur so sehr?»*

Es ist unwahrscheinlich, daß Henriette, die wie viele «Backfische» und unter Berücksichtigung ihres leidenschaftlichen Drangs zum Schreiben, nicht Tagebuch geführt hat. Doch von dieser ersten großen Liebe ist keine Zeile erhalten. Entweder behielten die Eltern diese Einträge ein oder sie selbst vernichtete sie. So bleibt es reine Mutmaßung, daß es sich bei Henriettes Schwarm um «Herrn H.» handelt, von dem Mathilde Wuttke ihrer Tochter 1920 brieflich nach Berlin mitteilte, er sei «endlich aus Neuruppin fortgezogen», und mit ihm «seine unglückliche Frau, die sich nie mehr so recht erholt hat». Nun könnte es sich bei Herrn H. um einen x-beliebigen Nachbarn oder Bekannten handeln. Doch in anderen Briefen verwendet Mathilde Wuttke selten Abkürzungen, sie schrieb von «Frau Kommerzienrat Blendow» oder berichtete vom Kollegiumsausflug unter der Leitung von «Dr. Mannheim». Obwohl viele ihrer Briefe unverbindliche, fast langweilige Schilderungen sind, äußerte sie sich in Verbindung mit «Herrn H.» direkt in diesem Brief zu einem unangenehmen Thema und erklärte damit sowohl die Erlaubnis des Vaters, Henny nach Berlin zu schicken, als den unmittelbaren Anlaß: *«Du mußt wahrlich froh sein, daß der Vater das Schlimmste verhindert hat und Dich zu Kressins schickte. Man spricht hier viel von Minna Schlichter, die Herr H. ins Unglück gebracht haben soll. Welchem Unglück bist Du entgangen. Du mußt nun brav lernen, damit meine Jette bald als Lehrerin nach Hause zurückkehren kann.»*

Ob «Herr H.» der Schenker der romantischen Maiglöckchen war, bleibt Hennys Geheimnis. Eindeutig ist jedoch in diesen Zeilen, daß zwischen Henriette Wuttke und dem verheirateten «Herrn H.» offensichtlich ein ähnliches Verhältnis bestand, wie das, das die arme «Minna Schlichter» später «ins Unglück brachte». Kurz: Henriette hatte sich mit einem verheirateten Mann eingelassen, und drohte damit nicht nur, den Ruf der Familie zu ruinieren und Schuld von alttestamentarischem Ausmaß auf sich zu laden («seine unglückliche Frau»), sondern sich selbst die Aussicht auf eine vielversprechende Hochzeit zu zerstören. Diese erste unglückliche Liebe ist das Grundmotiv, das, wie wir sehen werden, in Hennys Leben immer wieder neu variiert wurde. Und bereits bei ihrer ersten Liebe, die gesellschaftlich untragbar war, beugte sich Henny Walden dem Diktat der Diskretion, das sie in Berlin weiterhin einhielt.

Auch in der Großstadt verliebte sich Henny Walden immer wieder in verheiratete Männer. Doch sie war niemals radikal, lebte höchstens in ihren frivol verspielten Texten ihre Gefühle aus. Sie scheute sich immer, eine nicht sanktionierte Liebe offen, wie beispielsweise die Dichterin Else Lasker-Schüler, die sie in Berlin erlebte, auszuleben. Vor der Entscheidung, als braves Mädchen zu handeln oder den gesellschaftlichen Rahmen offensiv zu verletzen, flüchtete sie stets in die scheinbare Sicherheit bürgerlicher Erziehungsideale und drückte ihre Leidenschaft und ihren Schmerz nur auf dem Papier aus.

Die Suche nach dem «Richtigen» beschäftigte sie auch in Berlin immer wieder, und natürlich hatte diese Sehnsucht über den persönlichen und emotionalen Bereich hinaus für eine Frau am Anfang des Jahrhunderts eine existentielle Bedeutung. War doch die «Versorgungsehe» fast der einzig denkbare Weg für Mädchen aus der, zumal kleinstädtischen, Bürgerschicht. Die Umwälzungen des modernen Lebens standen noch bevor, und man kann davon ausgehen, daß in der Familie Wuttke so traditionell erzogen wurde, wie es in einer Ausgabe des «Albums einer Frau» von 1869 formuliert wurde: «Gattinnen, Hausfrauen und Mütter sollen und wollen doch die Mädchen dereinst werden.»

So sahen die Eltern Wuttke, ganz im Einklang mit ihrer Generation ihre vordringlichste Aufgabe darin, ihre Töchter gut zu verheiraten. Wilhelmine und Hedwig widersetzten sich nicht. Der Briefwechsel zwischen Henny Walden und ihrer Mutter und der Schwester Wilhelmine belegt dies. So trafen sich Hennys ältere Schwestern mit den von den Eltern ausgewählten Männern, wobei die Auswahl kriegsbedingt nicht groß gewesen sein dürfte. Vor Hennys Weggang nach Berlin waren beide Schwestern verlobt. Wilhelmine, 1919 bereits 26jährig, heiratete später Ernst Schlerer, einen verwitweten Kollegen des Vaters, Hedwig wurde die Frau von Alwin Bergmann, einem entfernten Cousin, dessen Vater in Neuruppin eine Lithoanstalt besaß.

Wilhelmine kommentierte in ihren Briefen an die kleine Schwester deren Leben stets liebevoll und besorgt. Sie ist gleichsam als bürgerliches Gegenbild des unkonventionellen schwesterlichen Lebensentwurfs zu verstehen. Ihr verdanken wir auch eine hübsche Beschreibung, die einen vielsagenden Blick auf das weibliche Selbstverständnis wirft:

«*Gestern haben wir die letzte Wäsche für Hedwigs Leinenschrank bestickt. Denk Dir nur, daß wir damit anfingen, als Du noch hier weiltest. Wir glauben, daß Alwin sich in den nächsten Tagen erklären wird und Hedwig verbringt viele Stunden bleich und nervös. Vor einigen Tagen fürchtete sie gar, keinen Mann zu bekommen. Mutter tröstete sie und ich spürte wohl, daß ihre Gedanken auch zu Dir nach Berlin wanderten, als sie sagte, daß sich wohl für jedes Mädchen die Gelegenheit fände, eine passende Ehe einzugehen. Hedwig, das dumme Mädchen, brach in lautes Schluchzen aus und begehrte zu wissen, ob sie auch bestimmt nicht sitzen bliebe. Du kannst Dir denken, wie herzlich wir lachten. Der Vater und Ernst haben beschlossen, mit unserer Hochzeit noch zu warten. Das Trauerjahr* (wahrscheinlich auf die erste Frau Ernst Schlerers bezogen) *ist noch nicht vorbei und auch sonst ist in der Stadt noch alles ein wenig zu traurig.*» (Brief von Wilhelmine, Mai 1919)

Schon als Backfisch muß Henriette Wuttke klar geworden sein, daß sie etwas anderes leben wollte als die vier großen K – Kaiser, Kirche, Küche, Kinder –, die in der Vorkriegszeit für Frauen vorgesehen waren. Paradoxerweise war es vielleicht der Vater selbst, der in ihr diesen Wunsch erweckte. Die Geister, die er durch die geistige Förderung seiner jüngsten Tochter gerufen hatte, wurde er jetzt nicht mehr los.

«*Recht still ist es jetzt nach Tische. Der Vater hat ja auch niemanden mehr, mit dem er so heftig disputieren kann wie mit Dir. Obgleich ein rechter Wildfang, warst Du ihm doch auch immer das Liebste. Die Mutter schüttelte ja oftmals, wie Du Dich erinnern magst, den Kopf, er würde einen rechten Jungen aus Dir machen, wenn er nur darüber lachte, daß wieder einmal das Kleid zerrissen und die Haarschleifen verloren waren. Daß Du die Übersetzungen für die Tertia schon mit zehn Jahren besser als sein Primus erarbeitetest, machte Dich ihm gerade noch einmal lieber.»* (Brief von Wilhelmine, März 1919)

So gesehen hatte Wilhelm Wuttke ein Monster geschaffen: ein gebildetes, aufgewecktes Mädchen, temperamentvoll und eigenwillig – zugleich mit den weiblichen Tugendidealen vollgepfropft und von einer für ihre Schicht charakteristischen Naivität. Auf eben diese Unbedarftheit setzte Vater Wuttke vergeblich, als er erwartete, daß sich diese Tochter sich von einem Tag auf den anderen in die sanftmütige Gattin eines von ihm Ausgewählten verwandelte. Für Henriette kam dieser Wunsch des Vaters einem Vertrauensbruch gleich. Jahrelang hatte sie Privilegien genossen, in Vaters geheiligtem Arbeitszimmer gesessen, sich vielleicht als gleichwertiger Partner bei theologischen oder literarischen Diskussionen empfunden, und nun sollte sie ihren eigenen Kopf nicht durchsetzen dürfen.

Viele Jahre später, als ihr Vater im Dezember 1928 starb, verarbeitete Henny Walden seinen Tod in einem Gedicht (siehe Kapitel 5). Der Text spiegelt deutlich die Unruhe und das Unverständnis wider, auf die ihr Lebensweg in der Familie stieß. Gleichzeitig dokumentiert das Gedicht, wie tief Henriette der Konflikt mit den Eltern belastete. Erschwerend im Jahre 1918 kam hinzu, daß Henriette zwar wußte, was sie nicht wollte, aber nicht, was sie statt dessen werden wollte. Viele Möglichkeiten standen ihr nicht offen.

Im Gartenlauben-Kalender von 1913 warb der Leipziger C. Bange's Verlag unter der Überschrift «Was kann unser Sohn, unsere Tochter werden?» für seine Hefte zur praktischen Anleitung zur Berufswahl. Über hundert Männerberufe – vom Ansiedler bis zum Zoll- und Steuerbeamten – wurden in diesen Heften zu 50 Pfennig behandelt. Für Frauen dagegen gab es Informationsmaterial für nur 32 Berufe: immerhin von der Ärztin über die Opernsängerin bis zur Zeichnerin. Im Vordergrund aber standen auch hier, neben den traditionellen Tätigkeiten wie Putzmacherin, Schneiderin, Hausdame, Stütze der Hausfrau, Kinderpflegerin, Krankenpflegerin oder Hausdame, die lehrenden Berufe wie Musik-, Klavier-, Handarbeits- oder Zeichenlehrerin. Und in Berufen wie Maschinenschreiberin, Fernsprechgehilfin, Eisenbahnbeamtin oder Kassiererin schlug sich die veränderte, technisierte Gegenwart nieder. Die Literaturhistorikerin Marie-Luise Könneker schreibt in ihrem Vorwort zu «Mädchenjahre – Ihre Geschichte in Bildern und Texten»: «Dann von der Schaukel in den Weltkrieg, Geschützdonner beendet Chopin Etuden und Arbeitergesänge. Mädchen aller Klassen stricken Ohrenschützer und Schneehauben für die feldgrauen Soldaten, vaterländisch fühlend, singend, dichtend. Es geht um Deutschland, ‹Treuhilde› erwacht, die lenkt nun Straßenbahnen, fertigt Geschoßkörbe, sie steht ihren Mann. (...) Nicht nur die Sozialdemokraten, auch die Mädchen und Frauen halten Kaiser und Reich die Treue. Am Ende durften sie wählen zwischen politischen Parteien und zwischen Konzernprodukten. Die höheren Töchter konnten Nationalökonomin werden, die mittleren Telefonistin, die unteren blieben, was sie immer waren: Arbeiterin. Frau sein, Mensch sein, selbst bestimmen, wann fängt das an.»

Neben den neuen Berufen, die die musische Henriette keineswegs interessierten, neben diesen verwirrenden

Richtungen, in denen die Tochter hätte driften können, machte Henriettes Eltern mit Sicherheit «der neue Wind» Sorgen. Die Aufbruchsstimmung, die der Kriegsmüdigkeit folgte, hatte auch Neuruppin in Zeitungen und auf Flugblättern erreicht. Vielleicht erklärte Henriette sogar in den häuslichen Diskussionen ihre Abneigung, Ehefrau zu werden, vor allem mit dem Wunsch, der Enge der Kleinstadt zu entfliehen.

Wie sollten die Eltern auch die Tochter verstehen? Sie verstanden damals, kurz vor Kriegsende, ja ihr eigenes Leben nicht mehr. Der Krieg war so gut wie verloren, der Feuerbrand der Revolution fraß sich, ausgelöst durch die Meuterei der Marine von Wilhelmshaven über Kiel südwärts durch Deutschland, verschlang die Fürstenhäuser und zuletzt das Kaiserhaus. Dazu tobte in jenen naßkalten Spätherbsttagen des Jahres 1918 in Deutschland die «Spanische Grippe». In der durch vier Jahre Kriegsentbehrungen geschwächten Bevölkerung forderte sie täglich neue Todesopfer: Särge wurden Mangelware, man mußte die Toten in Papiersäcken beerdigen, und die Zeitungen brachten, neben den Bekanntgaben der Verlustlisten von der Front und den Gefallenenanzeigen, die das Eiserne Kreuz, mitunter auch den Davidstern, in der linken oberen Ecke trugen, täglich Listen von den Grippetoten. Auch in Neuruppin wurden wie vielerorts die Schulen geschlossen. Henriette erinnerte sich später, als sie bereits einige Jahre in Berlin war, mit Schaudern an die Depressionen des Vaters, der untätig zu Hause saß, und die Angst der Mutter, die Töchter könnten an Grippe erkranken.

Während Henriette wohl weiter an der delikaten Liaison mit ihrem verheirateten Liebhaber festhielt und immer deutlicher wurde, daß ihr Verbleiben in Neuruppin tatsächlich unmöglich wurde, überstürzten sich in Deutschland die Ereignisse.

Um die Mittagszeit am 9. November 1918 verkündete Reichskanzler Prinz Max in Berlin die Abdankung des Kaisers und den Thronverzicht des Kronprinzen. Von einem Fenster des Berliner Reichstags hatte der Sozialdemokrat Scheidemann bereits die Republik ausgerufen. Das Kaiserreich war zu Ende. Der Kaiser suchte, dem Rat seiner Vertrauten folgend, Aufnahme in Holland.

Wilhelm II. begab sich in den frühen Morgenstunden des 10. Novembers mit einer kleine Autokolonne zu dem holländischen Grenzort Eysden, wo er seinen Hofzug erwartete. Ein holländischer Journalist fotografierte den Kaiser, wie er im langen Mantel mit Pelzkragen auf dem Bahnsteig stand, ein Heimatloser, der im Ausland um Obdach bitten mußte. Dieses Bild, das um die Welt ging, traf den kaisertreuen Wilhelm Wuttke mit Sicherheit mitten ins Herz. Die Abdankung des Kaisers mußte für ihn gleichbedeutend sein mit dem Zusammenbrechen der Grundlage deutscher Geschichte seit 1871.

Die Welt, wie er sie kannte, schien zerstört. Jetzt drohte ihm auch noch das Familienleben aus dem Ruder zu laufen. Kein Wunder, daß der besorgte und dabei oft hilflose Patriarch mit allen Mitteln versuchte, seine rebellische jüngste Tochter «zur Raison zu bringen». Wie schmerzhaft für Henriette die väterliche Strenge und unnachgiebige Haltung waren und wie stark das Echo dieser Konflikte in ihrem Leben nachhallte, zeigen einige Briefentwürfe von Henny Walden aus den frühen zwanziger Jahren. Auch in den Briefen an ihre Schwester Wilhelmine war der Konflikt mit dem Vater oft ein Thema.

Wilhelmine versuchte stets zu schlichten. Im Frühjahr 1919, kurz nach Henriettes Umzug nach Berlin, schrieb sie: «*Wir vermissen Dich dennoch schmerzlich. Der Vater, der kein Wort darüber über die Lippen bringt, verschließt sich stundenlang in seinem Arbeitszimmer, das doch nur*

Du allein betreten durftest. Daß Du ihn auch dazu bringen mußtest, Dich nach Berlin zu schicken, wo seine Jette, sein Henriettchen, immer sein Augapfel war. Mein lieber Ernst meint auch, daß Vater es nie verwinden wird. Halte ein, Jette! Schreibe regelmäßig und berichte von Deinen Fortschritten, auf daß das Band der Familie nicht zerschnitten wird.»

Die schwesterlichen Ermahnungen fielen auf wenig fruchtbaren Boden.

Wie ein Hund die Regentropfen aus dem Fell schüttelt, versuchte Henriette, Neuruppin loszuwerden. Sie stürzte sich hungrig in das Großstadtleben, hatte auch wenig Skrupel, in haarigen Situationen die Eltern beispielsweise um Geld zu bitten.

Selbst später, als sie als Soubrette ihr Leben finanzieren konnte, gelang es ihr nie, sich wirklich vom Vater zu lösen, und noch Mitte der zwanziger Jahre plagte sie ein fast kindlich anmutendes schlechtes Gewissen. Typisch für ihre Beziehung zum Vater ist, daß sie sich schriftlich mit ihren Problemen auseinandersetzte, es jedoch niemals zu einem klärenden Gespräch kam.

«Wieviel Kummer habe ich Dir gemacht, Papa. Wie mag ich die Tränen erklären, die ich weinte in jenen Jahren? Ach, Papa, dieses Sehnen, dieses Drängen, das in meinem Busen tobte. Wie sehr mußte ich Dich enttäuschen!» (Tagebuch, 3. November 1924)

Wie die meisten verunsicherten Bürger erwartete Wuttke von den Töchtern die Besinnung auf die wirklich wichtigen Dinge: auf eine Ordnung, die die politischen Unruhen und die Kriegsfolgen vergessen machte. Dabei war er weniger an einer damals vielzitierten und heftig gesuchten «neuen Ordnung» interessiert, die die Tänzerin Valeska Gert in ihren Lebenserinnerungen so euphorisch begrüßte: «Die alte Welt ist morsch, sie knackt in allen Fugen. Ich will helfen, sie kaputtzumachen. Ich glaube an das neue Leben. Ich will helfen, es aufzubauen.»

Daß Deutschland Republik wurde, begrüßte Wilhelm Wuttke mit Sicherheit nicht. Wuttke blieb seinen alten Werten verhaftet, die mit Kaiser und Krieg untergegangen waren. Mathilde unterstützte ihren Mann, wenngleich sie für ihre Versuche, die Tochter zur Vernunft zu bringen, andere Worte fand. Wahrscheinlich appellierte sie an die Weiblichkeit der Tochter, rief ihr Lebensaufgabe und Bestimmung der Frauen ins Gedächtnis. Diese Worte hielt ihr Henriette, wenn auch wieder nur in ihrem Tagebuch, vor, als sie in Berlin die unsägliche Armut sah, die hinter dem Vorhang der schimmernden Metropole in den dunklen Hinterhöfen ihre Opfer forderte.

«Mutter, Du sprachst vom Bekenntnis zum Leben, von Kindern, Frieden und Brot. Aber diese Armut kennt keine Barmherzigkeit, sie kennt keine Liebe, sie kennt kein Brot. Diese Kinder sind ein Bekennntnis zu einem sinnlosen Leben. Sie leben für den Tod.» (Tagebuch, Herbst 1919)

Ohne die skandalträchtige Liebe zu dem verheirateten «Herrn H.» wäre es Henriette Wuttke wohl kaum gelungen, der Enge Neuruppins zu entfliehen. Begüterte Eltern, ob in Europa oder in den USA, griffen zur Zeit der Jahrhundertwende und auch noch danach oft zu dem probaten Mittel der «Auslandsreise», um eine unpassende Liebe ihrer Sprößlinge zu unterbinden, wie wir beispielsweise in Henry James- oder E. M. Foster-Romanen aus der Zeit lesen. Zweifellos stand ein solches Unterfangen für Familie Wuttke schon aus rein ökonomischen Überlegungen und in Anbetracht der Kriegsfolgen nicht zur Debatte. Trotzdem erstaunt die Entscheidung von Wilhelm und Mathilde Wuttke, Henriette in die «gefährliche Großstadt Berlin» zu schicken, wo sie eine Lehrerinnenausbildung machen sollte. Allen Beteiligten muß die Ausbildung als Lehrerin als gängiger Kompromiß erschienen sein: Vater Wuttke sah vielleicht mit Wohlwollen, daß die Tochter in seine Fußstapfen treten wollte, Henriette mag die Aussicht, ein Seminar in Berlin zu besuchen, als Fahrkarte in eine freiere Welt verstanden haben. Gleichzeitig dokumentiert sie den Grad der elterlichen Verzweiflung. Die Angst vor dem Skandal in der heimischen Kleinstadt war größer als die Furcht vor der eben noch von Revolutionswirren blutig gebeutelten Hauptstadt!

Aus den Briefen der Mutter wird ersichtlich, daß Wuttkes Kontakt mit dem gebürtigen Neuruppiner Lutz Kressin aufnahmen, einem ehemaligen Lieblingsschüler Wuttkes, der als Rechtsanwalt in der Großstadt praktizierte. In diesen geordneten Haushalt wurde Henriette entlassen. Als Gasttochter sozusagen, die neben ihrer Ausbildung der Dame des Hauses behilflich sein und sich an den freien Tagen des Kinderfräuleins um die beiden kleinen Töchter der Familie kümmern sollte. Gleichzeitig mochten die Eltern die Hoffnung an diesen Aufenthalt geknüpft haben, Kressins würden Henriette in die Berliner Gesellschaft einführen und einen geeigneten Heiratskandidaten für sie finden, der, von der «Sache» in Neuruppin unbelastet, Henriette den Hof machen würde.

An diese Pläne ihrer Eltern verschwendete Henriette jedoch keine Gedanken. Eine ihrer frühesten Eintragungen der erhaltenen Tagebuchseiten hielt ihre enthusiastische Begeisterung für die Veränderung in ihrem Leben fest:

«Ich denke nur noch: Berlin! Berlin, Berlin, Berlin. Das Leben ruft nach mir. Als hätt' ich nur gelebt, um diesem Ruf zu folgen!» (Tagebuch, Januar 1919)

2 *Die Linden lang*

1919–1920

Auf dem Trottoir, die Linden lang
Kecke Blicke beim Poussieren.
Mir wird so warm und bang
Ich werde hier mein Herz verlieren.

Mann wirft Augen, Fräulein lacht,
«Sie haben mich um den Schlaf gebracht!»
Ein Pneu zerknallt, man schreit und knufft.
So köstlich, einzigartig: Die Berliner Luft.

(Tagebuch 1920)

Henriette Wuttke kam im Frühjahr 1919 in Berlin an. Ihre frühesten Berliner Notizen datieren vom März. Was ihre direkten Lebensumstände angeht, sind wir wieder auf Vermutungen angewiesen. Stellen wir uns eine großbürgerliche Wohnung im ruhigen Stadtviertel Wilmersdorf vor, in der Nähe des Rüdesheimer Platzes im Südwesten Berlins. Ruhige Straßen, von Lindenbäumen gesäumt, mehrstöckige großzügige Mietshäuser mit den typischen kleinen Vorgärten, über deren Haltung ein Hausmeister im Souterrain wachte. Ab und an rumpelte eine Droschke oder vielleicht sogar ein Automobil über das Kopfsteinpflaster, das Bimmeln der Straßenbahn klang aus der Ferne. In einem kleinen Park schoben Kindermädchen die hochrädrigen Wagen ihrer Schützlinge an den Rabatten entlang, größere Kinder spielten Fangen, schlugen Reifen, Mädchen mit fliegenden Zöpfen sprangen Seil, Jungen mit Steckenpferden tobten auf den Wegen. Noch heute liegt etwas von dieser friedlichen Stimmung über diesem Teil der wiedervereinigten Stadt. Das war kaum das Berlin der Abenteuer, das Henriette sich erhofft hatte. «Wilmersdorf – wahrlich ein Dorf», witzelte sie Jahre später in einem Brief, als sie bereits im Nachtclub-Milieu ihr Auskommen gefunden hatte.

So bürgerlich wie die Nachbarschaft waren auch die Wohnung und der Lebensstil ihrer Gastgeber. Der Lebensweg der Familie Kressin ist – im Gegensatz zu Henny Waldens – gut nachvollziehbar und von tragischer Kürze. Noch heute gibt es in der Schlüterstraße, einer Nebenstraße des Kurfürstendamms, eine Anwaltskanzlei und die Mietverträge aus der fraglichen Zeit weisen die Kanzlei Kressin, Führmann & Poltke als Mieter aus. Im Standesamt Wilmersdorf ist verzeichnet, daß Lutz Kressin bereits vor dem Krieg im Jahre 1937 an Herzversagen starb, seine Frau Margot und die Töchter Anneliese und Margot, zu dem Zeitpunkt, als Henriette Wuttke bei der Familie lebte, zehn und acht Jahre alt, einer Bombennacht im Jahre 1944 zum Opfer fielen. So gibt es keine lebenden Zeugen mehr, die über Henny Waldens Anfangsjahre in Berlin berichten könnten.

Henriette kam im Zimmer der kürzlich verstorbenen Großmutter Kressin unter. Wie bereits erwähnt, gehörten weiterhin zum Haushalt das Kindermädchen Fräulein Ilse – «ein dummes Lämmchen» – schrieb Henriette über sie nach Hause –, das, wie es damals üblich war, mit den Kindern in einem Raum schlief, die Köchin Hanne sowie die Dienstmädchen Herta und Erna, die sich das Mädchenzimmer teilten. An die beiden Dienstmädchen, die ihr im Alter nahestanden, schloß sich Henriette in ihren ersten Berliner Wochen eng an. Ihre ältere Schwester sah diesen Umgang mit Besorgnis.

«Liebe Jette! Vielen Dank für Deinen ausführlichen Brief, den ich heute beantworten möchte. Wie habe ich den

Kopf schütteln müssen über Deine Ängste betreffs des Bettes der verblichenen Großmutter. Sie war mit Bestimmtheit eine gute, brave Frau, die nicht zuletzt mit ihrem Tode Kressins erlaubte, Dich aufzunehmen. Ich hoffe sehr, daß Du Dich Kressins stets dankbar erweist und unser Geist noch um Dich ist und Dich vor den Dummheiten bewahrt, zu denen Du so stark neigst. So muß ich doch bereits in meinem ersten Brief an Dich schelten. Der Umgang mit den Dienstmädchen, von denen Du berichtest, mißfällt mir sehr. Es schickt sich nicht für Dich, an ihren freien Tagen mit ihnen spazieren zu gehen. Lerne nur tüchtig und versuche Dein wildes Temperament, von dem wir hier alle ein Lied zu singen wissen, zu bändigen.» (Brief von Wilhelmine, 5. April 1929)

In Henny Waldens frühen Aufzeichnungen spielt die Familie Kressin eine untergeordnete Rolle. Die junge Frau war vor allem begeistert von der großen Stadt, durch die sie abenteuerlustig mit den Dienstmädchen flanierte. Gleichzeitig war sie verängstigt und liebeskrank, wie ein 1919 datiertes Gedicht zeigt.

Allein in dieser großen Stadt.
Wo ist der mich liebhat?
Neuruppin, der letzte Gang durch die Allee
Seine dunklen Augen sagen traurig mir «Ade».
Sein letzter Kuß unter den alten Weiden
Mein letzter Gruß: Ich muß nun scheiden.
(1919)

Welches Lehrerinnenseminar Henriette Wuttke besuchte, ist ebenso wenig bekannt wie die Ausrichtung, die sie auswählte. So bot die Königl. Handel- und Gewerbeschule für Mädchen (Haushaltungsschule und Pensionat) in Potsdam nach der Jahrhundertwende beispielsweise Seminare zur Ausbildung von Lehrerinnen der weiblichen Handarbeiten und der Hauswirtschaftskunde sowie die Fächer für Gewerbeschul- und Handelslehrerinnen an. Außerdem konnten die Mädchen Kurse für Handelswissenschaften einschließlich fremder Sprachen, Stenographie und Maschineschreiben belegen. Andere Schulen hatten neben Unterricht in «feiner und bürgerlicher Küche, Einmachen, einfach und Glanzplätten» auch Deutsch und Literatur im Angebot. Allgemein begannen die Ausbildungsjahre am 1. April oder 1. Oktober, was ein weiteres Indiz dafür ist, daß Henriette Wuttke im Frühjahr 1919 nach Berlin kam.

In Berlin gab es eine Vielzahl von Instituten für die Frauen- und Mädchenbildung, aber die Unterlagen aus dieser Zeit sind weitgehend verschwunden. In noch erhaltenen Listen taucht der Name Henriette Wuttke nicht auf, und auch in ihrem Nachlaß gibt es weder Zeugnisse noch andere Dokumente, die einen Hinweis auf den Namen des Instituts gäben. Man darf das Fehlen dieser Angabe als Desinteresse interpretieren.

In Marie-Luise Könnekers «Mädchenjahre» finden wir folgende Beschreibung von Gertrud Bäumer, die die Stimmung eines solchen Lehrerinnenseminars wiedergibt:

«Sie [die Mädchen] waren richtig in dem Zustand, in dem die höhere Mädchenschule von damals ihre Schutzbefohlenen entließ, mit einem vielgestaltigen, verworrenen, halberfaßten geistigen Besitz angefüllt, der nun anfing zu leben, da der Geist der erwachenden Jugend über dem Chaos zu brüten begann, und vor allem: sehnsüchtig, irgendwo dem Großen, Schönen, Lebenswerten leibhaftig zu begegnen. Sie wären durch jede Wüste gepilgert, um das Verehrungswürdige zu finden. Und diesem Verlangen stand das sogenannte Seminar gegenüber, von dessen Lehrkräften nur der Direktor gescheit, aber ebenso phlegmatisch und an unserem Verlangen gänzlich uninteressiert war. Alles andere war breite und massive Banalität. Es wurden – für mich zum drittenmal in aufeinanderfolgenden Jahren – die Klassiker ‹durchgenommen›, d. h. Betrachtungen unterzogen, die man in die Kategorie ‹Poetik› rechnete. Was ist ‹Iphigenie›? – ‹Ein Schauspiel›. – ‹Was ist ein Schauspiel?› Jeder Lebenshauch, der einmal von diesen Werken ausgegangen war, entwich bei dieser Prozedur.»

Man kann sich lebhaft vorstellen, wie sich die temperamentvolle Henriette in einer solchen Umgebung langweilte. In nur einer einzigen Tagebucheintragung streifte sie das Seminar. Der Eintrag, noch ganz im teenagerhaften «Liebes Tagebuch»-Stil gehalten, macht deutlich, daß Henriette Wuttke wohl kaum den Traum ihrer Eltern, «brav zu lernen» und als Lehrerin nach Hause zu kommen, realisieren würde.

«Bei den Klassikern glänze ich. Gott sei's getrommelt und gepfiffen, ich muß hier noch einmal ‹Don Carlos› lesen! Das ist so langweilig, daß ich schon mehrfach ermahnt wurde, weil ich gähnte! Die dicke Leni ist verliebt in ihren Tanzlehrer. Die ist wirklich hops! Sie flüstert über ihn und wird dabei ganz rot. So eine ehrpusselige Heuchlerin. Aber wie gerne möchte ich einmal tanzen. Am Nachmittag mit den Kindern im Tiergarten. Ein junger Mann sprach mich an. Am Abend durfte ich mit Erna noch ein bißchen spazierengehen. Und wer stand an der Ecke? Der Mann aus dem Park. Er heißt Rudi und als Erna nach oben ging, gingen wir noch ein Stückchen weiter. Aber dann wollte er mich im Hausflur gleich abküssen. Da war ich furchtbar böse und er ging schnell. Ich schäme mich, aber ich denke noch viel an IHN.»

Am Anfang schrieb Henriette ihre Tagebucheintragungen noch in eines der kleinformatigen Alben, die an ein Poesiealbum erinnern. Von dem ursprünglichen Buch ist jedoch nur noch der vordere, in cremefarbene Seide gebundene Umschlag erhalten. Die Leimung hat die einzelnen Lagen freigegeben, später sind die Fäden, die die Lagen zusammenhielten, entweder entfernt worden oder zerrissen. Bereits die der Chronologie nach frühen Eintragungen befinden sich auf losen, ungeordneten Blättern. Später verzichtete Henny Walden völlig auf ein gebundenes Buch, sie benutzte Briefbögen, später auch Blöcke, auch Rechnungsblöcke aus Restaurants. Abgerissene, beschriebene Zeitungsränder, alte Briefumschläge dienten ebenfalls als Notizzettel.

Das Chaos, das in ihren Eintragungen herrscht, ist ein vielsagender Spiegel ihrer Persönlichkeit. Henny Walden schrieb ihr Tagebuch nicht aus Ordnungsliebe oder gar für die Nachwelt. Das Niederschreiben ihrer Erlebnisse war nicht tägliches Ritual, sondern entsprang dem spontanen Drang, Erlebnisse, Gesehenes, Ideen festzuhalten oder im Schreiben noch einmal zu erleben.

So vermischen sich Ideen und Erlebtes zu einem spannungsreichen, oftmals unübersichtlichen Panorama ihrer sprunghaften, kreativen Persönlichkeit.

Eben diese Vielzahl unterschiedlicher Textüberlieferungen, manchmal sind es nur zwei Zeilen, gar nur ein Wort (mit dem für sie typischen Ausrufezeichen versehen) auf einer geglätteten Papiertüte, manchmal ist es eine detaillierte Schilderung eines Ereignisses auf einem Briefblock – und vor allem oft undatiert –, machen es unmöglich, ihren Nachlaß unediert zu veröffentlichen. Selbst wenn es gelänge, alle Texte in eine schlüssige Chronologie zu bringen, entstünde ein verwirrendes Mosaik voller thematischer Sprünge und unverständlicher Lücken. In ihren stärksten Schaffensperioden beispielsweise schrieb Henny Walden nur wenig Tagebuch. Gleichzeitig hielt sie, während sie ihre bescheidenen Erfolge feierte, auf Theaterbilletts und Programmzettel Gedanken und Empfindungen fest.

Manchmal diente ihr ein Bericht als Trost, im Schreiben schien sie Klarheit über eine Situation zu suchen. Doch mitunter lassen sich äußerst wichtige Geschehnisse, die ihr Leben nachhaltig veränderten, nur mühsam rekonstruieren, und sie selbst setzte sich schriftlich nicht damit auseinander. Sie schrieb ständig – aber nicht kontinuierlich. Und vor allem nicht immer über ihr eigenes Leben.

Die kurze Schilderung des Lehrerinnenseminars erklärt, warum Henriette ihre Ausbildung nicht mehr zum Thema machte: es langweilte sie. Sie hatte wenig Lust, wieder in die Rolle eines Schulmädchens zu schlüpfen. Schon früh erkannte sie, daß der von ihren Eltern für sie ins Auge gefaßte Weg für sie nicht der richtige war.

Wieviel spannender als das Seminar war es, im Walhalla-Theater die Revue «Berlin einst und jetzt» zu sehen und «Max, du hast das Schieben raus» mitzusummen. Henny notierte noch auf einem Albumblatt und überließ dem Chronisten die Detektivarbeit, weil der Eintrag undatiert ist: *«Karten für die Galerie (die billigsten Plätze). Ungemütliches Gedränge mit lauter Herren, die nicht wie Herren aussehen. Hans Rose singt herrlich Max, du hast das Schieben raus, das Publikum pfeift mit! Nach dem Akt großes Geschiebe und Gepuffe, die Herren verlassen das Theater. Ich frage eine junge Dame, die neben mir steht, ob das Stück so schlecht sei. Sie lacht und sagt: Das waren doch die echten Schiebermaxe! Wenn Papa das wüßte! Ich kann schon Berlinisch: Die Jette mittenmang die Ganoven!»*

Berlin und Henny Walden fielen einander in die Arme wie ein Liebespaar. Die Stadt tobte ihr Amüsierbedürfnis aus, wollte den Krieg und die Einschränkungen der Kriegszeit vergessen – und Henny Walden wollte den Neuruppiner Provinzstaub aus den Kleidern schütteln, den väterlichen Zeigefinger und die unglückliche Liebe hinter sich lassen.

Störend bei dieser Liebesbeziehung erwies sich in Henriettes Augen nur noch ihre provinzielle Kleidung. Die Mode änderte sich rasant, und Berlin war Trendsetter im nach dem Krieg neu erwachten Modebewußtsein. Henriette wuchs in einer Zeit auf, in der die Frauen steife Kleider voller Plissees und Volants trugen, überladen mit Rüschen und Krausen. Wickeltaillen und hohe gefaltete Miedergürtel galten als unerläßlich, und nur in Großstädten kam schon kurz nach der Jahrhundertwende das Straßenkostüm – *robe trotteuse* – in kleinkariertem Samt in Weiß und Mordoré gemustert in Mode. Während die kleinen Mädchen knielange, einfache Hängerchen mit Schürzen und Waschkleider aus strapazierfähigem Stoff trugen, rutschte bei den jungen Mädchen der Rocksaum in der Pubertät wieder schicklich unter Wadenlänge. Als angemessene Kleidung für junge Frauen galten lange Röcke und streng geschnittene, selbstverständlich langärmelige Blusen mit hellen, oftmals von Broschen geschlossenen Kragen. Im Winter wurde die tägliche Garderobe mit einer langen Schoßjacke oder einem kurzen Bolero oder ebenfalls langem Mantel komplettiert. Doch in Berlin machte Frau bereits längere Schritte – dies mit deutlich kürzerer Rocklänge. Die Berliner Arbeiterfrauen dagegen trugen tageintagaus dunkle Kleider bis zu den Knöcheln mit gestreiften geknöpften Latzschürzen und unterschieden sich somit wenig von den Frauen der ärmeren Bevölkerung, die Henriette aus Neuruppin kannte. Aber die feengleichen Wesen, die in flotten, die Waden umspielenden Blusenkleidern, mit frechen kleinen Hütchen und kurzen Haaren über die Boulevards schlenderten, erfüllten sie mit Neid. Ihr Wunsch nach neuer Kleidung stieß jedoch in Neuruppin auf Unverständnis.

«Liebe Jette, Mutter hat sich so sehr aufgeregt über Deinen Brief, daß ich Dir nun schreiben muß. Wie kannst Du

auch nur so undankbar sein? Du hast für Berlin nicht weniger als drei neue Kleider von der guten Voss genäht bekommen und wie sehr hattest Du Dich doch über das grüne Kleid gefreut. Mutter kann nicht glauben, daß nun mit einem Mal die neuen Kleider altmodisch sein sollen. An Chinakrepp ist hier gar nicht zu kommen und wozu brauchst Du denn ein Gesellschaftskleid, dazu noch aus grauem Chiffon? Mutter meint, Dein blauseidenes Tanzkleid muß noch gut für mindestens zwei Winter sein. Vielleicht ist Frau Kressin so freundlich, es Ihrer Schneiderin zu geben, wenn Du partout den Saum kürzen willst. Aber nur drei Handbreiten unter das Knie. Weiterhin scheinen ihr Deine Bitten nicht angemessen, da auch die anderen jungen Fräulein im Seminar bestimmt nicht so auffallend gekleidet sind wie Du schreibst. Mutter verbietet Dir, Deine Haare abzuschneiden. Du trägst sie doch erst seit zwei Jahren aufgesteckt und Mutter ist sehr böse über Deinen Wunsch. (Brief von Wilhelmine, Mai 1919)

Also lief Henriette weiterhin in einfacher, fast derber, aber in jedem Fall anständiger Kleidung, langem Rock, hochgeschlossener Bluse und Schnürstiefeln («Wegen der Knöchel!»), durch die Stadt. Längst hatte sie jedoch die vertrauten Wege in Wilmersdorf verlassen. Vielleicht mit den beiden Dienstmädchen, vielleicht aber auch allein, durchstreifte sie die Straßen, machte Ausflüge zum eleganten Kurfürstendamm, erkundet das Zentrum der Metropole am Potsdamer Platz und sperrte Augen und Ohren auf. Sie ließ sich im großen Strom der Passanten treiben. Daß die neue Regierung ein Plakat in der Stadt aufhängte, um allzu lokkeren Sitten Einhalt zu gebieten, weckte ihre Lachlust.

«Was für ein Plakat. Völlig hops! Berolina in den Armen eines Skeletts. Darunter der Text: ‹Berlin, halte ein! Besinne Dich. Dein Tänzer ist der Tod.› Gruselig! Hr. Kressin meint, der Tod sind die Kommunisten. Tragen Kommuni-

sten Lackschuhe wie der Tod auf dem Plakat? Nun gut, lieber sterben als nicht tanzen.»

Auch Walter Mehring, später einer der wichtigsten Autoren im literarischen Kabarett der Republik, beschäftigte dieses Plakat.

«Schon revoltieren / die ersten Lebensmittel der Entente /. Im Magen des Kapitalisten! / Berlin, dein Tänzer ist der Tod – Foxtrott und Jazz –/ die Republik amüsiert sich königlich /

Vergiß mein nicht zum ersten Mai/Als alle Knospen sprangen!»

Bald darauf verrät eine Notiz: *«Seminar geschwänzt. Zum Potsdamer Platz gefahren und Menschen beguckt.»*

Der Potsdamer Platz, vom Anwohner Theodor Fontane einmal als «das Schwungrad der Geschichte» bezeichnet, war 1919 schon Großstadt pur: Bereits 1890 wurden am Bahnhof Potsdamer Platz 1,4 Millionen Fahrgäste abgefertigt. Das tägliche Verkehrsaufkommen lag nach dem Krieg bei 100000 Menschen täglich. Dreißig Straßenbahnen fuhren aus allen Richtungen über den Platz und neben den letzten Droschken schoben sich hupend und quietschend 20000 Autos aneinander vorbei. Hier lud das Vergnügungslokal «Haus Vaterland» zum Tanz ein, die Nobelhotels «Fürstenhof» und «Esplanade» brachten internationales Flair nach Berlin, von dem Henriette Wuttke in der Stille Neuruppins geträumt hatte! Stundenlang saß Henriette an einem Kaffehaustisch, bei einer Tasse Kaffee und frönte dem «Menschenbegucken». Letzteres war umsonst, und mehr als Wasser und Kaffee konnte sie sich nicht leisten, denn obwohl es keine Unterlagen darüber gibt, bekam sie wahrscheinlich nur ein mageres Taschengeld. Auf einem kleinen, verknitterten, groben Stück Papier, finden sich die Zeilen die zeitlich in diese Zeit passen:

*«Schön war Neuruppin, doch nur Ersatz.
Meine Heimat heißt: Potsdamer Platz!»*

Die junge Frau genoß, wenn auch noch vorsichtig, die neue Freiheit, die die Anonymität der Großstadt ihr garantierte. In den ersten Monaten war das Mädchen vom Land noch vor allem aufs Beobachten beschränkt. Und wie bei allen jungen Frauen zu allen Zeiten waren es vor allem die Männer, die sie fesselten. Die Berliner Männer, deren unbekümmerter, kecker Umgang mit den Frauen so anders, ungehemmter und eindeutig begehrlicher war als die Konventionen im provinziellen Neuruppin es erlaubten, müssen eine Offenbarung für die Enkelin eines protestantischen Pfarrers gewesen sein. Eine vom Mai 1919 datierte Eintragung verrät schwärmerisch: *«Die Männer von Berlin sind vom Himmel gefallene Engel. So chic und elegant und gar nicht schüchtern. Ihre Blicke machen jede Frau zu einer Königin ... und ihre Hüte halten Teufelshörnchen am Platz!»*

Beschreibungen wie diese verraten Henny Waldens Originalität und Witz, und verleihen ihr plastische Konturen: Da saß sie, die junge Provinzlerin, bei einer Limonade in einem Café und beguckte neugierig ihre Umgebung. Ein junger Mann, vielleicht am Nebentisch bei einer Zeitung, erregte ihre Aufmerksamkeit, es gab einen kurzen Blickwechsel, den Henriette errötend unterbrach und sich aufgrund des gewagten Flirts mit klopfendem Herzen wieder ihrem Getränk widmete. Vielleicht gleich, vielleicht später bannte sie kichernd das Bild von «Teufelshörnchen» auf Papier. Daß ihre Herkunft ihr bei all ihrem Wagemut hin und wieder ein Bein stellte, läßt sich an einem Beispiel treffend rekonstruieren. Ein Eintrag aus dieser Zeit lautet: *«Er ist Leutnant a. D. und sehr galant. Er lädt mich für den Abend ein. Wir wollen uns an der Ecke bei Schultheiß-Pat-*

zenhofer treffen!» Die nächste Eintragung ist weitaus weniger euphorisch: *«Ich hatte den Straßennamen vergessen, glaubte aber das Lokal wiederzufinden. Um zehn Uhr mußte ich doch zu Hause sein. Ich habe ihn nicht gefunden!»*

Nun muß man wissen, daß die Bierbrauerei Schultheiß-Patzenhofer damals an die zweihundert gleich aufgemachte Lokale in Berlin betrieb. Kaum ein geeigneter Orientierungspunkt für die ortsunkundige Henriette!

Vielleicht hatte Henriette schon bei diesen Zeilen einen bestimmten Großstadtengel im Sinn, denn bei einer Abendgesellschaft im Haus ihrer Gastgeber lernte sie den pfiffigen Journalisten Harry Eichberg vom «Berliner Tageblatt» kennen. In einer rührenden Schulmädchenattitüde bewahrte Henriette Wuttke eine offenbar von der Hand von Frau Kressin erstellte Tischordnung jener Abendgesellschaft auf und umkringelte die nebeinander stehenden Namen «Henriette» und «Hr. Eichberg». Auf der anderen Seite ist die Speisefolge festgehalten. Die Gänge «Grießsuppe, falscher Hase mit jungen Karotten, Birnenkompott» zeigen noch deutlich den Kriegseinfluß: auch in einem leidlich wohlsituierten Haushalt wie Kressins kamen bescheidene Gerichte auf den Tisch. Die «jungen Karotten» weisen darauf hin, daß das Essen im Frühjahr stattfand.

Harry Eichberg, der in ihren Eintragungen immer wieder vorkommt, führte Henriette ins Berliner Nachtleben ein. «Tanzen mit Harry» notierte Henriette mehrfach. Nach dem Krieg und während der revolutionären Wirren war das Tanzen verboten, und das «Tanzen mit Harry» mußte demnach in den geheimen Tanzlokalen in Kellern und Privatwohnungen stattgefunden haben. Die Gesetze elegant umgehend blühte in der kriegsgezeichneten Metropole ein vitales Nachtleben, in dem getrunken, getanzt und gespielt wurde. In geheimen Spielsalons, den Speakeasies der amerikanischen Prohibitionszeit vergleichbar, vergnügten sich verarmte Mitglieder vornehmer Familien und Offiziere beim «Jeu» und spielten inflationsgerecht um Milliarden.

Durch die Bekanntschaft mit Harry Eichberg kam Henriette Wuttke erst richtig in Berlin an und fand über ihn schnell Zugang zum flotten, heute würde man sagen, «angesagten» Berlin.

Kannte sie den Schlager des Jahres «Komm mein Schatz, wir trinken ein Likörchen»? Bestimmt, denn so wie heute junge Mädchen die Charts kennen, wird Henriette auch gewußt und erkannt haben, was damals in Mode war. Sie tauchte mit Eichberg ab in Kaschemmen und Kabaretts. Im «Toppkeller» im Wedding bestaunte sie noch fassungslos die braven Familienväter, die ihren transvestitischen Drang auslebten. Sie hielt begeistert fest: *«Topkeller. Ich war herzlich erschrocken. Würdige alte Herren, bestimmt schon über fünfzig Jahre alt, in Abendkleidern! Verkehrte Welt!»* Doch ihr Interesse und ihr Spaß siegten über die wohlanständige Empörung. Weiter heißt es: *«Wie Papa wohl in Mamas lila Taft aussähe?»* Und zum Schluß in begeistertem Berlinisch: *«Nee, wat es nich' allet jibt!»*

In dieser Zeit kam es zu ersten Auseinandersetzungen zwischen Henriette und ihrer Gastfamilie. *«Böser Zank mit Frau Kressin»*, notierte sie im Tagebuch. Schließlich streckten Kressins die Waffen vor dem rebellischen Gast und informierten Henriettes Eltern in Neuruppin per Depesche über Henriettes wachsende Ausgehlust.

«Mein liebes Kind, wir sind böse und erschüttert über die Depesche von Hr. Kressin, die uns heute erreichte, obgleich sie uns auch zutiefst verwunderte. Haben nicht Hr. und Frau Kressin Dir diesen jungen Mann vorgestellt und lerntest Du ihn nicht in ihrem Hause kennen? Er muß doch

von zweifelhaftem Rufe sein, wenn er Dich immer wieder einlädt. Sei vernünftig und gehorche Hr. Kressin. Wir bezweifeln, daß Berlin weiterhin der rechte Platz für Dich ist, da Du am Seminar keine guten Fortschritte machst und Du allabendlich auszugehen wünschst. Unterlasse dieses fortan. Halte Dich fern von jeglichem schädlichen Einfluß. Wir bitten Dich inständig ein letztes Mal, brav zu lernen.» (Brief von Mathilde Wuttke im Juni 1919)

Doch obwohl Henriette nicht im mindesten daran dachte, sich dem «schädlichen Einfluß» von Harry Eichberg zu entziehen, schränkte sie wohl, um ihre Eltern und Kressins zu beruhigen, ihre Treffen mit ihm ein und machte sich von nun allein auf Entdeckungsreise durch Berlin.

Es dauerte nicht lange und sie machte ihre erste Bekanntschaft mit dem bekannten «Romanischen Café». Ein weiteres Indiz, daß sie mit der schlafwandlerischen Sicherheit junger Menschen das Zentrum der ‹Szene› erkannte. Vielleicht erweckten Harry Eichbergs Schilderungen, der ihr pygmalionähnlich die schöne, neue Welt erklärte und dabei sicher «das Romanische» erwähnt hatte, in ihr den Wunsch, das legendäre Etablissement selbst kennenzulernen, das als der Treffpunkt der Berliner Kulturwelt galt.

Die «literarischen Kaffeehäuser» wie das «Romanische Café» hatten einen heute kaum vorstellbaren Einfluß auf das Berliner Kulturleben. Vorläufer des «Romanischen» war im Berlin der Jahrhundertwende das «Café des Westens», Kurfürstendamm/Ecke Joachimsthaler Straße: «Café Größenwahn» wurde es liebevoll spöttisch genannt. In dem halbdunklen, rauchgeschwängerten Lokal verkehrten Stefan Zweig, Franz Werfel, Frank Wedekind, Else Lasker-Schüler, Oskar Kokoschka, Alfred Döblin ... Der Erfolg des «Romanischen Cafés» war vor allem der Tatsache zu verdanken, daß der Besitzer des «Café Größenwahn» nach Kriegsende die Idee hatte, das Ambiente des Lokals zu verändern. Der ungarische Filmregisseur und Zeitzeuge Géza von Cziffra erinnerte sich in seinen Memoiren: «Er [der Besitzer] ließ neue Tapeten anbringen, schmückte sie mit Gobelins und goldenen Spiegeln, ließ zierliche Tischlein und Stühlchen aufstellen – und die Gäste flüchteten auf die andere Seite des Kurfürstendamms, ins Romanische Café.»

In dieses Zentrum des Berliner Kulturlebens wagte sich Henriette im Frühsommer 1919. Erfüllte sie touristische Neugier oder spürte sie schon damals die Sehnsucht, Teil dieses Berliner Lebens zu werden? Sie stammte aus einer gebildeten Familie, in der den «schönen Künsten» Raum gegeben wurde. Die Kenntnis von Literatur, deutscher wie lateinischer und griechischer, die Auseinandersetzung mit Klassikern der Musik – in ihrem Nachlaß finden sich Beethoven- und Mozart-Noten –, vielleicht sogar der Besuch von Museen, Opernaufführungen und Theaterinszenierungen, mußten ihr von Kindheit ebenso vertraut gewesen sein wie die respektvolle Bewunderung für schöpferische Menschen. Wir wissen nicht, ob Henriette Wuttke damals bereits zeitgenössische Künstler oder ihre Werke kannte. Hoffte sie, einen von ihr verehrten Dichterfürsten oder Maler im «Romanischen» in natura zu sehen oder vielleicht gar zu sprechen? Oder wollte sie nur einen Blick auf die «echten Künstler», die Mozarts, Goethes oder Schillers ihrer Zeit werfen?

Obwohl die Geschichte des «Romanischen Cafés» heute hervorragend dokumentiert ist, wollen wir noch einmal versuchen, es mit Henriette Wuttkes Augen zu sehen, die es zum ersten Mal im Sommer 1919 betrat. Der Kaiser-Wilhelm-Gedächtniskirche gegenüber erstreckte sich damals die Terrasse des «Romanischen Cafés» im romanischen Stil erbaut von der Tauentzien- bis zur Budapester Straße. Die Provinzlerin bekam freilich erst nach längerem Warten einen ungemütlichen Platz direkt rechts neben der unentwegt rotierenden Schwingtür zugewiesen. Dort erkannte die «Menschenbeguckerin» in kürzester Zeit zwei Dinge: Erstens, daß die Besucher des «Romanischen Cafés» nicht wie normale Bürger zum Kaffeetrinken und Kuchenessen, sondern zum Disput, zum Kampf und zur Selbstdarstellung dorthin gingen. Und zweitens: daß das Café wie von unsichtbaren Grenzen in klare Territorien aufgeteilt war, die die Besucher nach Größenwahnsinn und Wichtigkeit sortierten. In Cafés wie dem «Romanischen» saß man eben nur irgendwo, wenn man wie Henriette Wuttke ein Nichts war. Die meisten hatten «ihren Tisch», je nachdem, welche Rolle sie auf diesem Parkett spielten. Auf einem Albumblatt mit der Überschrift: «Besuch im Romanischen Café» versuchte sich Henny Walden fast wie in einem Schulaufsatz an einer Beschreibung und zeigte hier bereits ein beachtliches Talent, reportagenhafte Beobachtungen mit persönlichen Reflexionen zu verknüpfen. Vielleicht schrieb sie den Text gleich dort im Café, die Pose der jungen Literatin übend, mit der sie ihre Unsicherheit verbergen wollte.

«*Links von der Drehtür – der kleinere Teil des Cafés. Etwa zwanzig Tische. Da sitzen die großen Tiere. Das merkt man sogleich an der Art, wie die anderen Cafébesucher hinübersehen. Hier sitzen die Nichtschwimmer, dort tummeln sich die Schwimmer. Dabei ist der rechte Teil dreimal so groß. Oben auf der Balustrade stehen weitere Tische. Dort schieben Schachspieler die Figuren über das Brett. Drüben, bei den Schwimmern, schreibt einer mitten im Café auf einer Schreibmaschine. So eine Angabe! Alle benehmen sich sehr wichtig … Ich sehe nur einen Unterschied zu Papas Stammtisch im Goldenen Bären: die Gäste hier wollen allein sein und brauchen dazu unbedingt Gesellschaft.»*

Eine ähnliche Beobachtung machte auch der im ersten Drittel unseres Jahrhunderts berühmte österreichische Feuilletonist Alfred Polgar in dem dem «Romanischen» seelenverwandten, legendären Wiener Kaffeehaus «Café Central». Wenngleich er sie auch in ungleich prägnantere Worte faßte. «Meridian der Einsamkeit. Seine Bewohner sind größtenteils Leute, deren Menschenfeindlichkeit so heftig ist wie ihr Verlangen nach Menschen.»

Auf der Rückseite des Blattes, auf dem Henriette ihre Beschreibung des «Romanischen» schrieb, klebt der Abschnitt einer Zeitungsglosse – offensichtlich von Harry Eichberg, der mit dem Kürzel «he» zeichnete. Darin nahm Eichberg den gefürchteten Theaterkritiker Alfred Kerr aufs Korn. Leider ist nicht die ganze Glosse erhalten, sondern nur folgender Text, wobei die letzten Zeilen unterstrichen sind.

«‹[...] warst du gestern abend?› ruft einer einem Neuankömmling zu. Der lächelt anzüglich. Die anderen am Tisch krakeelen: ‹Ach, die Damen, die Damen.› Mitgebracht hat der Gefragte die Dame leider nicht: Das verbieten eben die Habitués am Stammtisch. Aber Hunde sind gestattet, mehr noch, ich erlaube mir zu sagen, ohne seinen Bello kommt der Kritikerfürst Kerr gar nicht ins ‹Romanische›. Das Tier hat große Verdienste. Es ist zwar stumm, doch bellt sein Herr für ihn. Dafür schreibt der Vierbeiner die Theaterkritiken. Braver Hund!» (he)

Henny Walden muß ihre eigenen Gefühle und Beobachtungen in diesem Text wiedergefunden haben. Vielleicht bewahrte sie ihn auch einfach aus nostalgischen Gründen auf, weil sie stolz auf die Bekanntschaft mit Eichberg war, einem echten Journalisten, der publiziert wurde. Oder sollte sie es selbst gewesen sein, die ihm ihre Beobachtungen weitergegeben hatte und Eichberg hatte sie in dieser Glosse weiterverarbeitet? Kannte Henriette damals überhaupt schon Alfred Kerr, war sie sich seiner Bedeutung bewußt? Viel später, in Zusammenhang mit Bert Brechts «Dreigroschenoper», verfaßte sie einen hämischen Spottgesang auf ihn. Aber mehr als ein staunendes «So sieht der also aus» dürfte, was die Person Kerrs angeht, die Neunzehnjährige nicht bewegt haben. Dieser erste Besuch im «Romanischen Café» stand unter keinem guten Stern, Henny Walden fühlte sich nicht wohl. Wie aus ihrem kurzen Text herauszulesen ist, begeisterte sie der Künstlertreffpunkt, den sie mit dem Stammtisch ihres Vaters verglich, wenig. Der Zauber des mit Oberlichtern versehenen Cafés vermochte sie nicht einzufangen. Vermutlich lag einer der Gründe auch darin, daß sie nur wenige andere Frauen an den Tischen sah. Das «Romanische Café» war ein bevorzugter Treffpunkt von Männern, Begleiterinnen wurden «mitgebracht», aber nicht wirklich ernst genommen. Hermann Kesten schreibt in dem Buch «Filialen des Parnaß. Dichter im Café»: «Sie [die Dichter] stellten malende und dichtende Gefährtinnen aus, die sich selber in eine Art Gesamtkunstwerk nach der Manier von Richard Wagner transformiert hatten. Der Busen klimperte musikalisch, der Kopf sah wie ein Libretto aus, das ganze Weib war ‹bühnengemalt›, das Kleid war eng wie Schlangenhaut oder wallte festlich wie Stefan Georges Hymnen und Münchner Reformkleider. [...] Die eine frisierte sich zu einer Judith aus Moabit, die andere zeigte wie Lukrezia ihren vollen Busen, aber ohne Dolch darin, eine dritte malte sich vergeblich alle bunten Laster ins flache Gesicht und sah noch philiströser aus als ihre verwitwete Tante in Neustrelitz. Viele trugen einen Pagenkopf und kein Korsett und schritten befreit und triumphal dahin, voll emanzipierter Erotik und Ideen aus der Höheren Töchterschule.»

Kaum verwunderlich, daß sich Henriette Wuttke in derartiger Gesellschaft wie vom Mars fühlte. Ihre Verwirrung über die Frauen im «Romanischen» verpackte sie in einem Brief an Schwester Wilhelmine in spitzfedrige Boshaftigkeit, wie eine Passage aus einem Brief Wilhelmines Ende 1919 verdeutlicht.

«Ich habe herzlich über Deine Zeilen staunen müssen. Verkehren im ‹Romanischen Café› etwa Römer? Wie Du die Damen beschreibst, dürfen sie sich denn wirklich so dort zeigen und ist es nicht gefährlich für Dich, auf eigene Faust in ein derartiges Café zu gehen? Ich will Deine Worte hier noch einmal niederschreiben: ‹Junge Damen, die ihre Gesichter an üppigen Pelzkragen reiben, an den Tischchen sitzen und mit Langeweile in den Zeitungen blättern.› Das ist so wunderbar beschrieben, daß ich mir vorstellen kann, neben Dir zu sitzen, obgleich mir das Herz bei dieser Vorstellung schier stockt. Ist ein Pelzkragen im Juni nicht viel zu heiß? Ernst wünscht von mir jetzt auch tiefe Augenaufschläge, obwohl er doch gar kein berühmter Schriftsteller oder Schauspieler ist. Aber ich schelte ihn, daß er damit bis nach der Hochzeit warten muß. Sieh Dich nur vor, daß die Eltern von Deinen Ausflügen nichts erfahren.»

Üppiger Pelzkragen, tiefer Augenaufschlag, elegante Garderobe – kein Wunder, daß sich Henny in ihrem provinziellen Aufzug, dem immer noch sauber gescheitelten, aufgesteckten Haar und dem ungeschminkten Gesicht wie eine Außenseiterin fühlte.

Neben die Glosse von Eichberg schrieb Henny Walden ein Gedicht, in dem neben der distanzierten Ironie bereits ihr typischer Humor anklingt, der ihre späteren Texte auszeichnet. Wahrscheinlich entstand es im Sommer 1919 – im Gedicht findet sich die Formulierung «Wichtig sitzen sie im Stammcafé», die sich in ihrem «Aufsatz» noch als «Alle benehmen sich sehr wichtig» liest.

Romanisches Café

Wichtig sitzen sie im Stammcafé.
Ich trinke gähnend kalten Tee.
Draußen: – Motorengeknatter,
Drinnen: Geschnatter.

Der Ober blickt impertinent.
Ein Herr mit Brille nippt
Den fünften Wein – nicht sehr dezent –
und verschmiert sein Manuskript.

Der lockere Ton, den sie hier anschlug, die arrogante Haltung («gähnend»), die Leichtigkeit, mit der sie Reimworte fand, ist bemerkenswert – verglichen mit den mitunter unbeholfenen Tagebuchnotizen. Schon nach einem halben Jahr in Berlin war es Henriette zumindest in lyrischer Form gelungen, sich in eine kesse Großstadtfrau zu verwandeln, die statt in ehrfürchtiger Bewunderung zu verharren die «Großen» des aktuellen Kulturbetriebs mit schnoddriger Lässigkeit als schnatternde Wichtigtuer aufspießte.

Vielleicht liegt in dieser ersten unmittelbaren Begegnung mit Vertretern des arrivierten Kulturbetriebs eine Wurzel für Henny Waldens spätere Hinwendung zur Subkultur. Das erste Gefühl war für sie – den kleinstädtischen Zaungast – Ausgrenzung und Nichtachtung. Die Hochnäsigkeit der Kaffeehausgäste und die strengen, unsichtbaren Regeln, nach denen der ganze Betrieb im «Romanischen» funktionierte, versetzte sie in einen Zustand hilfloser Wut, der sich in ihren Zeilen niederschlägt. Schließlich hatte sie Neuruppin mit dem Traum verlassen, in Berlin auf keinen Verhaltenskodex zu stoßen, der sie einengen und vorverurteilen würde. Bei den abendlichen Einladungen Eichbergs hatte sie diesen Traum vorerst weiterträumen dürfen; Männer in Frauenkleidern, junge Mädchen ohne Begleitung in Cafés, kurze Kleider, ein lockerer Umgang zwischen den Geschlechtern – in Berlin war ihr alles erlaubt und möglich erschienen. Der Besuch im «Romanischen», bei den Menschen, die sich in ihren Augen die größtmögliche Freiheit herausnahmen, konfrontierte sie mit einer anderen Realität. Auch hier galt es, sich kodexkonform zu kleiden, zu benehmen und im richtigen Umfeld aufzutreten. Und wer den Konventionen des «Romanischen» gemäß ein Niemand war, wurde gnadenlos wie ein Niemand behandelt.

Berlin war in dieser Zeit eine Stadt der Gegensätze, denen sich die Neuberlinerin nicht entziehen konnte. Nach den ersten aufregenden Monaten, mit der bürgerlichen Sicherheit des Kressinschen Haushalts im Rücken, nahm sie zunehmend ein anderes Berlin wahr. In den Straßen hing ein Plakat von Käthe Kollwitz, das mit drastischer Deutlichkeit die Armut des Nachkriegs-Berlin anprangerte: «In Groß-Berlin wohnen 600 000 Menschen in Wohnungen, in denen jedes Zimmer mit 5 Personen und mehr besetzt ist.»

Die bittere Bilanz des Ersten Weltkriegs lautete: 1,9 Millionen Männer zwischen 16 und 60 Jahren waren gefallen, Hunderttausende vermißt, 4,2 Millionen verwundet oder verkrüppelt. Die Volkswirtschaft war zerstört. Der Maler Max Liebermann schrieb: «Berlin ist zerlumpt, schmutzig. Abends dunkel und eine tote Stadt, dazu Soldaten, die Streichhölzer oder Cigaretten in der Friedrichstraße verkaufen, blinde Drehorgelspieler in halbverfaulten Uniformen, mit einem Wort: jammervoll.»

Auch Henriette entging diese andere finstere Welt nicht, die sich deprimierend und schrecklich nur wenige Kilometer von Wilmersdorf entfernt abspielte. Sie sah die Bettler, die Kriegsveteranen und Invaliden und kommentierte auf einem Albumblatt: «*Friedrichstraße. Welches Elend. Bettler, alles Kriegsverletzte, stehen an den Häuserwänden.*

Viele sind so jung, kaum älter als ich. Sie müssen im Krieg noch die Schulbank gedrückt haben.»

Selbst ein Ausflug – mit Eichberg? Mit einer Freundin? Mit Familie Kressin? – an einem Augusttag in den Vorort Nikolassee, wo es eines der ersten Freibäder gab, war von den Kriegsfolgen überschattet. Erschüttert hielt Henny, die wahrscheinlich mit der Vorortbahn «ins Grüne» gefahren war, folgende Beobachtungen fest:

«Wir essen, was der Rucksack hergibt. Liegen am Strand, die Stadt vergessen. Dampfer fahren auf das Ufer zu, Segler verschwinden hinter der Landzunge. Blasse und braune Menschen, nackte kleine Kinder. Zwei Männer stützen einen dritten, unter der Hüfte hat er sein Bein abgeschnallt! Die Sonne bringt sie an den Tag, die Narben, so groß, daß ich meine Hand hineinlegen könnte! Zerschossene Schultern, ernste Gesichter, die ins Licht gedreht werden. Der Krieg hat seine Zeichen gesetzt.» (Überschrieben: *Sonntags in Nilolassee*, August 1919)

Halb Tagebuch, halb Dokumentation: gerade in den frühen Berliner Jahren gelang es Henny Walden in ihren Aufzeichnungen eigene Empfindungen und historisch interessante Beobachtungen zu verknüpfen. Später wird sie sich zunehmend selbst in den Vordergrund stellen, Berlin, hier noch mit dem Blick des Neuankömmlings facettenreich beschrieben, verliert sich. Besonders an einem solchen Sommertag wurde Henny Walden die Fallhöhe zwischen den Seglern, die schwerelos über das Wasser glitten, und dem humpelnden Kriegsverletzten bewußt.

Auch im Nachtleben, das sie – die Ermahnungen ihrer Eltern in den Wind schlagend – wieder zunehmend auskostete, begegnete sie dem Zerrbild von Armut und Kriegsfolgen. Der Anblick der Dirnen, die abends über die einschlägigen Boulevards flanierten, beschäftigte das Provinzmädchen so nachhaltig, daß sie – auch wieder in kurzer Form – darüber schreiben mußte. Diese Frauen fesseln sie und stoßen sie gleichermaßen ab. «*Ungeniert pflaumen sie Harry an. Dabei bin ich dabei! Sie sind so aufdringlich, daß man Angst bekommen kann. Sie laufen mit und manche hängen sich ein. Sie sind so weit entblößt, daß es mir unerträglich ist. Manche sind dennoch sehr schön und von gleichsam so eleganter Stärke, daß ich mir ganz klein vorkomme.*»

Die Tatsache, daß Eichberg Henriette nicht nur in Transvestitenbars und Nachtclubs, sondern auch in Stadtviertel führte, wo sie diese Beobachtungen anstellen konnte, kann als Hinweis gelten, daß der Journalist weit davon entfernt war, ihr ernsthaft den Hof zu machen. Schließlich hätte er seine zukünftige Frau wohl kaum in zwielichtige Etablissements mitgenommen. Auch Hennys Interesse an Eichberg als potentiellem Verehrer schien zu diesem Zeitpunkt erloschen zu sein. Nach der anfänglichen Bewunderung für ihn, den eleganten und cleveren Berliner, der sich in seiner Stadt auskannte wie in seiner eigenen Westentasche, sah sie ihn wohl bald ungeschönt. In ihrem Nachlaß findet sich ein Gedicht auf einem Albumblatt – ohne Titelangabe und undatiert –, das sich wahrscheinlich mit Eichberg auseinandersetzte.

Er träumt von einem großen Haus,
Von eleganten Villen.
Schleppt mich in Kneipen und Destillen
und geht sonst nur mit reichen Töchtern aus.

Er näselt über Dreck und Wohnungsnot
Spricht verächtlich von Armeleuteküchen
Von leichten Mädchen, Hinterhausgerüchen
Und freut sich auf sein Abendbrot.

Er weiß, sie steht ihm offen, diese Welt
Hat Vaters Portemonnaie und Referenzen
Und zieht ganz lässig seine Konsequenzen
Er kann sich's leisten, er hat Geld.

Man darf Eichberg zugute halten, daß er das intelligente, humorvolle und erstaunlich vorurteilsfreie Mädchen, das sich mit großer Leichtigkeit von den strengen Grundsätzen seiner kleinbürgerlichen Erziehung trennte, wohl ehrlich als unterhaltsam unkomplizierte Begleitung für seine nächtlichen Ausflüge wertschätzte. Ob Henriette sich tatsächlich anfangs Hoffnungen auf ihn gemacht oder ihn ganz eigennützig nur als Reiseführer und Taxi in diese neue Welt benutzt hatte, bleibt im dunkeln.

Vielleicht muß man sich Harry Eichberg und Henriette Wuttke wie zwei übermütige Kinder vorstellen, die lachend wie durch einen Abenteuerpark durch Berlin zogen. Aus dem Jahre 1925 datiert folgender Text, der vielleicht als Entwurf für eine Geschichte oder Gedicht, vielleicht aber auch bereits für einen Zeitungsartikel diente, und in dem sie unter der Überschrift «Berliner Erinnerungen» eine Begebenheit von ihren nächtlichen Streifzügen mit Harry Eichberg neu aufleben läßt.

«Harry zeigte mir ein recht leeres Lokal in der Friedrichstraße. Nur ein paar müde Eintänzerinnen hoben die Köpfe, als wir, am Portier vorbei geschummelt, die Tür öffneten. Pomadisierte Gigolos standen rauchend mit einigen Musikern an der Bar. Wieder draußen guckten wir uns einen Provinzonkel mit derbem Mantel aus. Er schwitzte und wurde rot, wenn ihn die Mädchen anquatschten. Der Portier hatte ihn auch gesehen. Er drückte auf einen geheimen Klingelknopf. Drinnen fing die Kapelle an zu spielen, die Gigolos tanzten mit den Eintänzerinnen. Der Dicke aus Chemnitz oder Cottbus wurde vom Portier hineinge-

lotst und fand seine Träume vom wilden Berliner Leben auf einen Schlag erfüllt.»

Wie sehr sich Henriettes Großstadtleben bereits in diesem ersten Berliner Jahr von dem Leben ihrer in Neuruppin gebliebenen Schwestern unterschied, verdeutlicht der einzig erhaltene Brief ihrer um drei Jahre älteren Schwester Hedwig.

Diese von Wilhelmine in einem Brief als «nervös» beschriebene Schwester wandte sich kurz nach ihrer Verlobung an Henriette.

«Liebste Jette,

Nun ist alles entschieden und Alwin Bergmann wird mich heiraten. Alle sagen, er ist der richtige und passende. Ich bin hin- und hergerissen, taumle durch den Tag und finde des Nachts kaum Schlaf. Mit Wilhelmine oder gar Mutter mag ich über meinen Gefühlszustand nicht sprechen, sie sind so glücklich für mich. Sie wissen nicht um diesen Brief, da Mutter wünscht, daß Du nicht vom Lernen abgehalten wirst und sie meine Schlaflosigkeit meiner üblichen Nervosität zuschreibt. Doch es muß einmal heraus, denn ich ängstige mich noch zu Tode. Jedesmal, wenn wir für einen Augenblick alleine sind, zieht er mich an sich und küßt mich. Ich fühle mich gar schlecht, das Küssen gefällt mir nicht. Darf ich es aufschreiben, mein Herz schlägt mir dabei im Halse, seine Lippen sind so weich und feucht, und widerwillig verharre ich in seinem Arm. Es ist nicht die Vorstellung, mit Alwin vor den Traualtar zu treten, die mich abstößt, das Kleid habe ich schon vor Augen, doch wenn ich daran denke, daß wir wie Vater und Mutter in einem Bette schlafen müssen und er ohne Hemd und Weste vor mir steht und das so merkwürdig aussehen wird, fühle ich einen Kloß in der Kehle, der mir die Luft abdrückt. Die Empfindung meines großen Glückes will sich nicht einstellen. Wüßte Mutter um diese Zeilen, sie würde mich böse ausschelten, darum bewahre diesen Brief als unser Geheimnis. Ich befürchte, noch wahnsinnig zu werden. Schreibe bald zurück. In Liebe, Hedwig.» (Brief vom September 1919)

Ob und wie Henriette auf diesen Brief reagierte ist unbekannt. Hedwig Wuttke heiratete Alwin Bergmann im Dezember 1919, als Henriette an Weihnachten nach Neuruppin reiste. Während ihre Schwester in Neuruppin, von jungfräulichen Befürchtungen gequält, der Ehe entgegenblickte, erkundete Henriette neugierig und aufgeregt das nächtliche Berlin.

Der Schriftsteller Stefan Zweig schrieb über diese frühen Zwanziger Jahre: «Berlin verwandelte sich in das Babel der Welt.» Eine Formulierung, die Henriettes sittenstrenger Vater sicherlich bestätigt hätte. Doch glücklicherweise hatte Wilhelm Wuttke in Neuruppin weder von Hennys nächtlichen Vergnügungen noch von der neuesten Mode «Nackttanz» eine Ahnung, die seine Jüngste mit brennender Faszination betrachtete.

Der Name, der in den Tagen von Mund zu Mund ging, war Celly de Rheidt. Die gutproportionierte Blondine begleitete bei Kriegsende ihren verwundeten Ehemann Oberstleutnant Seveloh aus dem heimischen Mönchengladbach an die Spree. Der arbeitslose Offizier verwandelte die bürgerliche Cäcilie Schmidt in die Nackttänzerin Celly de Rheidt, die in geheimen Clubs in privaten Wohnungen ihre «Kunst» vorführte. Hatte Eichberg Henriette Wuttke zu einer Vorstellung der hinter einem Gazeschleier Tanzenden mitgenommen? Oder hatte sie die Rheydt im Kino gesehen? Schon im Oktober 1919 feierte der erste Film der Celly-de Rheydt-Tanz und Film Co. Berlin Premiere: Das vom findigen Seveloh produzierte Werk trug den vielversprechenden Titel «Carneval – das Bacchanal der Schönheit». Am 5. November 1919 schrieb Henny den

Namen Celly de Rheydt mit drei Ausrufungszeichen auf eines der letzten Albumblätter und daneben klebte sie eine Zeitungskritik über den Film. Verfasser und Magazin sind unbekannt.

«Celly de Rheydt bietet einen erhebenden Anblick: ein junger, wohlgebauter Körper wie die Natur ihn geschaffen hat. Wie künstlich ist dagegen eine Spitzentänzerin, die ihre Empfindungen auf die Technik in ihren Beinen überträgt. Celly de Rheydt ist eine wahrhaft moderne Tänzerin. Ihre Tänze sind Dichtungen und sie spricht mit uns durch ihren ganzen Körper. Rein, verinnerlicht, fabelhaft.»

Der Höhepunkt des ersten Berliner Jahres war für die junge Henriette Wuttke zweifellos ein Auftritt von Anita Berber im Nachtclub «Weiße Maus». In ihrem Nachlaß findet sich eine offizielle Einladung für «Herrn Harry Eichberg und Begleitung». Harry Eichberg schrieb im «Berliner Tageblatt»:

Anita Berber in der Weißen Maus

Anita Berber sollte tanzen und ganz Berlin kam. An der Garderobe erstand ich für meine aufgeschlossene Begleiterin, denn aufgeschlossen muß schon sein, wer sich in «Die Weiße Maus» zu einer solchen Darbietung wagt, eine weiße Maske. Einem Herrn steht die schwarze besser zu Gesicht. So darf ein jeder unerkannt dem Laster frönen. Dazu hat man auch viel Zeit, denn es ist schon nach Mitternacht, ehe Anita Berber auf die Bühne tritt. Man ruft ihr freche Worte zu. Die beantwortet sie mit so unanständigen Ausdrücken, daß hinter der weißen Maske Röte aufsteigt. Während die Berber auf die Meute herunterkrakeelt, bewegt sie sich in ihren durchsichtigen Schleiern hin und her. Es dauert nicht lange und das ganze Lokal ist ein einziges Geschrei und Toben, Gezeter und Gelächter. Da springt Anita Berber wie von Sinnen von der Rampe hinunter, greift in einen Sektkübel und zieht eine Flasche einem dicken Lacher über den Schädel. Dabei reißt sie mit kühler Absicht Tische um, stößt Stühle aus dem Weg. Kellner springen herbei, um Tische und Stühle wieder aufzurichten. der Geschäftsführer zerrt die Tobende zurück auf die Bühne. Jedermann setzt sich und die Berber tanzt weiter. Hinterher empfängt die Tänzerin einzeln in der Garderobe. Das ist die wahre Vorführung! Unschuldig nackt wie ein Kind steht sie da. Man guckt erst hin, dann wieder weg. Unter ihren nachtschwarzen Augen, die über uns hinweg in eine unbekannte Ferne blicken, formen ihre dunkelroten Lippen eine träumerische Klage: «Wir tanzen den Tod, die Krankheit, die Schwangerschaft, das Sterben, das Siechtum, den Selbstmord, und kein Mensch nimmt uns ernst. Sie glotzen nur auf unsere Schleier, ob sie nicht darunter etwas sehen können, die Schweine.» Eine Hand winkt, die Audienz ist beendet. Die Schweine gehen nach Haus.

Henny Walden hielt auf ihre Weise den Abend fest: *«Anita Berber. Die Göttliche entblößt sich jede Nacht in einer anderen Kaschemme um ihrer Kunst willen und niemand begreift sie. Großes Erlebnis! Sie nimmt nicht Harrys Hand, sondern meine!!! Ihre Stimme ist rauh und leise und ihre Augen durchdringen mich tief. ‹Besuchen Sie mich bei Claire, kleines Mädchen. In der Pyramide.› Harry sagt, die Pyramide sei ein Weiberlokal. Er ginge mit mir nicht dorthin. Warum auch, die Berber hat mich!!! eingeladen, nicht ihn.»*

Zum ersten Mal hat Henriette einen Zipfel von dem Leben zu fassen bekommen, nach dem sie sich sehnte und für das sie ihre bürgerliche Existenz aufgeben wollte. Sie bewunderte Anita Berber, die Radikalität ihres Charmes, der sich auch Eichberg, wie man in seinem Artikel liest, nicht entziehen konnte.

Vermutlich war Henny Walden eingangs eher erschrocken, als entzückt, daß die Berber sie aufforderte, Claire Waldoffs Frauenclub «Pyramide» zu besuchen. Doch die Ehre, an Eichbergs Seite bemerkt zu werden, überwiegt.

Man muß sich klarmachen, daß Henny Walden zu diesem Zeitpunkt gerade 19 Jahre alt war und, noch erregbar wie ein Backfisch, ihre Berliner Erlebnisse festhielt. Ihr Ideal der abgeklärten, kessen jungen Großstädterin, die nichts aus der Fassung brachte, blieb Pose. Immer wieder gab sie in Bruchstücken ihre Erlebnisse preis, die sie uns als Person nahebringen.

Anita Berber beschäftigte sie lange. Verständlich, stieß doch das avantgardistische Verhalten der «Lastertänzerin» viele Werte der höheren Tochter nachdrücklich um: Entblößung, nächtliches Auftreten, der Gebrauch von Schimpfwörtern. Wollten wir in der neueren Kulturgeschichte nach einem Vergleich suchen, fiele uns wohl als erstes das Phänomen «Punk» ein. Bürgerschreck Anita Berber war für die frühen Zwanziger das, was die Sex Pistols für die Siebziger waren.

Wie sehr sich Henriette mit Anita Berber auseinandersetzte, ist daran abzulesen, daß sie einen Text von Hermann Vallentin, dem Bruder der Sängerin Rosa Valetti, ihrem Tagebuch einverleibte:

> *«Was interessiert das Publikum?*
> *Hunger, Elend, Not von Millionen?*
> *Daß Tausende im Zuchthaus verrecken –*
> *interessiert das das Publikum?!*
> *Iwo, der nackte Hintern von Anita Berber, der*
> *interessiert das Publikum!*

In der «Pyramide» betätigte sich die lesbische Chansonette Claire Waldoff als Veranstalterin. Die Rothaarige aus

Gelsenkirchen war in Berlin seit 1907 in Einaktern am Kurfürstendamm aufgetreten und adaptierte bald den Berliner Dialekt. Im Gegensatz zu Henriette Wuttke war Claire Waldoff ein unbekümmertes Original, das auf Manieren pfiff: sie trug Männerkleidung (damals nur auf der Bühne und auch nur vor elf Uhr nachts erlaubt!), rauchte Pfeife und trank gerne mal einen über den Durst. Als Henny nach Berlin kam, hatte Claire Waldoff bereits ihren eigenen Mythos gestrickt. Mit dem Ende des Ersten Weltkriegs im November 1918 erwachte auch das in den Kriegsjahren von Todesahnungen gebeutelte deutsche Kabarett – also das Berliner Kabarett – zu neuem Leben. Die Stunde der Kleinkunst schlug und die Zeitsatire im großen Stil wurde geboren.

Frauen hatten bis dahin im Kabarett keine nennenswerte Rolle gespielt. Hermann Behr schreibt in «Die goldenen Zwanziger Jahre»: «Selbst in seinem Ursprungsland, in Frankreich, dauerte es rund zwanzig Jahre, bis die erste bedeutende Chansonette auf der Bildfläche erschien: Yvette Guilbert. Ihr folgte in Deutschland Marya Delvard, die, gleichfalls Französin, zum Haupt-Zugstück des Münchner Kabaretts der ‹Elf Scharfrichter› wurde. Sowohl die Guilbert wie die Delvard waren rothaarig. Als dritte Rothaarige kam die Waldoff hinzu. Ruhm und Erfolg dieser drei Rothaarigen war es zu danken, daß Frauen Anfang der zwanziger Jahre nicht nur als Chansonetten und Diseusen eine ‹ständige Einrichtung› wurden, sondern da eine Frau sogar zur Besitzerin und Leiterin des Kabaretts aufsteigen konnte.»

Damit meint Hermann Behr zum einen die bärbeißige Rosa Valetti, die das «Cabaret Größenwahn» an der Ecke Kurfürstendamm / Joachimsthaler Straße führte, zum anderen Valettis Konkurrentin Trude Hesterberg, die in ihrer «Wilden Bühne» in der Kantstraße ihren ausgebildeten

Opernsopran in Texten wie «Kaum sind die Fremden weg / fliegen die Hemden weg!» erklingen ließ.

Es ist anzunehmen, daß Henriette Wuttke an Harry Eichbergs Seite außer Anita Berber und Celly de Rheydt auch die Valetti und die Hesterberg gesehen hatte. Diese aufmüpfigen Frauen, die den Männern frech und direkt das Feld streitig machten und dafür noch gefeiert wurden, führten ihr ein völlig neues Frauenbild vor Augen, und vielleicht weckten diese frühen Erfahrungen den Wunsch, selbst auf der Bühne zu stehen. War der Auftritt Anita Berbers ein künstlerischer Höhepunkt dieser Zeit, muß Henriettes Besuch in der «Pyramide» als das Initiationserlebnis ihrer Großstadtexistenz gesehen werden. Kurze Zeit nach ihrer Begegnung mit Anita Berber machte sie sich alleine auf zum Nollendorfplatz, wo der Club in der Schweriner Straße in einem zweiten Hinterhof lag.

«Erst wollte Erna mitkommen, aber dann hat sie gekniffen, die falsche Schlange. Also ich alleine los. Kressins hatte ich etwas von Oper erzählt. Ich konnte gar nicht glauben, daß das Lokal noch irgendwo sei, als ich bereits den zweiten Hinterhof durchschritten hatte. Ängstlich stand ich in der Dunkelheit, als eine Schar von Menschen lachend den Hof betraten. Wie war ich überrascht, als sich die in Frack und Zylinder gekleideten als ebensolche Frauen wie ihre Begleiterinnen entpuppten. Einer der ‹Herren› lächelte mir freundlich zu: ‹Na, Kleene, willste auch in die Pyramide?› Als ich nickte, schob man mich unter Kichern und Lachen in eine Tür. Dort mußte ich an einem Tischchen 30 Pfennig Entré zahlen. Die anderen, die mich hineingeführt hatten, zeigten mir die Garderobe, und wie schämte ich mich, als die Garderobiere, eine dicke Frau mit mütterlichem Gesicht, mein gutes dunkles Kleid betrachtend, fragte, ob ich neu in Berlin sei. Ganz hochnäsig warf ich den Kopf in den Nacken und schritt, ohne sie einer Antwort zu würdigen, in

den Saal. Der Raum war girlandengeschmückt und ein Blasquartett spielte. Wiederum alles Frauen. Wohin ich auch blickte, waren Frauen. Manche tanzten auf merkwürdige Weise eng umschlungen, die mein Herz klopfen ließ, manche unterhielten sich. Ich stellte mich an die Bar, wo ich alles sehen konnte. Wo waren denn die Männer? Harry hatte zwar gesagt, daß das ein Frauenclub sei, aber ich hatte mir gar nichts Rechtes darunter vorgestellt. Es kam noch bunter, denn eine sehr schöne, elegante Rothaarige mit dem süßesten, pflaumenfarbenen Chiffon-Kleid stellte sich zu mir. Sie fragte mich auf freundlichste Weise aus und dann bot sie mir an, mir die Cognac-Polonaise beizubringen. Noch jetzt zittern mir die Hände, wenn ich schreibe. Ich hatte keine Ahnung, auf was ich mich einließ, als sich die Rothaarige wie die anderen Gäste auf den Fußboden kniete, in der einen Hand ein gefülltes Cognacglas, das trotz ihrer wilden Bewegungen, die sie auf den Knien ausführte, gefüllt blieb. Erst als ich verstand, daß ich nur auf mich aufmerksam machte, indem ich zögerte, kniete ich mich auch hin. Welch ein Wunder, es machte Spaß, so etwas völlig Ungewöhnliches zu tun. Daß kein einziger Herr Zeuge dieses ausgelassenen und verrückten Spaßes war, erhöhte das Vergnügen noch. Das Glas mußte ich danach leeren und hustete mir einige Tröpfchen auf mein Kleid, die mir die Rothaarige sorgsam abtupfte. Dann trat eine kleine, dicke Frau auf die Bühne, alle jubelten ‹Claire, Claire!› und ich begriff, daß das die berühmte Claire Waldoff war. Sie sang das Lied ‹Hannelore›, das auch wirklich sehr entzückend ist. ‹Süßes, reizendes Geschöpfchen mit dem schönsten Bubiköpfchen, keiner unterscheiden kann, ob du Weib bist oder Mann …› Wie ich ihr zuhörte, wurde mir mit einem Schlag klar, was für ein Frauenclub das ist. Wie mit Feuer übergossen, stocksteif, stand ich da und sah auf die zuhörenden Frauen, die einan-

der an den Händen hielten. Manche küßten sich sogar und ich war ganz erschrocken. Ich hatte so was doch noch nie gesehen!!! Als die Waldoff fertig war, stieg Anita Berber, die ich sogleich erkannte, auf die Bühne und Hand in Hand gingen sie ab. Der Abend endete so gräßlich, daß ich am ganzen Körper fliege. Die Rothaarige, von der ich dachte, wir wären gute Freundinnen geworden, umschlang mich plötzlich von hinten wie ein Mann. Wenn ich nun darüber nachdenke, war es nicht eigentlich furchtbar, doch mein Schreck war so groß, daß ich mich losmachte, zur Garderobe stürzte und in die Dunkelheit entfloh. Das erschrockene Rufen der Rothaarigen, die mich zurückhalten wollte, gellte noch in meinen Ohren, als ich die Straße entlang lief. Als ich Erna heute nach dem Frühstück flüsternd Bericht erstattete, lachte sie mich ganz häßlich aus. Dumme Ziege, erst sich nicht trauen, aber dann lachen. Aber irgendwann mußte ich in ihr Lachen einfallen. Nun, so etwas gibt es Zuhause jedenfalls nicht. Ich verriet Erna jedoch nicht, daß mir dennoch die Stimmung in der Pyramide auf eine fremdartige, merkwürdige Art ungemein tröstlich war, weil alle dort sehr freundlich waren. Wer weiß, vielleicht gehe ich einmal wieder hin – wenn ich 30 Pfennig übrighabe.»

In dieser Tagebuchaufzeichnung, die entweder Ende 1919 oder Anfang 1920 entstand, kann man sich dem Charme der entdeckungsfreudigen Neuberlinerin kaum entziehen. Naiv und zutraulich näherte sie sich der Großstadt, schockiert, wie man es von einer braven Bürgerstochter erwartet, und konnte dennoch dem Erlebten Humor und Witz abgewinnen, indem sie sich selbst ironisch als unbedarftes Mädchen charakterisiert. Außerdem offenbart sie hier eine für ihre Altersgenossinnen untypische Risikofreude. Schnell warf sie kleinliche Bedenken über Bord, um am Spaß einer verrückten Cognac-Polonaise teilzuhaben.

Ob sie selbst jemals lesbische Neigungen hatte, erfahren wir nicht explizit, sie schrieb lediglich über das Tanzen, das ihr – *mit meiner rothaarigen Babette* – besonders gefiel. Und, was entscheidender war, sie knüpfte hier Kontakte, die später für sie wichtig wurden: Ende der zwanziger Jahre konnte sie auf die Hilfe einer Freundin aus der «Pyramide» zählen, die sie vor dem finanziellen Debakel rettete, indem sie sie in einem neuen Frauenclub, dem «Mirakel», einführte, wo Henny auftreten konnte. Noch aber hatte Henny Walden kein einziges Lied auf der Bühne gesungen. Statt in ihrem Seminar zu lernen, trieb sie sich in Berlin herum und geriet mit ihrem Leben immer mehr in Konflikt. Bei ihren Gastgebern in Wilmersdorf durfte sie wenig Unterstützung für ihren Metropolentourismus erwarten. Kressins boten der Lehrertochter zwar immer noch Obdach, doch Henriettes Vernachlässigung ihrer Pflichten war immer wieder Anstoß zu Auseinandersetzungen. *«Wieder böser Zank mit Fr. K.»* ist auf verschiedenen Notizblättern aus dieser Zeit zu lesen. Kaum war der Unterricht aus, eilte sie, bewaffnet mit Schreibblock und Bleistift, in die Stadt. Die Kosten ihrer «Menschen-begucken-Ausflüge», die Kaffees und Limonaden, die Fahrkarten für Bahn, Bus oder Droschke, zahlte sie sicherlich von dem elterlichen Taschengeld. Zweigte Mutter Wuttke vielleicht noch etwas vom Wirtschaftsgeld ab und schickte es heimlich der Tochter? Während Kressins sich weigerten, der Gasttochter Kredit zu geben, nahm der Gedanke, endlich auf eigenen Füßen zu stehen, bei Henriette langsam Gestalt an.

«Heute rechnete mir Fr. Kressin vor, was meine Unterbringung und Verköstigung kostete, als ich um etwas Kleingeld bat. Ihre Geduld sei erschöpft. Meine aber auch, denn im Seminar werde ich ja doch nichts Rechtes. Wenn ich doch singen dürfte, die Texte wollten mir schon einfallen.» (Tagebuch, September 1919)

Nachts, so entnehmen wir einer Notiz auf einem Briefbogen, ließ sie sich – nicht ganz ohne schlechtes Gewissen – von Harry Eichberg einladen. Wie in einer Selbstbeschwörung schrieb sie:

«Was ist denn schon dabei? Harry hat eben die Vorteile auf seiner Seite. Er verdient Geld und sein Vater ist generös. Wer schilt ihn, wenn er erst morgens heimkehrt? Wer sieht auf seine Moral? Kavalier müßte man sein ... Ich muß mit beiden Händen ins Glück greifen, sonst entwischt es mir ...»

Zu dem Glück gehörte bald auch das Berliner Bühnenleben. Theaterbilletts, gesammelte Kritiken und Ankündigungen in ihrem Nachlaß weisen darauf hin, darunter auch eine Karte des Großen Schauspielhauses vom Dezember 1919.

Im November 1919 hatte Max Reinhardt sein Großes Schauspielhaus eröffnet. Das Gebäude beherbergte früher den Circus Schumann, der aufgrund von Kriegsrequierierung seine weltbekannten Pferde aufgeben mußte. Reinhardt feierte Premiere mit der antiken Tragödie «Orestie». Henriette besuchte im Dezember die Revue im Untergeschoß des Hauses, die der Schriftsteller Rudolf Kurtz unter dem Namen «Schall und Rauch» zusammengestellt hatte. Parodien, Chansons, Tänze unter der musikalischen Leitung des vierundzwanzigjährigen Friedrich Hollaender. Einen berühmten Sketch hielt Henny Walden in ihrem unvermittelten, typischen Stakatto fest:

«Zwei Zeitungsfahrer stoßen auf ihren Fahrrädern zusammen. Der eine steigt schnell wieder auf den Drahtesel, ruft im Wegfahren: ‹Hau dir selber 'n paar in die Fresse, ick habe keene Zeit!› Eben Berliner Tempo!»

Berlin hatte Henny mit Haut und Haar gefangen: die Geschwindigkeit, die Offenheit, die Aufbruchstimmung, die Diskrepanz zwischen Elend und Flitter gaben ihr ein

Anything goes-Gefühl. Wahllos genoß sie alles, was die Unterhaltungsindustrie der damaligen Zeit zu bieten hatte. So schwärmte auch sie für den Berliner Boxer Hans Breitensträter, der am 23. April 1920 den deutschen Titel im Boxschwergewicht gewann.

Sport war die neueste Mode! Berlin überhöhte den Kampfsport zum ästhetischen Genuß. Maler, Bildhauer, Graphiker ließen sich von Breitensträters Körper inspirieren. Angefeuert von der neuen Freude am unversehrten, gleichsam wiedergeschenkten Körper, am Freiheitsgefühl, das die Revolution mit sich gebracht hatte, und an dem Umstand, daß in amerikanischer und englischer Gefangenschaft viele Soldaten Fans des Boxsports geworden waren, erfreute sich diese Sportart – bis hin zum anrüchigen, dennoch äußerst populären Damenringkampf – großer Beliebtheit. In Henny Waldens Nachlaß findet sich ein Programmzettel des musikalischen Schwanks «Die Hochzeitsreise», die 1920 im Deutschen Künstler-Theater an der Nürnberger Straße Premiere feierte. In dem dort aufgeführten «Boxtrott-Marschduett» hieß es: ‹Das ist der Sport der Republik, / Ich haue hin, du haust zurück …› Ob Henriette sich in die verräucherten lärmigen Boxveranstaltungen wagte, ist nicht bekannt. Jedenfalls lernte sie Breitensträter kennen, noch bevor er zur Kultfigur avancierte. Bereits im September 1919 hatte Harry Eichberg sie zu einem Tanzvergnügen mitgenommen, wo der Boxer ebenfalls zu Gast war.

«Harry nahm mich mit nach Wannsee. Grandiose Villa, Tanzmusik, sehr feine Gesellschaft. Mein grünes Kleid machte sich sehr gut. Die ganze Nacht gefoxt, nicht nur mit Harry. Auch mit einem Boxer. Er heißt Breitensträter und verbarg seine Muskeln unter einem gar nicht üblen Frack. Aber Hände wie Kohlenschaufeln …» (Tagebuch, September 1919)

Mittlerweile hatte der Foxtrott die Tanzfläche – und damit Henriette erobert. Ein kleines, keckes Gedicht fällt in diese Zeit: der «blonde Hans» ist niemand anderes als Breitensträter.

Hans, du hast den Bogen raus,
Nicht nur beim Boxen
Auch beim Foxen
holst du immer richtig aus.

Von Eichberg allerdings war in diesem Herbst nicht mehr oft die Rede. Die vergilbte Einladung zu einem Hochzeitsempfang von Harry Eichberg und Rosalie Kazmarek, Tochter des Pelzhändlers Kazmarek und seiner Frau Amalie, erklärt diese Entwicklung. Für Henny war die Heirat ihres Begleiters offenbar kein Drama, sie war ihr nicht einmal einen Tagebucheintrag wert.

Viel aufregender war der pikante Reiz erotischer Abenteuer.

Tout excepté ça. Noch sage ich nein, aber wie lange noch. Ja, ich lerne französisch, Alfred hat mir sein Übungsbuch vermacht. Französisch versteht Fr. Kressin nicht. Ich bin mir sicher, daß sie in meinen Sachen stöbert! (23. Oktober 1919)

Ich kann eben nicht nein sagen und es gibt so viele nette Männer. Am Schluß war ich nur aus Mitleid nett zu Alfred. Ich sollte mich schämen. Kressins wissen davon natürlich nichts. Jetzt führt mich Paul aus, er ist viel männlicher als Alfred. Er fragt mich: «Träumst du von mir?» (5. November 1919)

Paul ist Offizier und seine Zugehfrau kommt aus Wien. Darum stellt sie ihm auch immer ein Nachtmahl hin, bevor sie geht. Das futtern wir dann sehr fidel. Tanzen aber kann am besten Babette, meine Pyramiden-Freundin. Mein Be-

nehmen ist längst nicht mehr tadellos. Wo ich doch so gerne küsse! (27. November 1919)

Der Verlust ihres «tadellosen Benehmens» erfüllte Henriette mit heimlichem Stolz, und die Hinweise auf wechselnde Männerbekanntschaften und die «Pyramiden»-Freundin zeigen deutlich: die Neuberlinerin hatte sich im Metropolentrubel bestens eingelebt.

Weihnachten fuhr sie nach Neuruppin – zu Hedwigs Hochzeit. Darauf verschwendet sie eine einzige Zeile: *«Weihnachten dort – mein Zuhause ist Berlin!»* Der Besuch in Neuruppin beschleunigte ihren Wunsch, ihrem Leben in Berlin eine ganz andere Richtung zu geben. Man kann es sich gut vorstellen, daß der Zorn des Vaters, die betrübten und fragenden Blicke der Mutter, die Muffigkeit des provinziellen Städtchens sie bei ihrer Entscheidung maßgeblich beeinflußten. Sie hatte Claire Waldoff gehört, die Sänger und Sängerinnen im «Großen Schauspielhaus», sie war eine eifrige Theatergängerin, besuchte die neuen Lichtspielhäuser und verspürte immer stärker die Lust, als Künstlerin ebenfalls dabei zu sein. Ihre Schreibversuche, ihre kleinen Gedichte – und nicht zuletzt ihre musikalische Grundausbildung – nährten ihre Hoffnung, tatsächlich auch begabt genug dafür zu sein.

In einer Aufzeichnung vom Januar 1920 begegnet uns eine energiegeladene Henriette, die sich selbst Mut zusprach: *«Ein neues Jahr liegt wie ein unerfülltes Versprechen vor mir. Ins Seminar will ich nicht mehr. Was werde ich anfangen? Schreiben? Singen? Schauspielerin werden? Ich habe so viele Lieder und Gedichte in mir. Ich weiß, ich kann es. Heim? Niemals.»*

Vermutlich gab der Besuch eines Lichtspieltheaters 1920 den Ausschlag: Henriette sah Henny Porten in dem Film «Anna Boleyn». *«Henriette, Jette – heute sage ich dir adieu!»* notierte sie unter der Neujahrseintragung und unterschrieb den Absatz mit «Henny». Sie schwärmte wie ganz Deutschland für den ersten deutschen Filmstar und schrieb die Porten sogar um ein Autogramm an, das, reichlich abgeschabt und verknickt, in ihrem Nachlaß erhalten ist. Auf der Rückseite des billigen, sepiafarbenen Drucks steht in weißer Kreideschrift die melodramatische Gefühlsanwandlung: *«Zeichen meines Schicksals, goldige Henny. Ich werde Schauspielerin!»*

Für ihr neues Leben verabschiedete sich Henny von dem alten Album. Statt dessen begann sie, auf einfachen Briefbögen zu schreiben. Die Aufzeichnungen weisen große Lücken auf, sind oftmals nicht mehr als kleine Absätze von zwei, drei, manchmal nur einer Zeile. *«Endlich eine Richtung»*, schrieb sie im März 1920. *«Zu Max Reinhardt.»* Auf der Suche nach ihrem Weg war Henny zunächst bei der naheliegenden Anlaufstelle gelandet: in der Schauspielschule von Max Reinhardt. Schließlich konnte man den von ihr wahrscheinlich damals schon angestrebten Beruf der Soubrette ja nirgendwo «lernen». In der Schauspielschule, mochte sie gedacht haben, würde sie neben dem Schauspielern auch Singen lernen – und die besorgten Eltern mit dem Hinweis «Schule» beruhigen können.

In dem Koffer, den Max Gerstenberg von der Witwe Meyer Anfang 1998 erhielt, findet sich auch eine zerfledderte Reclam-Ausgabe von Schillers bürgerlichem Trauerspiel «Kabale und Liebe». Auf der ersten Umschlagseite steht in Hennys Handschrift *«Vorsprechen. Montag, 11 Uhr.»* Angekreuzt und mit Unterstreichungen, Punkten und Ausrufungszeichen versehen ist im vierten Akt die siebte Szene zwischen Luise Miller und Lady Milford. Ungewöhnlich ist dabei, daß Henny wohl beide Rollen vorbereitete. Hat sie etwa beide Figuren beim Vorsprechen gespielt? Zuzutrauen wäre es ihr! Was für eine Szene: Henny als nervöse Milford, statt «heftig bewegt» sich auf das Sofa werfend, auf einen Stuhl auf der Bühne sinkend – und als Luise wieder aufstehend! «Dein sei alles, aber entsag ihm», dann wieder von Milfords Lippen. Verbrieft ist nur eins: Sie wurde angenommen. So steht es ganz oben auf einem Blatt – mit drei Ausrufungszeichen.

Zur gleichen Zeit übrigens bestand auch eine andere junge Berlinerin die Aufnahmeprüfung: Marlene Dietrich. Doch Hennys Tagebuch verzeichnet keine frühe Begegnung. Auch Max Reinhardt lernte sie wohl nie persönlich näher kennen – denn allen Mythen zum Trotz war der Meister bei den Vorsprech-Sitzungen selten selbst anwesend. Auf einem undatierten Blatt, auf dem sie sich – so scheint es – in Beschreibungen ihr bekannter Menschen übte (ihren Vater beschreibt sie mit «Papa: drohende Augenbrauen wie ein Gewittergott.» Frau Kressin: «Langweilige Eleganz, wie eine Gans im Schwanenkleid»), formulierte Henny zu Max Reinhardt respektlos und treffend: *Max Reinhardt: Verschmitzt lächelnder, dicklicher Herr ohne Hals, ein bißchen Schweijk, ein bißchen Wiener Caféhauskellner, aber das Genie sucht sich eben selten den Körper eines Tänzers aus.»*

Die Begeisterung über die Aufnahme bekam schnell einen Dämpfer. Unter dem euphorischen *«Angenommen!!!»* steht *«Zorniger Brief von Papa. Hr. Kressin verspricht, ihm zu schreiben. Wie lieb von ihm. Kressins sind fast stolz auf mich.»* Und wenig später: *«Papa lenkt ein. Mein Brief über die bezahlten Statistenrollen beruhigte. Hurra! Er wird Geld schicken, wenn ich etwas brauche.»*

Mit dem Besuch der Schauspielschule machte Henny den ersten entscheidenden Schritt – und tauchte ab in die vibrierende Theaterwelt, als wäre sie schon immer ein Teil von ihr gewesen. Dabei war ihr die Ausbildung weniger wichtig, als die neuen Kontakte, die sie knüpfte – und die erwähnten Statistenengagements.

«Bin Zofe im Nelson (1. Akt), ziehe mich um und fahre mit dem Bus ins Metropol, dort als ‹feine Dame› auf einer Cocktailparty (3. Akt). Man könnte meinen, ich sei schon in Mode. Viele neue Verehrer, aber kein ernsthafter Bewerber.»

Anders als heute war es damals üblich, daß die Schauspielschüler und -schülerinnen während ihrer Ausbildung als Statisten und in kleinen Rollen an den Bühnen arbeiten. Auch in der Biografie von Marlene Dietrich finden sich Beispiele für diese außerschulischen Tätigkeiten. Für Henny hieß das, daß sie an einem Abend vom Nelson-Theater am Kurfürstendamm/Fasanenstraße ins Metropol-Theater an der Behrensstraße sausen mußte – natürlich mit dem Bus –, Droschke oder Taxi waren zu teuer. Eben Berliner Tempo!

Auch als Sängerin machte Henny erste Schritte, sie trat vor allem als Chorgirl in verschiedenen Revuen auf. Viele Programmzettel aus dieser Zeit finden sich zerknittert und verblaßt in ihrem Nachlaß. Henny Walden, wie sie sich später nannte, ist immer dabei, aber niemals vorne dran. Ihre Auftritt lassen sich mit diesen Programmzetteln nicht mehr rekonstruieren, weder als Henriette Wuttke noch als Henny Walden ist ihr Name auffindbar. Henny selbst waren diese kleinen Auftritte weniger Platz in ihren Aufzeichnungen wert als ihre Sorgen um ihre Garderobe.

«Unbedingt zur Schneiderin. Zur Voss [Schneiderin aus Neuruppin] *mag ich nicht. Selbst wenn Mama einen guten Preis mit ihr ausmacht. Die Modezeitungen zeigen Pariser Mode, ‹Trotteur›-Kleider. Kurz, fesch, frech. Ich trage schon lange kein Korsett mehr.»* (20. März 1920)

Und neben diesen Zeilen skizzierte sie flott ein paar

Kleider mit kurzem Rocksaum, der knapp unter dem Knie endet, einem Kragen, der viel Hals zeigt, langen Ärmeln mit engen Stulpen, hoher Taille, einem kleinen Gürtel.

Obwohl die Kleiderfragen noch immer ungelöst blieben, erfüllte sich ein Traum von Henny Walden in diesem aufregenden Frühjahr 1920: «*Endlich eine Freundin! Sie wird ebenfalls Schauspielerin und bestimmt eine viel bessere als ich. Heute beim Rollenstudium ist sie mir aufgefallen. Sie heißt Meta, hat den frechsten Humor, den man sich denken kann, und ein einfach wunderbares Lachen, das das ganze Theater erfüllt. Sie ist so schlank wie ein Knabe, trägt einen kurzen dunklen Bubikopf und hat so lange Beine, daß alle jungen Männer bewundernd schauen und mit ihr tanzen wollen. Nach der Schule gingen wir Arm in Arm wie alte Schulfreundinnen auf eine Limonade und hatten den köstlichsten Spaß, bis uns der Kellner aufforderte, uns wie junge Damen zu benehmen. Gänzlich hops! Da sprang Meta laut lachend auf und lief aus dem Lokal! Sie sagte, sie will gar keine Dame werden. Chocking! Sie ist ganz neu in Berlin und wohnt bei ihrer Tante in Charlottenburg. Ach, wie freue ich mich, ihr alles zu zeigen!*» (Tagebuch, Mai 1920)

Viel ist nicht über Meta Wyrowitz, die bereits 1923 Berlin verließ, bekannt. Sie stammte, wie man einigen Hinweisen in Henny Waldens Nachlaß entnehmen kann, aus Frankfurt, wo ihr Vater als Kantor in einer evangelischen Kirche arbeitete. Meta kam aus einer kinderreichen Familie und verdiente sich ihre Schauspielausbildung in Berlin durch das Führen des Haushaltes ihrer alten Tante. Da sie die Lieblingsnichte der Tante war, ermöglichte diese ihr nach bestandener Aufnahmeprüfung den Besuch des Max-Reinhardt-Seminars. Bedingt durch die Taubheit der alten Dame konnten Meta und Henny so manchen lustigen Abend im Wohnzimmer der weitläufigen Wohnung verbringen. Ein erhaltener Zettel, vielfach geknickt und wahrscheinlich in einer Unterrichtsstunde entstanden, dokumentiert die unbeschwerte Albernheit der Mädchen:

Welch' ein Glück, daß deine Tante,
immer ohne Hörrohr schlummert
Hochgepriesene Verwandte!
Hört nicht wie mein Herzchen bummert.

Wie zwei kugelschnelle Blitze
zischen Paule oder Fritze,
einfach unters Kanapee
fragt die Tante uns nach Tee.

Käm sie einmal ungelegen,
lögen wir dann ganz verwegen
daß der grade geseh'ne Kuß
zur Premier' noch sitzen muß!

Meiner einzigen Meta zugeeignet von ihrer Henny

Bereits im Jahre 1920 lernte Henny Walden die damals populäre Diseuse Gussy Holl kennen. Die Holl war vom Komponisten und Theaterintendanten Rudolf Nelson (eigentlich Rudolf Lewysohn) entdeckt worden. Nelson, Sohn eines Berliner Kaufmanns, hatte mit seinem Nachtclub «Chat Noir» in den zehner Jahren Erfolge gefeiert. Seit 1914 besaß er das Nelson-Theater. Obwohl heute nur eine kulturelle Randnotiz gehörte Gussy Holl, die in erster Ehe mit dem Schauspieler Conrad Veidt verheiratet war, später die Ehefrau von Schauspieler Emil Jannings wurde, Anfang der 20er Jahre zu den Stars der Berliner Szene. Kurt Tucholsky, der ein enger Freund der Holl war, schrieb 1919 in einem Brief an einen Freund über Gussy Holl:

«Sie ist in der Tat ganz blond und schlank, hat einen blendenden Witz – was bei Frauen mehr ist: Humor – und macht Gott und die Welt entzückend nach. Sie filmt (leider!) und tritt – hurra – hier und da in Hurenställen, soidisant Cabarets auf, aber dann ist sie hinreißend. Ich mag gern Menschen sehen, bei deren Erschaffung der liebe Gott ganz aufgepaßt hat – bei den meisten hat's draußen geklingelt, und er hat das Zeug immer halb fertig gelassen.»

Henny Walden wußte natürlich genau, wen sie vor sich hatte, als sie Gussy Holl, vor dem Schaufenster einer Modistin am Kurfürstendamm, kennenlernte. *«Seit heute kenne ich die berühmte Gussy Holl. Ach, einmal so sein wie sie!!! Sie ist wohl die schönste Frau, die ich jemals gesehen habe. So elegant, so nobel. In jedem Falle wünschte ich mir, sie möge in mir eine Freundin sehen. Der Zufall führt uns zusammen: direkt vor Madame Brill. Wir blickten beide in das Schaufenster, ich sah nicht auf meine Füße, stieß sie an und dann fingen wir tatsächlich an zu reden und sie lud mich zu einem Kaffee ein. Ich wollte, ich könnte alles aufschreiben, was sie sagte. Wort für Wort. Sie machte mir viel Hoffnung, und was ich bisher nur ahnte, ist jetzt Gewißheit: Ich werde ihr als Diseuse nacheifern!!»*

Offensichtlich gab sich Henny Walden in diesem Gespräch als «Kollegin» zu erkennen. Vielleicht fand die Holl Gefallen an der frischen Art der jungen Schauspielschülerin und versorgte sie mit nützlichen Tips. Direkt unter dem letzten Eintrag notierte Henny: *Korrepetitor finden, Programm (5 ?? Lieder)*

Als hätte Gussy Holl Henny Walden den Rat gegeben, sich unter den unzähligen Pianisten der Stadt einen Korrepetitor zu suchen, einige Lieder vorzubereiten und sich dann bei den entsprechenden Impresarios vorzustellen.

Noch immer wohnte sie bei Kressins, obwohl die Streitereien jetzt fast zur Tagesordnung gehörten. «*Hr. Kressin tobte gestern, weil ich wieder weit nach Mitternacht heim kam. Er fühle sich in seiner Bettruhe gestört!! Obwohl ich auf Zehenspitzen schleiche und jede knarrende Holzbohle vermeide. So ist das eben beim Theater, ich bin doch kein Schreibfräulein. Ich war recht patzig und mußte mich später entschuldigen, was mir schwer ankam. Aber Meta meint, ich solle lieber einlenken – bis ich eine eigene Bleibe habe. Wenn ich doch bei ihr einziehen könnte, doch ihre Tante ist so halsstarrig und wehrt sich heftig dagegen.*» (April 1920)

Wenigstens gelang es Henny Walden mit Metas Hilfe endlich ihr Äußeres der urbanen Umgebung anzupassen.

«*Nun ist mir Mutters Verbot allemal egal. Der Zopf ist ab. Himmlisch! Keine Kopfschmerzen mehr von Haarnadeln, Zöpfen und Knoten. Garderobe ist fast komplett – das schöne graue Kleid aus dem Metropol ist wunderschön. Paßt schön zu meinen neuen Stiefeln. ‹Mensch, Mädchen, hast du Beine!› ruft mir ein Frecher auf der Straße nach. Bilanz: Drei gute Kleider und zwei für Proben.*»

Diese Tagebuchpassage zeigt die große Veränderung im weiblichen Selbstbewußtsein. Noch nach der Jahrhundertwende zwängten sich die Frauen in fischbeinverstärkte Schnürkorsetts, verhüllten sich in gesteiften Unterröcken und zogen unpraktische Schleppen hinter sich her. Die immer größeren Schritte, die die Frauen machten, verlangten eine andere Kleidung: die Mode entdeckte die Frauenbeine! Die Röcke wurden kürzer, zunächst bis zu den Waden, aber erst 1926 bis zu den Knien. In «Die goldenen 20er Jahre» schreibt Hermann Behr: «Die Enthüllung der Beine war keine modische Marotte. Sie war nicht – wie so oft bei modischen Neuerungen – lediglich von der Sucht nach Abwechslung diktiert. Nein, diese Beine – zum ersten Mal seit Jahrhunderten den Männerblicken freigegeben –

verkündeten ein Programm. Denn: Beine galten von jeher als Symbole der Männlichkeit. Die Beine waren es, mit denen der Mann hinausschritt ins feindliche Leben, während sein treusorgendes Weib den heimischen Herd und die Kinder hütete. Mit beiden Beinen stand er in der Welt, Herr, Beschützer und Gebieter. Nun zeigten die Frauen geradezu demonstrativ ihre Beine, trugen also traditionelle Wesensmerkmale des Mannes zur Schau und machten damit auch für das Auge offenkundig, daß sie dabei waren in bis dahin geheiligte Bereiche des starken Geschlechtes einzudringen. Die Gleichberechtigung marschierte.»

Und Henny Walden marschierte mit. Wohl nicht nur beseelt von dem neu entdeckten und den durch die Kriegsfolgen oftmals erzwungenen Recht der Frau auf Arbeit, sondern vor allem aus Lust an der flotten Mode. Und aus dem aufregenden Gefühl heraus eines durch Schauspielschule und Komparsen-Engagements gesteigerten Selbstbewußtseins. Nicht nur in Neuruppin wurde die Mode kritisiert, selbst in der Großstadt Berlin konnte man sich lange Zeit nicht über die Veränderungen der weiblichen Erscheinungsform beruhigen. Noch am 29. März 1925 – also fünf Jahre, nachdem sich Henny die Haare abgeschnitten hatte – räsonierte die Berliner Illustrirte in einem mit «Nun aber genug!» überschriebenen Kommentar: «Was zuerst ein launisches Spiel der Frauenmode war, wird allmählich zur peinlichen Verirrung. Zuerst wirkte es wie ein anmutiger Scherz; daß zarte, zierliche Frauen sich das lange Frauenhaar abschnitten und mit Pagenfrisuren erschienen [...], daß sie die Röcke kürzten und die schlanken Beine bis zur stärksten Rundung der Waden zeigen ...»

Die «schlanken Beine» von Henny Walden, die «die stärksten Rundungen der Waden» sehen ließen, wanderten im Sommer 1920 munter durch Berlin – auf der Suche nach einem geeigneten Pianisten. Wie sie den Pianisten Karl

Schulze kennenlernte, ist nicht bekannt. Vielleicht in einem Café am Potsdamer Platz, wo sich die ständig an Geldnot leidenden Kleindarsteller gerne trafen. Jedenfalls informiert ein kurzer Eintrag vom Juli 1920 bereits von den künstlerischen Fortschritten. Zwischen einer Vielzahl von Notizen zu Liedern, vielfach durchgestrichene Zeilen, eng beidseitig beschriebenen Papieren, die von der Arbeit der jungen Möchtegern-Sängerin zeugen, findet sich auf einer Seite in hastigen Buchstaben auf das Papier geworfen eine euphorische Schilderung.

Die Sinnlichkeit und exakte Beschreibung erhöht das Bedauern, daß Henny Walden nicht öfter in dieser dokumentarischen Schärfe ihr Leben niederschrieb. Hier steht sie ganz nah und lebendig vor uns, wie sie – vielleicht in irgendeiner Kneipe, wo die jungen Leute das Klavier benutzen durften, vielleicht auch in Karl Schulzes Wohnung, an ihrem Programm arbeitete. Enthusiastisch, voller Spannung und Spaß, sich streitend, sich zusammenraufend, Text und Melodie zueinander bringend – und mit der Vision vom großen Erfolg im Kopf.

Die Schilderung ihrer Arbeit mit Karl Schulze läßt einen Film vor uns ablaufen. In grobkörnigem Schwarzweiß, mit tiefen Schatten. Eine Klavierlampe wirft einen kleinen Lichtkreis. Der Rest des Zimmers verschwimmt im Grau, undeutlich sehen wir auf dem Instrument und dem Zimmerboden ausgebreitete Noten und Textblätter. Im Lichtschein die Hände des Pianisten, Läufe und Akkorde erprobend, am Klavier, nur halb vom Licht beschienen, ein Mädchen mit dunklem Pagenkopf. Es singt eine Zeile, lauscht der Melodie nach, schüttelt den Kopf, lauscht dem Pianisten, setzt erneut ein, bricht ab. Auch der Pianist hält inne, er zündet sich eine Zigarette an, er raucht nachdenklich, legt die Zigarette auf die Pianokante und schreibt hastig etwas auf das auf dem Klavier lehnende Notenblatt. Er blickt auf, zählt ein, nickt dem Mädchen zu, das wieder anfängt zu singen. Zigarettenrauch kräuselt sich im Licht.

«Mir schwirrt der Kopf. Aber es macht sich. Endlich meine eigenen Texte singen, zu denen Karlchen ganz schmissige Musik schreibt. Er haßt den Viervierteltakt. Ragtime, Baby, sagt er und sieht sehr amerikanisch aus. Ein Freund hat ihm eine Camel-Zigarette geschenkt, die er nach jedem Zug ausmacht und in die Brusttasche seines Jacketts steckt. Blue notes, sagt Karl und My darling girl. Ich hab's mir von ihm aufschreiben lassen. Englisch muß ich auch noch lernen – Meta kann's natürlich schon. Er nennt es Jazz und wer versucht, dazu im Stehkragen zu tanzen, sieht lächerlich aus. Jazz ist neu! Es ist herrlich zu singen. Ich darf, nein, ich muß, vulgär, anzüglich, kokett sein und singe meine Texte mit Unschuldsmiene. Das Programm wächst.»

Den ganzen Frühsommer arbeiteten Henny Walden und Karl Schulze an einem Repertoire, feilten und probten. Bereits im August 1920 traten sie in einer Privatwohnung auf. Wer dieses erste halböffentliche Konzert von Henny Walden initiierte, ist nicht zu recherchieren. Man muß davon ausgehen, daß sowohl sie als auch Karl Schulz Kontakte hatten.

«Ich muß über diesen Abend schreiben. Welches Glück! Wir sind bis zum Kurfürstendamm mit der Droschke (Vorschuß). Dritter Stock. Viele Leute. ‹Da sind ja unsere Musiker›, begrüßt uns Hr. Mitzner im Frack. Wir sahen aber auch toll aus. Die lange Zigarettenspitze hatte ich mir aus dem Fundus erbettelt, dazu Metas falsche Perlenkette. Karlchen trug den Anzug von P. Erst schrecklich, weil [die] *Leute tranken, redeten und nicht zuhörten, als ich ‹Schieberlili› sang. Da kam mir ein guter Einfall! Ich setzte mich zu Karl auf die Klavierbank, ließ das Kleid bis übers Knie rutschen. Ein Mann pfiff. Alle hörten zu. Ich zog den Rauch*

tief ein und sang einfach wie aus einer Eingebung ‹Elsies Nachtgebet›. Ganz leise, fast ohne Stimme. Ich flüsterte, lachte, weinte, schmiß meine Augen. Karlchen war erst wütend, das Lied war doch noch gar nicht dran. Aber dann fand er die Melodie. Danach war es ganz still und dann – donnernder Applaus. Zum Sterben schön!»

Der Text zu «Schieberlili» ist verschollen, wie auch die meisten Noten zu Henny Waldens Liedern. «Elsies Nachtgebet» jedoch ist erhalten.

Elsies Nachtgebet

Lieber Gott, schenk mir einen Mann.
Endlich, endlich, endlich einen Mann.
Ich zerreiße meinen Taft,
ich bin ganz toll vor Leidenschaft.

Die Leidenschaft ist echt, sie wird bezahlt.
Küß mich nicht! Meine Lippen sind bemalt.
Für Geld poussiere ich mit Fink und Star
Tralallala – und der ganzen Vogelschar.

Lieber Gott, schenk mir einen Mann.
Endlich, endlich, endlich einen Mann.
Ich steh schon lange unter Bäumen,
die Miete zahlt sich nicht von Träumen.

Mein Leben geht so langsam ausm Kitt.
Sagt einer ‹Du›, dann geh' ich mit.
Sie verschlingen mich mit Blicken,
und sie schwitzen vor Entzücken.

Ich lach' vulgär und sehr durchtrieben
Weil das die Herren an mir so lieben.
Ach! Keiner hat mich je geliebt.
Die Liebe. Ob es sie für mich noch gibt?

Ich kenne alle – nicht nur einen.
Um alle kann man gar nicht weinen.
Mit allen hab ich nächtens Spaß.
Wie alle – Mädchen von der Friedrichstraße.

Lieber Gott, schenk mir ein Mann.
endlich, endlich, endlich einen Mann.
Der mich errettet,
Auf Rosen bettet,
Der sagt: ich laß dich nimmer gehen.
Das wäre schön!
Ich will ja nicht das große Glück.
Ich brauche nur ein kleines Stück.

Lieber Gott, schenk mir einen Mann.
Endlich, endlich einen Mann.
Lieber Gott, diese Nacht nur noch einen Mann –
Damit mein Brot ich morgen kaufen kann.

Der erste Anfang war gemacht. Henny und Karl wurden weiter empfohlen. Die Kombination von Hennys jugendlicher Unschuld und den betont frivolen und naiv geknittelten Reimen kam beim Publikum gut an. Bald traten sie fast jede Woche in einem anderen privaten Club auf.

Während sich im Sommer 1920 der erste bescheidene Erfolg der Soubrette Henny Walden einstellte, spitzte sich ihre heimische Situation zu. Hennys «Arbeit» führte zum Zerwürfnis mit Kressins, die das «Lotterleben» und den «Umgang» ihrer Untermieterin besonders in Hinblick auf die Verbindung zu Hennys Vater nicht mehr tolerieren mochten. Im Oktober 1920 reiste Vater Wuttke in Berlin an; wohl ein letzter Versuch, seine bald einundzwanzigjährige Tochter zur Räson zu bringen.

«Tränen, Vorwürfe! Ich gebe nicht nach. Papa findet in Charlottenburg ein Zimmer für mich. Die Strafe für meine

Freiheit: Die Offizierswitwe Moltke (sie heißt wirklich so!), polterig, unangenehm, ein Drachen! Aber es gibt Frühstück. Vater wird ihr das Geld direkt schicken. Aber – halleluja – ich erhalte einen monatlichen Wechsel! Ich brauche neue Strümpfe!»

Die neuen Lebensumstände versetzen Henny in einen Zustand rauschhafter Erregung. Jetzt erst ist sie wirklich in Berlin angekommen: «*Mein Zimmer! Klein und dunkel, aber ich bin dem Baum vor dem Fenster nicht böse. Keine Kinder, keine Fr. Kressin, keine Verbote. Meine Kleider, meine Bücher, mein Tisch. Das Badezimmer teile ich mit Frl. von Bredow und einem alten Oberst, der ist fast taub und hält stets stundenlange Sitzungen ab. Werde Mamutschen um ein wenig mehr Geld anschreiben, dann macht mir Fr. Moltkes Marta auch die Wäsche. Sogar auf dem Piano in der guten Stube darf ich üben – nur nicht in der Mittagszeit. Ich bin erwachsen!*»

Henny, befreit von der Last familiärer Kontrolle und finanziell mit einem Minimum ausgestattet, richtete sich in ihrem neuen Leben ein. Im Herbst 1920 lernte sie über Gussy Holl Kurt Tucholsky kennen, von dem sich in ihrem Nachlaß die «Frommen Gesänge» finden.

«*Gussylein lädt mich zu Schlichter ein. Petersilienkartoffeln und gebratener Zander. Später kommt Kurt Tucholsky dazu. Bin ganz stumm vor Ehrfurcht. Theobald Tiger persönlich. Ich habe doch seine Frommen Gesänge zu Hause. Und ‹Immer um die Litfaßsäule›, schöne Musik von Hollaender. Hat Gussy in Schall und Rauch gesungen. Tucholsky lächelt schön. Seine dunklen Augen sehen aus wie von einem Reh. Gussy macht C. Waldoff nach und wir lachen viel. Tucholsky ist sehr still. Er sagt, er braucht mehr Einsamkeit. Berlin ist ihm zu laut. Schreiben, lesen, Rauchen, Stille. Wie langweilig.*»

Mehr als flüchtige Bekanntschaft entwickelte sich nicht

zwischen Henny Walden und Tucholsky. Ein ganzes Jahr später, im September 1921, erwähnte sie ihn noch in einer Eintragung: «*Traf Tucholsky im Caféhaus. Er war so freundlich zu mir. Ich getraue mich, nach seinem Rezept zu fragen, wie er seine Verse immer so aus dem Ärmel schüttelt. Er lächelt schief: ‹Aus dem Ärmel geschüttelt, wie?› Er streicht mir über den Kopf und sagt: ‹Zum Glück sieht keiner die erste, krumplige Niederschrift.› Ein Trost.*»

Am 7. Oktober 1921 erschien in der «Neuen Weltbühne» Tucholskys Artikel «Aus dem Ärmel geschüttelt», in dem Tucholsky fast wörtlich die Unterhaltung mit Henny Walden wiedergibt: «Das», sagen die Leute oft, wenn sie einen Vers von mir lesen, «fällt Ihnen gewiß sehr leicht. Es klingt, als ob …» – «Ich es aus dem Ärmel geschüttelt hätte, wie?» sage ich dann. «Ja, sagen die Leute.»

1920 verschaffte die Verbindung zu Gussy Holl Henny, die sich in einer Notiz über ihre eintönige, aber preiswerte Diät aus Brot-Kohlsuppe-Brot beschwerte, zumindest die eine oder andere richtige Mahlzeit.

Henny war in dieser Zeit sehr glücklich. Sie besuchte die Schauspielschule weiter, arbeitete mit Karl Schulze und fand dennoch Zeit, viel ins Theater zu gehen.

«*Großes Schauspielhaus mit Meta. Georg Kaisers Tanz und Spiel in fünf Bildern. Mir tut der Bauch noch vom Lachen weh. Der Strom fiel aus, das halbe Theater las bei Notbeleuchtung die Abendausgabe, um sich die Zeit zu vertreiben. Dann tanzte H. von Meyerinck den Selbstmord eines griechischen Epheben. Was der für Eu hält, bleibt ein Ei! Er stürzt sich ins Meer – mit den Rufen Eiropa, Eiropa, Eiropa! Das Publikum lacht sich scheckig – und hört nicht mehr auf! Wollte Gott, daß mir so etwas nie zustößt.*» (5. November 1920)

An Weihnachten fuhr Henny Walden nicht wie im Jahr zuvor nach Neuruppin.

«Ich bin doch sehr bedrückt, daß Du nicht kommen magst. Dein Brief sorgte hier für große Aufregung. Trotz Vaters Zorn haben Mutter und ich noch ein Paket an Dich vorbereitet, das mit Gottes Wille Dich noch vor dem heiligen Abend erreicht. Sei versichert, daß ich diesen Brief nicht im Einverständnis mit Mutter schreibe. Mein Ernst meint sogar, ich solle das Schreiben unterlassen, da die Verbindung zu Dir für mich nicht von Vorteil sei. Aber ich würde mein kleines Schwesterchen doch wohl so gerne einmal wiedersehen. Vater hat so Erschreckliches über Dein Aussehen berichtet. Haare wie [ein] *Matrose und ein Kleid so kurz wie die Toga eines Olympioniken! Kannst Du nicht einmal eine Photographie schicken, wenn Du ein wenig Geld dafür erübrigen kannst? Ich habe leider keines, wie Du Dir denken kannst. Du könntest sie* (die Photographie) *zu Hedi schicken, Alwin ist meistens schon im Kontor, wenn die Morgenpost ankommt, und so würde Dein Bild direkt an sie gehen. Vielleicht schreibst Du den Namen Dita Schmidt als Absender. Es ist tatsächlich die Dita Schulte aus der Goethestraße, die sich im letzten Herbst nach Berlin-Grunewald verheiratet hat. Du siehst, daß die Sache schon so schlimm steht, daß wir vorsichtig sein müssen. Ernst wäre mir arg böse, erführe er von diesem Brief. Aber er meint mit Vater, daß das Weihnachtsfest ohne Dich ungleich friedlicher verliefe. Du schriebst in Deinem letzten Brief, Du hättest als Sängerin zu arbeiten. Aber ist das denn nicht sehr verrufen? Ernst habe ich gar nichts davon berichten mögen, er ist so streng. Immer noch weiß ich nicht, wann wir endlich heiraten werden. So recht trostlos ist mir manchmal um das Herz, es will auch gar keine weihnachtliche Stimmung aufkommen. Den Schal, den ich diesem Schreiben beilege, habe ich mit lieben Gedanken an Dich gestrickt. Frohe Weihnachten wünscht Dir Deine Schwester Wilhelmine*

Warum Henny nicht an Weihnachten nach Neuruppin fuhr, erklärt die nächste Tagebucheintragung vom 24. Dezember 1920.

«Die Zeit verfliegt und der Baum vor meinem Fenster hat nun alle Blätter verloren. Ganz schwarz und nackt streckt er seine Zweige in den Hof. Es ist kalt im Zimmer, der Ofen zieht so schlecht, aber [das Zimmer] *ist hell, leider nur um die Mittagszeit. Warum fällt mir das Schreiben so schwer, wenn es draußen so kalt ist? Auch in der Wohnstube ist es klamm, ich mußte mit Handschuhen am Piano sitzen. Marta hat bis morgen frei und Kaffeekochen kann ich immer noch nicht. Esse auswärts, wenn ich Geld habe. Heute nur Schrippen.*

Gestern zwei Auftritte in Kostüm, mein Weihnachtsgeschenk von Meta, die zu ihren Eltern nach Frankfurt fuhr. Beim einsamen Essen heute mittag ein Sonnenstrahl, der mich erwärmte. Freudige Weihnachtsüberraschung! Karlchen hat einen Auftritt bei Betty Stern an Land gezogen. Am Neujahrsabend. Muß mein Grauseidenes auslüften und ausbürsten. Wie froh bin ich, daß ich nicht nach Hause gefahren bin. Statt Betty Stern hätte es Zank unter dem Christbaum gegeben.»

Betty Stern, eine Berliner Gesellschaftsdame, führte in den zwanziger Jahren die Tradition des literarischen Salons fort. Sie erweiterte jedoch ihre Gästeschar um alle, die mit Theater, Journalismus und mit dem aufstrebenden Filmgeschäft zu tun hatten, das von manchem arriviertem Dramatiker und Schauspieler noch naserümpfend belächelt wurde. Bei ihr war – im Gegensatz zu anderen Künstlertreffs – der Nachwuchs willkommen. Sie stellte junge Schauspieler bekannten Theaterdirektoren wie Max Reinhardt oder Viktor Barnowsky vor und führte hoffnungsvolle Journalisten mit den Verleger-Brüdern Ullstein zusammen. Für die Filmbosse lud sie junge Leute ein, die zum Film wollten – aber bereits im Vorzimmer gescheitert waren.

Bei Betty Stern trafen sich alle Adabeis aus der Kulturszene. Und Henny staunte nicht schlecht, als sie feststellte, daß die Gastgeberin keineswegs wegen ihrer äußeren und materiellen Reize beliebt war.

«Salon? Ja, Kuchen! Ich hatte auf ein Buffett gehofft und auf einen Ballsaal. Der Salon, das sind zwei Zimmer, die ineinander übergehen. Wohl an die hundert Menschen drängten sich im Gespräch. Betty ist eine sympathische Kugel. Es klingt nicht freundlich, aber sie ist nun einmal kugelrund, ganz klein, unscheinbar, fast häßlich und ich glaube, nicht sehr klug. Sie rollt von Gast zu Gast und tut, als gäbe es Wichtiges zu besprechen. Satt geworden sind aber alle. Ich war erstaunt, aber es gab französische Pastete, Kartoffelsalat, kaltes Fleisch. Jeder bringt einfach etwas mit, das – ohne Visitenkarte!! – auf dem großen Küchentisch deponiert wird. Köstlich. Ich kam natürlich mit leeren Händen. Nach dem Auftritt (viel Applaus!) Schokolade mitgenommen. Zu Hause in meiner kalten Butze im Bett gegessen in den grauen Morgenstunden des neuen Jahres. Allein und so glücklich. Was wird das Jahr mir bringen?»

3 *Vielleicht aus Paraguay, vielleicht vom Tiber*

1921–1923

«Ich komme aus dem Nichts, mein Lieber,
Vielleicht aus Paraguay, vielleicht vom Tiber.
Du braucht von mir gar nichts zu wissen.
Du brauchst nur küssen, küssen, küssen.»

(1922)

Im Februar 1921 fällte Henny Walden eine wichtige Entscheidung: sie verließ die Schauspielschule.

«Liebe Henny, noch immer ist es ungewohnt für mich, diesen Namen niederzuschreiben. Ganz so, als wolltest Du alles abwerfen, was mit Deiner Familie zu tun hat. Wiederum herrscht hier große Erschütterung und Sorge. Ist Deinem Entschluß, die Schule zu verlassen, reifliche Überlegung vorangegangen? Kannst Du Dir Dein Auskommen sichern? Vater streicht Deinen Wechsel mit Wirkung vom März, obwohl Mutter sich die Augen ausweint und ihn bittet, dieses nicht zu tun. Doch Vater ist unerbittlich und sagte beim Mittagstisch am Sonntag, er habe nur noch zwei Töchter. Mir scheint, Du ließest Dich auf etwas sehr Ungewisses ein. Gerade der Umstand, daß Deine Freundin denselben Schritt tun will, erfüllt mich mit Unbehagen. Findet sich denn in ganz Berlin kein passender Ehemann? Ich kann mir unter Deiner Tätigkeit so recht nicht etwas Wahres vorstellen. Ernst bittet mich ernstlich, den Briefwechsel mit Dir einzustellen. Ich mag mich ihm nicht widersetzen, dennoch fühle ich, daß ich mich seinem Verbot nicht unterwerfen kann. Du bist und bleibst doch meine von Gott geschenkte Schwester, gleich, an welche Gestade Dein un-

stetes Leben Dich spülen mag. Ich habe in Ernstens Schwester Käthe eine Vertraute gewonnen, schreibe mir nur immer fleißig weiter an ihre Adresse. Mir bricht noch das Herz über Deine Unvernunft. In Liebe sendet Dir Grüße, Deine Schwester Wilhelmine. (15. Februar 1921)

Es bleibt unklar, wann genau aus Henriette Wuttke Henny Walden wurde. Vielleicht trat sie anfangs noch unter ihrem Geburtsnamen auf – es gibt keine Dokumente außer ihrem Tagebuch, die ihre Tätigkeit in den frühen zwanziger Jahren belegen. Ein Umstand, der leicht erklärbar ist: Henny Walden gelang es nicht, außer mit Statistenauftritten in die offiziellen Kabaretts und Theater vorzudringen.

Sie empfand ihren Familiennamen als zu provinziell und wenig bühnentauglich und sah sich deswegen nach einem Künstlernamen um. Walden hatte in Berliner Künstlerkreisen verständlicherweise einen guten Klang, weckte er doch Assoziationen an den legendären Herwarth Walden, der mit seinem im April 1904 gegründeten «Verein für Kunst», aus dem die spätere Zeitschrift «Der Sturm» hervorging, die Entstehung und Verbreitung des literarischen und malerischen Expressionismus entscheidend beeinflußte.

Ob Henny Walden, geborene Henriette Wuttke, wußte, daß Herwarth Walden selbst ein Künstlername war? Den hatte die Dichterin Else Lasker-Schüler ihrem späteren Ehemann Georg Levin, den sie in ihren Gedichten als «Goldwarth» verewigte, verpaßt.

Hennys Motive, «Walden» als Künstlernamen zu verwenden, bleiben Spekulation: der Name Herwarth Walden findet sich kein einziges Mal in ihren Aufzeichnungen, es gibt keinerlei Hinweise, daß Henny ihn – vielleicht sogar persönlich – kannte. Schließlich bewegte sich Herwarth Walden in einer ganz anderen Liga als Henny. Sie war das

«Mädchen vom Tingeltangel», während Herwarth Waldens Umfeld aus seriösen Literaten und Malern bestand, die ganz im Sinne des Expressionismus die Vision des neuen Menschen teilten. Er setzte sich mit den gewichtigen Strömungen der modernen Kunst und Literatur auseinander – Henny Walden träumte vom Showbusiness.

Zwar waren Anfang der 20er Jahre die Grenzen zwischen kritischem, künstlerischem Schaffen und unterhaltendem Entertainment noch fließend, doch vermischten sich die Kreise höchst selten. Berlin war eine Metropole der Gleichzeitigkeit, die Hauptstadt eines zerklüfteten Landes, zusammengehalten von der Suche nach einer neuen Ordnung und einem unbändigen Lebenshunger. Possen, politisches Kabarett, musikalische Schwänke und richtungsweisende literarische Auseinandersetzungen mit dem Ersten Weltkrieg wie Karl Kraus' Drama «Die letzten Tage der Menschheit» (1922), das den Bruch zwischen Vorkriegsalltag und dem Verlust von Unschuld und Vertrauen thematisierte, standen unverbunden und gleichwertig nebeneinander. Zur gleichen Zeit, als Henny Walden das traurige Schicksal vom Straßenmädchen «Elsie» beschäftigte, etablierten beispielsweise der Komponist Hugo Hirsch und der Librettist Leo Walter mit dem Lied «Wer wird denn weinen, wenn man auseinandergeht» aus dem musikalischen Schwank «Die Scheidungsreise» einen beschwingten Evergreen. Und Rosa Valetti sang nach dem mißglückten Kapp-Putsch im März 1920 in dem Kabarett «Rakete» kämpferisch gegen die politische Reaktion an. Im Mai gab sie dort die «Rote Melodie» (Text: Kurt Tucholsky, Musik: Friedrich Hollaender): «General! General! Wag es nur nicht noch einmal!» zum besten.

In ihren Aufzeichnungen und Briefen stellte sich Henny Walden selten tagespolitischen Fragen. Sie sah Dinge, die das Leben, die Gesellschaft und Literatur ihrer Zeit bewegten, nur aus dem engen Blickwinkel der eigenen Befindlichkeit. Ihr fehlten das Wissen und die geistige Kraft zur Analyse, sie blieb eine oberflächliche, volksverbundene Beobachterin. So nahm sie niemals Stellung zu politischen Prozessen, vermutlich verstand sie die Hintergründe nicht.

Ihre Zeitrechnung blieb subjektiv: vor dem neuen Engagement, nach dem letzten Auftritt. Das Personal ihres Lebens in diesen frühen zwanziger Jahren: Kollegen und Kolleginnen, wechselnde Geliebte, die Freundin Meta, Karl Schulze, Zufallsbekanntschaften aus Bars und Theatern – und natürlich die «großen Namen» wie Gussy Holl, Tucholsky oder Breitensträter, die sie treu notierte, wie um sich selbst zu beweisen, daß sie wirklich in Berlin – und dabei! – war. Bis auf wenige kurze Anmerkungen, die auf die Unbilden der Inflation hinweisen, die über Deutschland hereinbrach, finden sich keine Notizen zu aktuellen Ereignissen. Henny Walden lebte in ihrer eigenen kleinen Welt: ihre persönlichen Gefühle hatten mehr Gewicht als der Gang der Geschichte.

Thilo Koch schrieb in «Die Goldenen zwanziger Jahre»: «Rückblickend kommen wir [...] nicht an der melancholischen Feststellung vorbei, daß die epochemachenden Werke der großen Autoren der zwanziger Jahre, daß die freie, oft ungemein polemische Presse, daß ungenierte und engagierte Theater, der beginnende Film, der Rundfunk, daß die modernen, weltoffenen Künste, daß all dieses im echten Sinne Goldene der goldenen Zwanziger nicht imstande war, die sich vorbereitende neue Barbarei zu verhindern. Offenbar hat sich dieses oft so dramatisch anmutende, lautstarke geistige Leben jener Jahre nur in einem relativ kleinen, jedenfalls zu kleinem Zirkel abgespielt. Die Massen blieben dumpf, die große Mehrheit unaufgeklärt und rückwärtsgewandt. In die Tiefe, in die Breite drangen die Werke kaum ...»

So auch blieb Henny Walden, die sich vordringlich über ihre persönliche Befindlichkeit Gedanken machte, letztlich von dem großen Hauch historischer Ereignisse unberührt. Nicht die politische Neuformierung der Republik machte auf sie Eindruck, sondern das Begräbnis der letzten Kaiserin, Auguste Viktoria, die am 11. April 1921 in Potsdam mit monarchistischem Pomp beigesetzt wurde. Angeblich gaben 200000 Menschen der Gattin des Ex-Kaisers Wilhelm das letzte Geleit und unterstrichen damit, wie fremd ihnen die neue Republik und ihre bürgerlichen Leitfiguren im Herzen waren.

«Alle liefen auf die Straße. Es war wie ein Brausen, sie kommen, sie kommen. Meta und ich wollten nicht hintanstehen und wühlten uns durch die Menge. Ein trauriger, erhebender Anblick, der meine Verehrung für die Kaiserin aus Kindertagen erweckte. Danach konnten wir nicht mehr üben, wir tranken Kaffee und sprachen über die Kaiserin. Was für ein Leben.» (Tagebuch, 11. April 1921)

Beruflich bewegte sich Henny Walden Anfang 1921 in der Grauzone der Berliner Subkultur und übernahm ab und an noch Statistenrollen am Theater (*Üben mit Meta*). Privat trieb sie sich in provisorischen Clubs herum, die zwei Monate populär und im nächsten Monat vergessen waren. Sie verbrachte ihre Zeit in Kneipen und Kellerlokalen, zog mit Meta, Karl Schulze, mit Kollegen und Nachwuchskünstlern durch die Stadt. Sie hangelte sich von Engagement zu Engagement, las und beobachtete berühmte Kollegen und schrieb ihre eigenen Lieder. Später veredelte sie, rührend durchsichtig oft, ihre eigene Biographie zum Mysterium, während in ihren Reimen die Vorbilder Tucholsky, Kollo, Ringelnatz und andere populäre Autoren ihrer Zeit klar durchklingen, wie wir sehen werden.

Die erhaltenen Fotos und ihre eigenen Beschreibungen lassen ihr Erscheinungsbild als eine wenig originäre Zusammenfassung gängiger Modetrends erscheinen: von der Zigarettenspitze bis zum schwerlidrig getrimmten Augenaufschlag, den man auf den erhaltenen Fotografien erahnt, gab sich Henny Walden als schnoddrige, gleichwohl elegante *femme fatale* zwischen schal gewordener Naivität und Lebensgier, wie sie nur wenige Jahre später auch Marlene Dietrich in «Der blaue Engel» (1930) kultivierte.

Eine Ankündigung pries Henny Walden als «Die Soubrette aus dem Nichts» an. Ob ihr damals bewußt war, daß dieser Titel eine bittere Programmatik barg? Als sie Jahre später Berlin verließ, führte ihr Weg sie – nicht, wie Schwester Wilhelmine fürchtete, an ferne Gestade –, sondern wieder an ihren Ursprung: ins Nichts von Neuruppin, in die Vergessenheit. Hinter der Maske der rätselhaften Sängerin schien nicht nur der krampfhafte Versuch auf, ihre verhaßte kleinbürgerliche Herkunft zu leugnen, sondern auch das verzweifelte Bemühen, einen «Stil» zu kreieren, der sie unterschied von anderen Soubretten ihrer Zeit, wie die überschlanke Französin Margo Lion oder die kraftvoll ruppige Claire Waldoff. Bereits in ihren frühen Berliner Jahren zeigte sich jedoch Henny Waldens Unfähigkeit, eine ganz eigene Aura um sich zu verbreiten. Doch zu diesem Zeitpunkt machte ihr das noch kein schweres Kopfzerbrechen: Sie sang ihre Texte und führte ein unbekümmertes freies Leben, wie sie es sich als Frau der bürgerlichen Gesellschaft nie erlaubt hätte.

Sie war hübsch, sie war jung – und sicherte sich wohl auch über verschiedene finanzkräftige Liebhaber ein gewisses Auskommen. An Abenden ohne Engagement saß sie kaum allein zu Hause. Sie war voller Leben und – wir erinnern uns – sie küßte «so gerne».

Im Berliner Klima war nun wirklich fast alles erlaubt, alles möglich – das Laster boomte, die «Raffkes», Kriegsgewinnler, Parvenüs und Schieber wurden gesellschaftsfähig und saßen einträchtig, wenn auch vom «alten Adel» mit leichtem Naserümpfen beobachtet, mit dem Gründerzeit-Reichtum und devisenstarken Ausländern an den Tischen der Bars.

Der Schriftsteller Maximilian Harden schrieb damals: «Wer in Berlin im Esplanade oder Fürstenhof, bei Peltzer, Hiller, Borchardt sich an den Trog setzt, der begreift ebensowenig wie Marie-Antoinette, warum die armen Leute, wenn's kein Brot gibt, nicht Kuchen essen.»

Und im Februar 1921 kritisierte Reichspräsident Ebert in der «Deutschen Allgemeinen Zeitung»: «Lärmende Genußsucht und sittenloses Vergnügungstreiben machen sich vielfach rücksichtslos und aufdringlich in aller Öffentlichkeit breit, in einer Zeit, da allenthalben Not an uns herandrängt und keine Hilfe genügt, um das Elend zu bewältigen.»

In der Tat lauerte neben den wilden Vergnügungen der Gutgestellten der tiefe Abgrund todbringender Armut. Harden schrieb: «Der Mittelstand verhungert anständig im Dunkel. Richter, Lehrer, Pfarrer, Kleinrentner, das ganze Heer der Festbesoldeten, Proletariat von morgen, an den Rändern mindestens vor Fäulnis nicht mehr zu schützen. Verkümmern oder verlumpen, wo eine andere Wahl?»

Derartige Überlegungen fochten Henny und ihre Freundin Meta nicht an. Sie gehörten zweifellos zu der von zeitgenössischen Kritikern beklagten «frechen Inflationsjugend», die sich in bestimmten Lokalen Berlins mit Emigranten aus Rußland, mit holländischen Guldenbaronen, bekannten und unbekannteren Kollegen von Film und Bühne, Banklehrlingen und Dollarschiebern eine lustige Zeit machten.

Christopher ist wunderbar-bar.
Denn er kommt aus Illinois
in der Tasche hat er Do-dollar
Und er kauft mir täglich etwas Neu's.

knittelt es auf einem im Nachlaß gefundenen Rechnungsblock. Autobiographische Anekdote oder ironische Überspitzung eines Phänomens, das die satirischen Zeitungen als «Valuta-Mädchen» geißelten? Das «Valuta-Mädchen» war eine junge Dame, dessen ausländischer Freund abgereist war und sie «zwang», mit mehreren deutschen, weniger finanzstarken Männern Freundschaften zu beginnen, um ihren Lebensstil zu halten.

Ein wiederum erschrockener Brief von Wilhelmine belegt, daß Henny der Schwester nicht nur von ihren regelmäßigen Auftritten, sondern auch von ihrer Nachtschwärmerei berichtete.

«Du wirst mir doch immer ferner, meine Jette. Gehörst Du jetzt auch zu den Mädchen, die rauchen und die Nacht zum Tage machen? Diese Tänze, in der Zeitung werden sie wie ein Fieberdelirium beschrieben, können doch nicht gesund sein. Ich mag in der Stadt nach Dir gefragt, nun gar nichts mehr sagen.» (Frühling 1921)

Zweifellos bezog sich Wilhelmine auf den neuesten, aus Amerika kommenden Modetanz, der sich um 1920 in Berlin verbreitete: den Shimmy. Man darf sich also vorstellen, daß Henny Walden, charmant und attraktiv, zu den vielen Schönheiten der Nacht gehörte, die amüsant und erotisch für die Söhne betuchter Eltern eine begehrte Begleitung für eine oder mehrere Nächte waren und, ruckartig den ganzen Körper in Kreiselbewegung versetzend, den Shimmy tanzten. Eine der wenigen Tagebucheintragungen aus dieser Zeit verdeutlicht nicht nur den klassischen weiblichen Widerspruch zwischen der Sehnsucht nach finanzieller Absicherung und dem Wunsch, ihr eigenes Leben zu führen, sondern gibt auch den ersten Hinweis auf einen Liebhaber aus der besseren Gesellschaft. Der Zwiespalt, der sich in diesen Zeilen ausdrückt, lag – wie wir noch sehen werden – wie ein Leitmotiv über ihren Berliner Jahren.

«Wenn O. mich doch heiraten täte! Papa wäre wieder gut mit mir. Du sollst nur mir gehören, sagt O. Himmlische Worte. Aber nicht mehr singen? Er gibt mir Geld für neue Kleider. Er muß, muß, muß mich einfach lieben.»

Wo hatte Henny O. kennengelernt? Wer verbarg sich hinter diesem Buchstaben und wieso fühlte sie sich verpflichtet, seine Identität geheimzuhalten? So sehr, daß sie selbst in ihrem eigenen Tagebuch seinen Namen nicht nennen mochte? Die Tatsache, daß er ihr Geld zur Aufbesserung ihrer Garderobe zur Verfügung stellte, verrät, daß es sich bei O. um einen finanziell gutstehenden Herrn handelte. Hennys Ausruf «Wenn er mich doch heiraten täte» wiederum zeigt, daß O. offensichtlich nicht plante, ihr Verhältnis zu legalisieren. «Ganz allein ihm» sollte sie, die er wahrscheinlich in einem Club nach einem Auftritt «aufgegabelt» hatte, gehören – wohl nicht als Ehefrau, sondern als Geliebte.

Während Henny 1921 sich in ausgesprochener Hochstimmung befand, trieb Wilhelmine in Neuruppin immer wieder die Sorge um die kleine Schwester im Großstadtdschungel um:

«Meine liebe Jette, Du verzeihst mir doch, daß Du das immer bleiben wirst, die Sängerin Henny kenne ich doch nicht so gut wie meine kleine, liebe Schwester, die mir immer die Zopfbänder auflöste. Ich bin in heftiger Sorge um Dich. Hier sind die Zeitungen voll von gar grausigen Nachrichten über den bösen Mörder Großmann, der so viele Frauen in Berlin umgebracht hat. Ist der Schlesische Bahn-

hof weit von Dir entfernt? Wer weiß, vielleicht bist Du dem finsteren Mörder einmal in den Straßen Berlins begegnet. Mir läuft es kalt den Rücken herunter, wenn ich an die armen Mädchen denke, die er in Stücken in den Fluß geworfen hat. Du mußt mir versprechen, niemals nachts alleine nach Hause zu gehen, willst Du das tun? In Liebe, Deine Wilhelmine.» (25. August 1921)

Tatsächlich war am 21. August 1921 der wegen Sittlichkeitsverbrechen bereits sechsundzwanzigmal vorbestrafte ehemalige Zuchthäusler und Hausierer Carl Großmann in seiner Wohnung in der Langen Straße 88 in der Nähe des Schlesischen Bahnhofs verhaftet worden. Nachbarn hatten Schreie und Stöhnen aus seiner Wohnung gehört. Die eintreffende Polizei konnte nur noch den Tod der jungen Köchin Marie Nitsche feststellen. Eine besondere Note erhielten die Taten von Großmann durch den Umstand, daß er vorher wiederholt auf dem 50. Polizeirevier beim Schlesischen Bahnhof angegeben hatte, ihm sei eine Wirtschafterin davongelaufen, die ihn dazu noch bestohlen hätte. Großmann hatte die Mädchen, oftmals Neuankömmlinge aus der Provinz, als Wirtschafterinnen engagiert. Die zerstückelten Körper von 23 Frauen wurden aus der Spree geborgen, doch das Gericht konnte ihn nur wegen drei von ihm zugegebener Morde stellen. Bevor er zum Tode verurteilt werden konnte, erhängte er sich in seiner Zelle.

Deutschland hatte seinen ersten Massenmörder. Ungleich berühmter wurde jedoch 1924 die «Bestie von Hannover», Fritz Haarmann, der 24 Morde gestand. So erhielt das Lied, das Henny Walden 1923 für die Operette «Marietta» probte, das lyrische «Warte, warte nur ein Weilchen, / bald kommt auch das Glück zu dir, / mit den ersten blauen Veilchen / klopft es leis an deine Tür» vom Volksmund einen neuen Text. Ganz Deutschland sang: «Warte, warte nur ein Weilchen / bald kommt Haarmann auch zu dir / mit dem kleinen Hackebeilchen / und macht Schabefleisch aus dir.»

Mit Haarmann und Großmann meuchelten insgesamt vier Serienmörder in den zwanziger Jahren ungezählte Menschen. Peter Kürten, der «Würger von Düsseldorf», tötete zwischen 1929 und 1930 neun Menschen mit Schere, Dolch und Hammer, während der vierte Mörder, der Schlesier Karl Denke, bei seinem Selbstmord in Untersuchungshaft eine Liste von 30 Menschen zurückließ, die er auf seinem Gehöft umgebracht hatte. Besonders gruselig für die geschockte Bevölkerung war die Tatsache, daß die drei Mörder der frühen zwanziger Jahre, deren Taten in die Hungerjahre fielen, dem Kannibalismus gefrönt hatten.

Gab es etwas im Klima der zwanziger Jahre, das diese Vorfälle begünstigte? Hermann Behr schreibt in «Die goldenen Zwanziger Jahre» dazu: «Sie [die Massenmorde] fallen bezeichnenderweise nicht in die eigentliche Glanzzeit zwischen 1924 und 1929, sondern liegen entweder davor oder danach. [...] Die Kräfte des Staates wurden für die Abwehr politischer Gruppen beansprucht, die seinen Bestand bedrohten. Dafür brauchte der Staat in erster Linie seine Polizei, die überdies durch den Versailler Vertrag zahlenmäßig beschränkt war. Das Verbrechertum konnte nahezu ungehindert wuchern. Der Krieg hatte im Volk zudem seelische Verheerungen angerichtet und moralische Hemmungen beseitigt, Umstände, die den Hang zur Kriminalität verstärkten.» Der Zeitgenosse Theodor Lessing, Professor in Hannover, gab 1925 die Schuld an den Mordserien der Kultur und der veränderten Gesellschaftsordnung. Die modernen Städte seien nichts weiter als neue Wüsten mit Höhlenwohnungen. «Wüsten, in denen neue Raubtiere wachsen, Raubtiere in Menschengestalt [...] mit Radio, Elektrizität und seidener Wäsche.»

Der Brief der Schwester amüsierte Henny, die sich, weltstädtisch und mitten im Leben stehend, keinesfalls als mögliches Opfer eines gestörten Psychopathen sah, der zudem am anderen Ende der Stadt sein Unwesen getrieben hatte. Für ihr aktuelles Programm entstand jedoch, inspiriert von den tatsächlichen Ereignissen und dem besorgten schwesterlichen Brief, folgendes Couplet:

Ihr neuer Freund

(Intro)
Mutter schreibt aus Neuruppin
Geht es dir auch gut?
Massenmord in Großberlin
Kind, sei auf der Hut!

Hüte trage ich doch immer
und – der Mörder ist gefangen.
Doch in jeder Zeitung steht's noch immer
nicht nur Mutti schaudert voll Verlangen …

Weil der böse Mann so weit entfernt
Und sie sicher beim Kaffee!
Lesen bildet – so wird's gelernt.
Auf Papier tut Mord nicht weh.

(Refrain)
So etwas passiert mir nie.
Niemand weiß es doch exakt,
daß nicht alles Zeitungsphantasie –
Das Würgen, Schlitzen – Hick! und Hack!?

Der neue Mann an meinem Arm,
Will von mir doch nur das Eine.
Er füllt Fleisch in Schweinedarm
und als Schlachter filetiert er Beine.

Diese Weitsicht, Mutti, mußt du loben
Handwerk hat doch gold'nen Boden.
Heute soll ich ihn besuchen
Gulasch gibt's und keinen Kuchen.

Als Schlachter hat er immer was im Haus
auf der Schlachtbank geht es schnipp und schnapp
auf der Fensterbank steht Petersilie kraus
junges Gemüse kriegt – die Rübe ab!

So etwas passiert mir nie.
Denn ich spüre sehr exakt:
Alles pure Zeitungsphantasie –
Würgen, Schlitzen – Hick! und Hack!?

(Gesprochen:)
Mein Neuer ist sehr nett
nennt mich zärtlich sein Kotelett
Das verwirrt mich nicht sehr schlecht.
Hatte Mutti vielleicht Recht?

(Refrain ad libitum)

Die Entstehung des Lieds «Ihr neuer Freund» fiel in die Zeit, in der Hennys Geliebter O sie bat, nicht mehr zu singen. Statt dessen bereitete sie im Herbst und Winter 1921 mit Karl Schulze ein neues Programm vor – das sie zum ersten Mal in einem Kabarett präsentieren durfte. Und zwar nicht in irgendeinem, sondern in Rosa Valettis bekanntem «Cabarett Größenwahn». Bei der Lancierung des Programms kam ihr ausgerechnet Harry Eichberg zu Hilfe, der Freund aus ihren Anfangstagen in Berlin, wie ein von ihr sorgfältig ausgeschnittener Zeitungsausschnitt aus dem «Berliner Kurier» vom 3. März 1922 belegt. Dabei ließ Harry Eichberg die Identität von Hennys Liebhaber beinahe «auffliegen». Zeitgenossen werden verstanden haben, um wen es sich bei Hennys so sorgfältig geschützten O. handelte.

Berliner Tagebuch

Von Harry Eichberg
«In Rosa Valettis Cabarett Größenwahn tritt zum ersten Mal die Soubrette Henny Walden auf. Nicht, weil man munkelt, daß sie die Geliebte des als Bankiers-Sohn tätigen O. von K. ist, sondern etwas anderes macht diese Frau entzückend. Nämlich etwas unnachahmlich Geheimnisvolles und Trauriges, etwas weiblich und reizend Anmutiges, etwas von einem verwöhnten, mutwilligen Kinde. Sie hat da so eine Szene: Sie klettert vom Seiteneingang die blaue Treppe auf die Bühne, im schwarzen Abendkleid, eine Sektflasche, eine Serviette und Glas in der Hand. Schon ist sie etwas beschwipst, sie schwankt ein wenig, öffnet die Flasche wie ein Mann, trinkt ein Glas, richtigen Sekt und stößt dann einen herrlich frivolen Schrei heraus, wie ihn eine Betrunkene ihn in die Welt stößt, die in die Paradiese eingekehrt ist. Doch sie ist nicht betrunken. Sie spielt als Nicht-Betrunkene die Sehnsucht einer Betrunkenen. Eine Verlorene, der das Paradies verwehrt bleibt. Dann beginnt sie zu singen. Ganz elegant, sehr frech und glatt singt sie ‹Vielleicht aus Paraguay, vielleicht vom Tiber›. Das ist unnachahmlich und wunderbar. Daß sie, wie man sagt, ein Liebling der Herren ist, wird verständlich, ganz verständlich, vollkommen. Es weht die Luft der Verführerin um sie, so stark, wie man es in Romanen liest. Genau so. Bitte sich zu überzeugen.»

Mit «Vielleicht aus Paraguay, vielleicht vom Tiber» gelang Henny Walden der erste bescheidene Durchbruch. Wobei sie geschmerzt haben dürfte, daß das Lied besser in der Berliner Erinnerung konserviert ist, als der Name seiner Sängerin und Verfasserin. Vier Jahre später, 1926, erinnerte sich Bernard von Brentano, von 1925 bis 1930 Berlin-Korrespondent der «Frankfurter Zeitung», in einem seiner Feuilletons in einem Nebensatz daran. Für Brentano war Berlin «die schönste Stadt Europas»: «Von den Bürgern geschaffen, vom Proletariat geformt.» Er schrieb im Sommer 1926:

«Jetzt werden die schöngekleideten Damen und Herrn in diesem sommerlich verlassenen Berlin wieder wissen, wohin man Nachmittag, wenn die Sonne scheint, gehen kann: Nach Indien. John Hagenbeck bringt seine ‹Indienschau› auf dem Umweg über Paris nach Berlin. Die Besucher hoffen, einen Schlangenbeschwörer oder Elefantenbändiger zu sehen oder eine Schwertschluckerin, die ihnen die alte Melodie zuraunt: Ich komme aus dem Nichts, mein Lieber ... Dabei liegt der Tiber in Italien, aber was reimt sich schon auf Ganges.»

1922 stand Henny Walden also zum ersten Mal auf den Programmzetteln der Stadt. Ebenso entscheidend war für sie, daß sie nun auch ohne den von Vater Wuttke gestrichenen Wechsel gut leben konnte.

«Heute bei Madame Brill. Es gibt so wunderbare Schnittmuster von Ullstein. Habe zwei neue Kleider bestellt!! Wenn ich doch Papa meine Lohntüte zeigen könnte. Sie knistert richtig, es gibt ja nur Papiergeld – also schnell damit zur Schneiderin, solange sie noch etwas wert sind ... Der Schinken, den die gute Wilhelmine mir schickte, sorgte für den fälligen Hut.»

Aus dieser Zeit finden sich in ihrem Nachlaß Ankündigungen aus dem «Kaktus-Keller» (einem Etablissement im Wedding) und «Der weißen Maus». Vom «Weiße Maus»-Besitzer, Peter Sachse, weiß man, daß er noch 12 andere Kabaretts betrieb. Es ist mehr als wahrscheinlich, daß Henny auch dort zu hören war. Bis zum November

1922 trat sie immer wieder im «Cabarett Größenwahn» auf – angekündigt als «Die Soubrette aus dem Nichts».

Vielleicht aus Paraguay, vielleicht vom Tiber

Ich komme aus dem Nichts, mein Lieber,
Vielleicht aus Paraguay, vielleicht vom Tiber.
Du brauchst von mir gar nichts zu wissen.
Du brauchst nur küssen, küssen, küssen.

Vielleicht bin ich auch aus Budapest.
Vielleicht bin ich gesucht und liebe den Inzest.
Bin eine Schönheit aus der weiten Steppe
Trage nachts auf der Haut nur Schleppe.

Ich komme aus dem Nichts, mein Lieber,
Vielleicht aus Paraguay, vielleicht vom Tiber.
Du braucht von mir gar nichts zu wissen.
Du brauchst nur küssen, küssen, küssen.

Was du nicht weißt, mein Lieber,
macht dich nicht heiß, mein Lieber.
Ob ich geküßt unter rauschenden Pinien?
Das weiß nur ein Gaucho aus Argentinien.

Der umarmte mich, mit Pferd, im Wüstensand,
Er hielt den Zügel in der andren Hand
Er wollte mich für sich allein.
Mais, excuse moi – das konnt' nicht sein.

Ein reicher Prinz von Eschnapur,
wollte von mir Treue nur.
Auch sein Elefant war sehr verliebt.
Und der war größer – wenn's beliebt.

Ich komme aus dem Nichts, mein Lieber,
Vielleicht aus Paraguay, vielleicht vom Tiber.

Du brauchst von mir gar nichts zu wissen.
Du brauchst nur küssen, küssen, küssen.

Wenn deine Liebe wird einst kühl und lau,
Verschwind' ich wie im Sonnenschein der Morgentau
Mir zeigt die Welt, die große, schöne –
auch andre Mütter haben hübsche Söhne.

Die Engagements und die Verbindung zu dem gutsituierten O. stellten Henny Walden finanziell so gut, daß sie Juli 1922 aus dem dunklen Zimmer der Generalswitwe Moltke auszog.

«Hurra! Ich habe endlich, endlich meine eigene Wohnung. Sie ist wunderschön. Zwei Zimmer, eine Küche und – das ist das Beste! – eine Innentoilette, die ich nun mit keinem mehr teilen muß. Die Küche hat sogar einen Balkon. Grade so groß, daß ich einen Stuhl darauf stellen kann. Ich wohne im Seitenflügel und morgens scheint die Sonne direkt in die Küche. Es gibt einen Feuerherd und den Spültisch der Vormieter durfte ich behalten. Dazu sogar zwei Stühle – die Einrichtung dort ist komplett. Morgen schon schaffe ich meine Habseligkeiten hinüber. O. hat versprochen, mir ein Bett anliefern zu lassen. Wie himmlisch. Meta brachte bei ihrem ersten Besuch die süße Kaffeemütze als Geschenk, die mir so gut gefiel. Ich tanze vor Glück!»

Allerdings stellte die neue Wohnung – erhaltene Briefumschläge an Frl. Henny Walden adressiert verraten die Kantstraße als Anschrift – Henny auch vor neue Probleme. Wie hoch die Miete war, verzeichnet sie nirgendwo und man darf annehmen, daß ihr Liebhaber O. sie bezuschußte. Doch die Wohnung zu haben, war nur der erste Schritt, sie mußte auch eingerichtet werden. Neben Möbeln mußten Küchengeschirr, Bettwäsche, Handtücher und vieles andere mehr angeschafft werden. Mit den folgenden Aufzeichnungen gibt Henny Walden uns einen Einblick in das Alltagsleben der zwanziger Jahre.

«Nicht die Modistin ist zur Zeit mein Lieblingsziel, sondern der Lumpensammler. Was die Leute alles loswerden wollen! Fast umsonst bekam ich die Emailleschüssel für den Spültisch. Zwei hübsche Sessel für das Wohnzimmer habe ich letzte Woche erworben, jetzt sieht das Zimmer schon viel freundlicher aus. Und eine schöne Frisierkommode, über die ich den Spiegel hängte, den Metas Tante mir zum Einzug schenkte, steht im Schlafzimmer. Jetzt tun mir die groben Scherze, die wir über sie machten, doch sehr leid. Ihr verdanke ich den schönen, großen Kleiderschrank, den zwei Träger quer durch die Straße auf einer Karre transportierten. Alle meine Kleider passen hinein und Schuhe und Stiefel. Vor der Frisierkommode steht einstweilen noch der Küchenhocker, aber auch dort wird bald Abhilfe gefunden werden. Die Öfen sehen verläßlich aus, hoffentlich heizen sie gut. Ich werde bald Kohlen kaufen, im Winter sind sie bestimmt sehr teuer. Meta brachte mir einen Topf mit Pelargonien für den Balkon, allerliebst.»

Im August erfüllte sich ein weiterer großer Wunschtraum für Henny Walden: sie bekam ein eigenes Klavier!

«So ein schöner Tag. O. führte mich aus und wir tanzten im Fürstenhof. Er fuhr mich nach Hause und als ich in seinen Armen lag, nahm er meine Hand, so als sähe er sie zum ersten Mal und betrachtete sie lange. Hände besehen gibt Streit, sagte Mutter immer, aber O. sagte nur, daß an diesen Händen doch etwas fehle. Auf meine erstaunte Frage, was das denn sei, erwiderte er: Vielleicht ein kleiner Diamantring? Da mußte ich lachen und antwortete: Ein Klavier wäre diesen Händen lieber. Und nun habe ich beides: einen süßen, kleinen Ring – und ein Klavier, das morgen geliefert wird.»

Im Zuge der Einrichtung ihrer Wohnung nahm Henny

Walden auch wieder Kontakt mit ihrer Mutter auf, der für einige Monate unterbrochen zu sein schien.

Ein aus dieser Zeit erhaltener Brief verdeutlicht, zu welchem ungewöhnlichen Schritt sich Mathilde Wuttke entschied.

«Meine liebe Henriette, Dein Brief hat mich in große Erregung versetzt. Aber da Hedi (Hedwig) *bereits länger und Mienchen* (Wilhelmine) *so gut wie verheiratet ist, darf ich Dir wohl Deinen Wunsch nach Deiner Aussteuer nicht ausschlagen. Dennoch drückt mir die Frage das Herz ab, ob Du nicht doch einmal ans Heiraten denken magst. Viel ist es nicht, bei drei Töchtern kommt für jede einzelne nicht allzu viel zusammen, doch die silbernen Kaffeelöffel von Großmutter, die Bettwäsche, die ich nach Deiner Konfirmation für Dich bestickte und die Tischwäsche, von Dir selbst genäht, gehen in den nächsten Tagen an Dich ab. Die weiße Spitzendecke sollte auf Deinen runden Tisch passen. Dem Vater ist es gleich, je weniger von Dir im Hause ist, desto lieber ist es ihm. Um das Holzwerk der Möbel aufzufrischen, nehme man möglichst frische, fette Milch und streicht sie auf das Holz, worauf man mit einem wollenen Lappen so lange reibt, bis die Feuchtigkeit gänzlich verschwunden ist. Herzliche Grüße von Deiner Mutter»* (23. Juli 1921)

Daß Mathilde Wuttke ihrer dritten Tochter die mit ihr und für sie angelegte Aussteuer zukommen ließ, dokumentiert einerseits anschaulich, wie stark «die neue Zeit» auch ins kleinstädtische Neuruppin eingedrungen war: Geradezu «vernünftig», wenn auch mit schwerem Herzen, trennte sich Frau Wuttke von einer alten Tradition und unterstützte so mit ihren Mitteln den nach ihren Begriffen unkonventionellen Lebensweg ihrer Jüngsten. Andererseits beschreibt diese Tatsache, daß die Eltern Wuttke zu dieser Zeit bereits aufgegeben hatten, an eine bürgerlich verheiratete Henriette zu glauben. Henriette zeigte sich in ihrem Verhalten als sehr selbstbewußt und letztlich siegreich: sie verlangte, was ihr zustand – und bekam es auch. Die durch ihre unterschiedlichen Lebensumstände bedingte Distanz zwischen Mutter und Tochter überbrückte sie geschickt mit dem Bitten um mütterliche Ratschläge. Während Mathilde Wuttke die Hinweise zur Möbelpflege aufschrieb, mag sie getröstet gewesen sein, daß es doch noch etwas in ihrem altmodischen Hausfrauenleben gab, womit sie ihrer modernen Junggesellin-Tochter helfen konnte.

Die gab sich in diesem Sommer 1922 als begeisterte Hausherrin, ließ sich von ihrer Mutter Rezepte für Lungen-Hasché und Salzgurken schicken und gefiel sich augenscheinlich in der Rolle der «heimlichen» Ehefrau ihres Geliebten «O.», die den Liebsten bekochte und umsorgte. In dieser Zeit entstand das folgende Gedicht.

Eine Zauberin der Küche
Nennt mein Liebster mich beim Abendbrot,
Wenn verführerische Gerüche
Ihn umwehen im Abendrot.

Seine Mutter kann nicht kochen
Klar: sie hat 'ne Kaltmamselle,
Geld in der Familie seit Epochen
Und macht sich gar nichts aus Forelle.

Doch für ihn, den Einzgen Einen
Steh am Herd ich mit Behagen,
Herz und Zunge zu vereinen
Liebe geht doch durch den Magen.

Leider geht sie nie sehr weit
Nach dem Nachtisch ist schon Schluß

Und meine Hochzeitsblütenträume
sterben mit dem Abendabschiedskuß.

Doch zu meinem großen Glück
Kommt nach der Nacht am nächsten Tage
Er nach Dienstschluß schnell zu mir zurück
und versüßt mir meine Niederlage.

Unter dem erstmals maschinengeschriebenen Blatt – ein weiteres Indiz für Hennys gute wirtschaftliche Lage – steht in Hennys Handschrift «Innig meinem süßen Einzg'en Einen zugeeignet von seiner Henny» und neben dem Datum 3. August 1922 ein kleines P.S. «Bitte nicht bös' sein».

Rührend versuchte Henny Walden hier mit dem Zwiespalt, in den sie ihre Position als nicht standesgemäße Geliebte brachte, fertig zu werden. Einerseits fühlte sie sich schon fast wie verheiratet – was auch ihr Gefühl, sie habe «Anspruch» auf ihre Aussteuer, erklären könnte – und übernahm anscheinend selbstverständlich traditionelle weibliche Pflichten wie das Bekochen des Mannes. Andererseits wußte sie, daß sie kaum die Frau war, die seine Familie für ihn im Sinn hatte, und daß die Mutter sie als Schwiegertochter nicht mit offenen Armen begrüßt hätte. Noch aber überwog die Verliebtheit, mit der der Geliebte ihr die «Niederlage», sie gesellschaftlich nicht anzuerkennen, versüßte.

Außerdem war sie zu diesem Zeitpunkt gar nicht bereit, ihre Freiheit gegen eine bürgerliche Ehe einzutauschen. Sie genoß ihr Leben in vollen Zügen: Sie trat auf, probte mit Karl Schulze – an ihrem eigenen Klavier – und traf sich regelmäßig mit Meta und anderen Freunden.

Von Meta ist aus dieser Zeit folgendes Schreiben an die Freundin erhalten.

Meine liebe Henny,

in alten Zeiten gab man dem Kutscher, der einen von einer Gesellschaft heim fuhr, eine Karte an die Gastgeber mit, um sich für den Abend zu bedanken. Die Kutscherkarten sind aus der Mode gekommen und Du kannst mir glauben, daß ich den Droschkenfahrer dazu zu überreden suchte! So muß Dein Briefträger diesen Auftrag ausführen und Dir meinen herzlichen Dank für die bezaubernde italienische Nacht auf Deinem Balkon übermitteln. Das alte Goldfischglas von Tantchen machte sich ganz köstlich für die Bowle und die beiden bunten Papierlaternen sahen wunderbar aus an den Pelargonien. Was machte es schon, daß wir nur einzeln nach Italien hinaustreten konnten, da die warme Sommerluft bis zur kerzengeschmückten Küchentafel hineindrang, der keiner ihre Herkunft als Spültisch anzusehen vermochte! Es war herrlich und niemals in meinem Leben werde ich vergessen, wie wir hernach zum Klavier traten und so schön gemeinsam sangen. Bedauerlich nur, daß Deine aufgebrachten Nachbarn nicht der Meinung waren. Kunstbanausen gibt es überall. Der Student, den Du in der Maus (gemeint ist das Kabarett ‹Die weiße Maus›) *kennenlerntest, lobte unseren Gesang über alle Maßen. Er brachte mich auch wirklich sicher nach Hause und ich werde ihn heute zum Kaffee wiedersehen. Er ist ganz und gar wundervoll und ich glaube, ich bin verliebt. Morgen um ½ 3 Uhr ist Vorsingen* [im] *Nelson, kommst Du auch? Ich kann kaum erwarten, Dir alles* [unterstrichen] *zu berichten. Herzliche Grüße von Deiner Meta*

Während Henny Walden als «Soubrette aus dem Nichts» in den Kabaretts reüssierte, hielt sich Meta wohl weiterhin mit kleinen Rollen an verschiedenen Theatern über Wasser. Doch auch Henny, immer noch die auf Sicherheit bedachte Lehrertochter, hatte ihren Traum von einer Festanstellung an einem Theater nicht aufgegeben.

Leider fehlen in ihren Unterlagen Angaben über die Gagen, die sie bei ihren Soloauftritten verdiente. Häufige kurze Vorsprech- und Vorsingtermine, die sie in den Jahren 1921/22 notierte, geben jedoch Aufschluß darüber, daß sie sich immer wieder an großen Bühnen bewarb. Vielleicht weil ihr in der angespannten Großwirtschaftslage ein Theatervertrag als Absicherung erschien.

Am Theater hatte die Bühnengenossenschaft schon 1919 nach langem Kampf erreicht, daß nicht die Mitwirkenden, sondern die Theater die Kostüme bezahlten. Ein Jahr später wurde erstmals für Bühnenmitarbeiter ein Tarifvertrag abgeschlossen – er ist noch immer die Basis für das heute geltende Tarifrecht. Henny Walden mußte von den finanziellen Problemen gewußt haben, in die die Inflation ihre Kollegen an den Theatern stieß. Die Gagen waren vereinbart worden, als die Mark noch etwas wert gewesen war. Deswegen forderten sie, die Gagen dem jeweiligen Geldwert anzupassen. Dagegen sträubten sich die Theaterdirektoren. Im Winter 1922 kam es zum Theaterstreik.

Erst Mitte der 20er Jahre, nach der Inflation, erarbeiteten die Berliner Bühnen eine sogenannte Gagen-Konvention. Hans Albers, den Henny Walden später kennenlernte, erhielt beispielsweise pro Abend 20 Reichsmark. Gastierenden prominenten Schauspielern wurden nicht mehr als 300 Reichsmark am Abend gezahlt. Die einzige Ausnahme: Fritzi Massary, die als Hauptdarstellerin am Metropol-Theater 1924 für «Die Perlen der Cleopatra» das Doppelte verlangte – und erhielt. Carola Stern zitiert in ihrer Fritzi Massary-Biographie «Die Sache, die man Liebe nennt» eine Anekdote, die den Ausnahmecharakter der Massary eindrucksvoll unterstreicht.

«Auf einer Probe, so erzählt die Anekdote, bemüht sich ein Regisseur vergeblich, einer Anfängerin die richtige Betonung eines Satzes beizubringen. Da greift die Massary ein, spricht ihrerseits den Satz: ‹Sehen Sie, so müssen Sie das sagen!› Alle sind begeistert. Nur die Belehrte entgegnet schnippisch: ‹Kunststück! Wenn ich Ihre Gage hätte, könnte ich das auch so.› Darauf die Massary: ‹Nicht doch, meine Liebe, wenn Sie das auch so könnten, dann hätten Sie ja meine Gage.›»

Als Henny Walden 1922 mit «Vielleicht aus Paraguay, vielleicht vom Tiber» einen «Szenehit» im Kleinkunstbereich feierte, war die 1882 als Friederike Massarik in Wien geborene Fritzi Massary ein Star. Mit 16 Jahren war sie als Choristin im Tournee-Ensemble des Wiener Carl-Theaters auf Rußland-Tournee gegangen. 1904 hatte sie als unbekannte Soubrette am Berliner Metropol-Theater angeheuert. Hier wurde sie nach dem Ersten Weltkrieg zur berühmtesten Operettendiva ihrer Zeit.

Fritzi Massary hatte zweifellos – im Unterschied zu der vielleicht nicht minder begabten Henny – das «gewisse Etwas», Starqualität eben. Betrachtet man Hennys frühe Erfolge, lassen sich im Vergleich zu der Massary Indizien für den späteren Einbruch der Walden ausmachen. Henny Walden hatte nur die Maske der verruchten Soubrette aufgesetzt. Ihre Spielfreude war zwar echt, aber sie füllte ihr Image nie wirklich aus. Sie schlüpfte in die Rolle der frivolen Chansonette, ließ sich vom Zeitgeist und seinen Verlockungen mitreißen und verlor immer wieder ihr Ziel aus den Augen. Im Grunde ihres Herzens blieb sie trotz modernem Kurzhaarschnitt, eigener Wohnung, großzügigem Liebhaber und turbulentem Nachtleben: Henriette Wuttke aus Neuruppin, die sich manchmal um Möbelpolitur mehr Gedanken machte als um die richtigen Kontakte in der boomenden Theaterszene.

Im August 1922 kam es tatsächlich zu einem Zusammentreffen zwischen Henny Walden und Fritzi Massary, über die ein Song aus einer Friedrich-Hollaender-Revue zu berichten wußte: «Kurse gefallen, Kurse gestiegen – Massary fest.» Henny Walden fand sich wegen eines Vorsprechtermins im Metropol-Theater ein. Dort wurde Leo Falls Operette «Madame Pompadour» mit der ungekrönten Königin der Operettenbühne in der Titelrolle geprobt. Am 9. September sollte die Premiere stattfinden. Wovon tout Berlin in diesen Tagen träumte, gelang Henny ganz ungeplant: Sie kam mit Fritzi Massary ins Gespräch.

Für die Massary, die hüstelnd in der Toilette stand und dankbar Hennys Salbeibonbons annahm, eine Begegnung unter Tausenden, die sie sofort vergessen haben wird. Nicht so für Henny, die ihrem Tagebuch das Gespräch mit der Massary anvertraute:

«Tatsächlich die Massary gesprochen! Ausgerechnet bei ‹Für Damen!› Sie ist nicht schön. Füllig, klein. Aber dieser Gang, diese Haltung. Sie hustete, sie ist verkühlt. Sie nimmt meinen Salbeibonbon, steckt ihn in ihren entzükkenden kleinen Mund und sagt mit einem reizenden Wiener Akzent: Vielen Dank, meine Liebe. Wir plaudern und als sie sich das Haar richtet, meint sie: Wissen Sie, ich habe so viel über die Pompadour gelesen. Sicher, die Operette ist reizend – aber einfach ein kleines bisserl verlogen …»

So aufregend die Begegnung auf der Damentoilette des Metropol-Theaters gewesen war, so niederschmetternd das Vorsprechen auf der Bühne: Kein Programm der Spielzeit 1922/23 verzeichnete ihren Namen. Anfang 1923 schließlich gelang es ihr, am Deutschen Künstler-Theater Arbeit zu bekommen. Immerhin als zweite Besetzung (wie auf dem von Henny Walden aufbewahrten Notenheft zu lesen ist) für Trude Hesterberg, in der Operette «Der Fürst von Papenheim» und daran anschließend in dem Singspiel «Marietta», zu dem der damals blutjunge Willi Kollo seinem Vater die Gesangstexte lieferte. Daß die Hesterberg, die Prinzipalin des Kabaretts «Wilde Bühne», ebenfalls in

Operetten auftrat, macht deutlich, daß Henny Waldens Bemühungen, trotz häufiger Engagements als Soubrette in kleinen Kabaretts, keineswegs eine Abwendung von der Kleinkunst war. Die großen Bühnen zahlten besser und vermochten den Namen eines Künstlers bekannter zu machen. Für das erste Halbjahr 1923 war Henny Waldens Einkommen somit vorerst gesichert.

Gleichzeitig bahnte sich im Leben ihrer Busenfreundin Meta eine große Veränderung an: «*Meta und Anders haben sich verlobt. Kleiner Empfang in der Tanten-Wohnung. Sie sahen sehr glücklich aus und ich bin einmal neidisch, einmal froh, einmal traurig. Meta spielt noch, aber sie werden in Kiel leben, wo Anders im Kontor seines Vaters arbeiten wird. Der schüchterne, blonde Anders ist tatsächlich Rechtsanwalt. Nie habe ich O. mehr vermißt, als alle ihre Gläser hoben und dem Paar Glück wünschten. Er kann es sich natürlich nicht erlauben, auf derartigen Anlässen mit mir zu erscheinen. Meta fährt mit Anders im Oktober nach Frankfurt. Dort soll auch die Hochzeit sein, schon im Dezember. Ich soll Brautjungfer sein. Ach, wie leer wird Berlin ohne sie sein.*» (Tagebuch, 3. September 1922)

Metas Verlobung läutete das Ende dieses schönen Sommers 1922 ein. Denn kurz vor Ende des Jahres ereignete sich in Hennys Leben, das sie scheinbar emanzipiert in aller sexuellen Freiheit führte, eine Katastrophe.

Verschiedene Male vermerkt ihr Tagebuch im September 1922: «*Wieder kein Treffen mit O.*» Später ist zu lesen: «*Warum will O. mich nicht sehen? Immer nur Arbeit, Arbeit, Arbeit.*» Im November 1922 dann die bittere Eintragung: «*Der schrecklichste Satz der Welt lautet: Ich habe Sie nie gekannt, Fräulein Walden! Katastrophe! Nachtschwarzes Elend. Ich bin sehr verzweifelt. Sehr allein. Wir trafen uns bei Schlichter. Qualvolles Wiedersehen. O. versetzt meinem Herz den Todesstoß. Ich weine und er herrscht mich an, kein Aufsehen zu machen. Was habe ich mit Ihrem Wechselbalg zu tun? fragt er. Dann sagt er diesen Satz und geht. Meta sehr verständnisvoll und zornig, aber es gibt nichts zu tun.»*

Henny war schwanger! Man kann sich das Ausmaß der Verzweiflung, in das die Zweiundzwanzigjährige stürzte, gut vorstellen. Ungewollt schwanger, mit einem leidlich festen, aber befristeten Einkommen, mit dem sie allerdings nur als Nichtschwangere rechnen durfte. Einen Moment lang erwog sie, nach Neuruppin zurückzukehren. Aber in ihrem Zustand und mit der Erinnerung an den Berta-Vorfall fühlte sie sich dort nicht mehr zu Hause. Sie entschloß sich, Metas Rat, einen Frauenarzt zu konsultieren, zu befolgen.

Wiederum bleibt es der eigenen Vorstellungskraft überlassen, sich auszumalen, wie sich Henny Walden damals fühlte. Schließlich war der Gang zum Gynäkologen für bürgerliche Frauen – im Unterschied zu Prostituierten – die Ausnahme; meistens behandelten Hausärzte auch Frauenleiden. Henny hatte niemanden, der ihr helfen konnte oder wollte: ihre Mutter nicht, ebensowenig ihre ehemalige Vermieterin, die Generalswitwe Moltke, und erst recht nicht Frau Kressin. So blieb ihr nichts anderes übrig, als sich auf dieselbe Ebene der Dirnen und Lebedamen zu begeben und einen Arzt aufzusuchen, dessen Name und Adresse man sich in diesem Milieu zuflüsterte und der auch im Theater bekannt war. Syphilis, Tripper und Engelmacherei waren seine Spezialgebiete. Auf einer Tagebuchseite am unteren Rand findet sich der unterstrichene Vermerk: *Belle-Alliance-Straße*. Solche in keinem Zusammenhang stehenden, oft völlig unverständliche Notizen finden sich immer wieder in ihrem Nachlaß: Namen, Adressen, Gedichtanfänge, Merkzettel – «Kleid zur Schneiderin!» – «Mittwoch, Probe, 9 Uhr, ‹Paul!›.»

Henny Walden benutzte ihr Tagebuch auch als Notizbuch, Kalender und Schmierzettel. «Belle-Alliance Straße» auf dem Tagebuchblatt vom Dezember 1922 konnte alles mögliche bedeuten. Vielleicht war es ein Reimwort, das sie nicht vergessen wollte. Vielleicht die Adresse einer Freundin, eines Musikers oder eines Schusters. Oder eben die Adresse des Frauenarztes.

Nun gehörte diese Adresse wohl zu den bekanntesten auf dem literaturhistorischen Stadtplan Berlins. In der Belle-Alliance-Straße 12, heute Mehringdamm / Ecke Yorkstraße, praktizierte Dr. Gottfried Benn, Spezialist für Haut- und Geschlechtskrankheiten. Medizinisch galt er nicht als Koryphäe, seine Praxis war so schäbig wie seine Klientel, der Benn oftmals die Bezahlung erließ. Berühmter war Gottfried Benn durch seine expressionistischen Gedichte – und seine kurze, aber leidenschaftliche Liebesbeziehung zur Dichterin Else Lasker-Schüler, die sich selbst in den Gedichten Prinz Jussuf und den Geliebten Giselheer nannte.

Else Lasker-Schülers Werk ist voll von Gedichten, die ihre Freunde und Liebhaber zum Gegenstand haben. Einzig Benn antwortete ihr dichtend auf ihre Liebesschwüre. So widmete er ihr 1913 seinen Gedichtband «Söhne» mit den Worten: «Ich grüße Else Lasker-Schüler: Ziellose Hand aus Spiel und Blut.»

Sollte es sich bei Henny Waldens Arzt tatsächlich um Gottfried Benn gehandelt haben, so ahnte Henny wahrscheinlich nichts von seinem literarischen Ruhm. Woher auch? Als Gottfried Benns und Else Lasker-Schülers Liebesdialog Thema Nummer eins in den Berliner Kaffeehäusern war, lebte sie als Backfisch in Neuruppin.

Henny hatte Glück. Die Diagnose des Arztes kommentiert sie: *«Hurra – alle Angst umsonst! Ich hätte den Doktor umarmen können! Nervöse Störung!! Ich bin gar nicht in Erwartung. Am nervösesten war ich im Wartezimmer. Gab mein Brikett ab und starrte die Frauen um mich herum an. Meta hatte mich gewarnt. Eindeutig viele Huren.»*

Das Brikett, das Henny Walden im Winter 1922 in der Praxis abgab, dokumentiert anschaulich die grassierende Inflation, die 1923 ihren Höhepunkt erreichen sollte. Das Heizmaterial war knapp, und in vielen Praxen hingen Schilder mit Aufforderungen wie dieser: «Die Patienten werden gebeten, infolge der Kohlenot zur Beheizung des Wartezimmers bei jedem Besuch ein Brikett mitzubringen.»

Nicht nur aus Dankbarkeit für die lebensrettende Diagnose erwärmte sich Henny Walden für den Frauenarzt. Aus einer weiteren Aufzeichnung wird ersichtlich, daß er sie erotisch anzog.

«Es macht mich ganz verrückt, niemals kann ich erahnen, was der Doktor denkt. Mal ist er ganz reizend, mal sehr kalt. Die Vorstellung, wie viele Frauen er ‹von innen› kennt, macht mich befangen. Fühle mich am sichersten, wenn ich mich sehr frech gebe. Es drängt mich, ihn wiederzusehen, doch, wenn ich dann den Hut aufsetze, um aus dem Haus zu gehen, werden meine Füße mit jedem Schritt schwerer. Vermaledeite Liebe.» (Tagebuch, undatiert)

Und wenige Wochen später:

«Besuch beim Doktor. Ich lade ihn ein, mich einmal singen zu hören. Wenn er doch bald einmal käme! Das Programm läuft so gut. Endlich verspricht er, darüber nachzudenken.»

Die letzte Bemerkung erhärtet den Verdacht, hinter dem Doktor verberge sich Gottfried Benn. Er pflegte sich zu entziehen, wenn Frauen, die ihn interessierten, sein Interesse erwiderten. Else Lasker-Schüler, die ihre Beziehung einmal mit den Worten umschrieb: «Ich bin dein Wegrand», holte sich in einer gedichteten Erwiderung die Abfuhr: «Keiner soll mein Wegrand sein.» Benns Ehefrau Edith Osterloh floh vor seiner Unverbindlichkeit erst ins heimatliche Dresden, dann in die Krankheit. Sie starb nach wenigen Jahren einsam. Benn, dem diskreten Arzt mit dem kalten Blick des Diagnostikers, ist nachgesagt worden, viele seiner Liebesaffären nur als Vorwand für seine lyrischen Gefühle gebraucht zu haben.

Bilder aus der Mitte der zwanziger Jahre zeigen Gottfried Benn als eher unauffälligen Mann mit einem weichen, blassen Gesicht. Die schütteren dunkelblonden Haare, geteilt durch einen hoch angesetzten Scheitel, glättete er mit Pomade. Doch hinter dem Ausdruck von undurchdringlicher Freundlichkeit wütete ein zerstörerischer, visionärer und egozentrischer Geist, der von großer Anziehungskraft gewesen sein muß.

Seine Zurückhaltung, die zuweilen Kälte ausstrahlte, löste wohl bei Frauen die Begierde aus, ihn erobern zu wollen. Doch Benn wollte nicht erobert werden; er war es, der eroberte, er war der einsame Reiter, und in dem bereits genannten Gedicht formulierte er mehr als eindeutig:

Laß deine Blüten nur verblühen.
Mein Weg flutet und geht allein.
Zwei Hände sind eine zu kleine Schale.
Ein Herz ist ein zu kleiner Hügel,
um dran zu ruhn.

Und ausgerechnet auf diesen komplizierten Mann traf Henny Walden nach ihrer großen Enttäuschung mit O. Man kann davon ausgehen, daß Hennys naive Schlager den «Doktor» wenig interessierten. Vielleicht war Benn jedoch wirklich einmal Gast bei einer von Hennys Auftritten, es ist bekannt, daß er das Leben in den Kaffeehäusern und

Bars, den Kabaretts, Kaschemmen und Kneipen, dem üblichen bürgerlichen Gesellschaftsleben vorzog. Was immer sich zwischen «dem Doktor» und Henny Walden wirklich abgespielt hat, bleibt im dunkeln. Hätte Benn Henny damals in den Kreis seiner literarischen Kollegen gezogen, hätte sie, die prominente Künstler und Literaten stets mit einer Mischung aus Ehrfurcht und Neid bestaunte, sicherlich darüber geschrieben.

Außer in dem Schreiben an den Oberkellner Max aus dem «Aschinger» (*«Werden Sie nicht lyrisch, Walden, würde der Doktor sagen»*) und Hennys Wunsch, er möge sie bald einmal singen hören, findet sich nur noch eine Eintragung, die sich auf den «Doktor» bezieht.

«Im Salon Gedichtvortrag von Else Lasker-Schüler. Warum nennt sich die Frau Prinz von Theben? Richtig gruslig war mir. Sie gespenstisch, wie eine Hexe mit einem glatten Gesicht, ohne Alter. Gar nicht chic. Unmögliche Klamotten mit Mottenfraß. Alle sind sehr beeindruckt. Natürlich – sie ist eine echte Dichterin und wirft mit Worten wie Sterne. Was der Doktor an ihr gefunden hat? So ein Maulwurf, der im Tiefen buddelt.» (3. April 1923)

Leider verriet Henny Walden nicht, in welchem «Salon» sie Else Lasker-Schüler gehört und welche Gedichte diese vorgetragen hatte. Immerhin unterstützt die Anmerkung «Was der Doktor an ihr gefunden hat?» die Vermutung, daß Hennys «Doktor» tatsächlich Gottfried Benn war.

Gleichzeitig erkannte sie damals wohl schon, daß einer Verbindung zwischen ihr und Benn keine Zukunft beschert war. Mißgünstig bescheinigt sie der Dichterin – «wirft mit Worten wie Sterne» – ein Talent, an das sie nicht heranreicht. Und typisch engstirnig weiblich trifft sie bei der «Rivalin» den Schwachpunkt: «Gar nicht chic.»

In dieser Zeit entstand das einzige überlieferte Gedicht, in dem Henny Walden die ihr vertraute Form des mitunter holprig gereimten Chansons verläßt. Sie selber haderte wohl mit diesem poetischen Erguß. Das getippte Manuskript ist mit harten Bleistiftstrichen durchgestrichen und offensichtlich auch zerknüllt worden. Dennoch muß es ihr etwas bedeutet haben, sonst hätte sie es weggeworfen.

Hörst Du das Weinen meiner Seele

Verweht: – der süße Sturm, goldenes Spiel
der hellen Häute.
In mir rauscht ein Meer aus dunklem Blut,
das mich verschlingt.
Mein Tränenlied netzt als Regen die verdorrte Erde.

Ich habe Angst, die ich nicht überwinden kann.
Vor Nacht und Ewigkeit und Sternenfall.
Du, der mich verstoßen hast –
hörst Du das Weinen meiner Seele?

Ich schnitze mir ein neues Herz aus schwarzen Perlen.
Wie Diamant so hart und kalt.
Nun kennt mich keiner mehr.

War Gottfried Benn der Mann, der sie «verstieß»? War Henny Walden seine Geliebte? Das «goldene Spiel der hellen Häute» könnte darauf hinweisen. Wies er sie ab und verletzte sie so tief, daß sie sich ein neues Herz «wie Diamant so hart und kalt» schnitzen wollte? Wie ein Kuckucksei nimmt sich das obenstehende Gedicht in ihrem Werk aus. Ist die Haltung der Verzweifelten nur lyrische Pose? Die Zeilen wirken wie ein trotziger Versuch, ernsthaft zu dichten, es dem Doktor, von dem sich einige vergilbte Drucke unsigniert in ihrem Nachlaß finden, gleichzutun. Vielleicht liegt darin eine weitere Erklärung, warum aus der Beziehung Benn – Walden nicht mehr werden konnte: Benn entzog sich einer Frau, die ihn nachahmte. Jahre später stürzte sich eine in Benns Biographie ungenannte Freundin aus seiner Wohnung aus dem 5. Stock in den Tod. Benns zynischer Kommentar:

«Natürlich starb sie an mir oder durch mich, wie man sagt. Sie war mir nicht gewachsen als Ganzes oder vielmehr, sie wollte an Dingen und Stellen gewachsen sein, wo sie es nicht konnte oder als Frau nicht zu sein brauchte.»

Ob die Begegnung mit dem Doktor ursächlich für die Wendung in Henny Waldens Berufsleben ist oder nur zufällig zur gleichen Zeit erfolgte, bleibt Spekulation. Sie trat auch weiterhin mit «Vielleicht vom Paraguay, vielleicht vom Tiber» auf und arbeitete am Theater, wandte sich aber ebenfalls dem Journalismus zu. Wer den Kontakt zur Pressewelt herstellte, oder ob Henny Walden von der Redaktion aufgefordert wurde, weil sie als vielversprechende junge Sängerin und beispielhafte Vertreterin einer neuen Frauengeneration betrachtet wurde, läßt sich nicht mehr rekonstruieren.

In ihrem Nachlaß findet sich 1923 in der März-Ausgabe der Ullstein-Zeitschrift «Die Dame» («ein deutsches Journal für den verwöhnten Geschmack») unter der Überschrift *«Bekenntnisse einer Soubrette»* ein Artikel über die Junggesellin. Der Text ist eine aufschlußreiche Reportage über die alleinlebende Frau, voller ratgebender Versatzstücke, in der sich Henny Walden quasi als Großmutter unserer heutigen Single-Frauen definiert. Darüber hinaus gibt der Text einen Einblick in ihre Lebensumstände.

Bekenntnisse einer Soubrette
Von Henny Walden

Wir Soubretten sind meistens Junggesellinnen. Das Leben in den Clubs und Nachtcafés eignet sich wenig für inniges Familienleben. Bin ich darüber traurig? Nein. Es ist noch gar nicht lange her, da flüsterten die Tanten stirnrunzelnd: «Sie saß auf einem Hocker an der Bar, shoking! Ein junges Mädchen an einem solchen Ort. Tempi passati – wir jungen Damen gehen mit ebensolcher Selbstverständlichkeit zum Cigarettenhändler wie zum Drink in die Bar. Der pousse-café zum Mokka oder der Gin-Fizz zum Jeu sind ebenso unentbehrlich wie ein Flirt im Frühling. Die Junggesellin darf tun und lassen, was sie will. Ist diese moderne Frau weniger anständig als früher? Wie falsch ist dieser Vergleich! Die Junggesellin ist eine vollendete Dame, frei, unabhängig, tüchtig in ihrem Beruf. Sie darf einladen, Freunde bei sich sehen, Feste arrangieren ad libitum. Der runde Spieltisch vor dem Diwan wird in die Mitte des Zimmers gerückt, an Stelle des Tisches entsteht aus einem Hutkarton das Rauchtischchen. Von dem Lorbeerbaum im Vorgarten sind schnell ein paar Blätter gepflückt und auf den Tisch verstreut. Die Junggesellin kennt ihre Linie und spielt mit allen Möglichkeiten. Sie ist kein Snob und freut sich, mit einfachen Mitteln Gastgeberin abwechslungsreicher, leiblicher Genüsse zu sein.

Wieso gelang es Henny Walden nicht, trotz einer nicht zu übersehenden Begabung für spritzigen Gesellschaftsjournalismus und einer «flotten Schreibe», sich als Kolumnistin durchzusetzen? Es findet sich lediglich eine zweite Ausgabe ihrer *«Bekenntnisse einer Soubrette»*, auch diese sorgfältig von ihr archiviert und ihr eigener Name dick unterstrichen. Wesentlich kürzer als im ersten Beitrag läßt sie sich im Mai über Schönheitspflege aus: «Wir massieren unser Gesicht, wir geben unserer von der Großstadtluft oft ausgetrockneten Haut fetthaltende Einreibungen, wir pudern und schminken, wir verwandeln uns in Beautés! Wir bleiben immer rosig, unsere Wimpern sind so schwarz und sind so lang, unsere Lippen bleiben im Wasser und überall rot. Und unsere Haut? Früher waren Pfirsiche selten – heute sind sie Stapelware. Aber das verstehen die Männer noch nicht einmal zu würdigen. Schmach! Da sprechen sie mit spöttischem Blick von ‹Geschmiere› und ‹Gepinsle›... Die paar Runzeln, die wir noch haben, sind einzig ihre Schuld.»

Vor dem Hintergrund eines von Inflation gebeutelten Landes vermitteln diese frivolen Texte über frivole Nöte ein ganz eigenes, beredtes Zeitkolorit. In einer Zeit, in der Rechtsanwälte sich um die Stelle eines Boten bewarben, weil sie unterernährt waren und abgewiesen wurden, sowie vielerorts das Einkommen von Ärzten unter dem Existenzminimum lag, feierte eine neureiche Schicht ihre Luxusproblemchen.

Solche Texte fanden aber auch bei vielen um ihr Überleben kämpfenden Frauen Anklang, konnten sie doch bei der Lektüre für einen Augenblick in die Illusion einer schönen Welt eintauchen. Henny Waldens Texte sollen hier keiner moralischen Wertung unterzogen werden, da sie nie einen Hehl daraus gemacht hatte, daß sie zu dieser Welt gehören wollte. Daß Henny Walden in ihren *«Bekenntnissen einer Soubrette»* so nonchalant über Drinks und Make-up-Fragen parlierte, nimmt dennoch wunder. Stand hier ihr Wunschdenken Pate oder hat sie in dieser Zeit Zuwendungen von einem neuen Liebhaber erhalten? «Schlauchte» sie sich bei Freunden und Bekannten durch? Gab es damals schon eine Theaterkantine, in der sie preiswert essen konnte? Oder sicherten ihr die Auftritte und die Arbeit am Theater tatsächlich diesen Lebensstandard, der – zumindest im «Journal für die Dame» – geradezu luxuriös klingt?

Wir wissen es nicht.

Die Gründe, weswegen Henny Walden ihre sprachlich durchaus vielversprechenden Feuilletons zur weiblichen Befindlichkeit so abrupt einstellte, könnte in ihrem beruflichen Engagement als 2. Besetzung bei den Operetten «Der Fürst von Papenheim» und «Marietta» liegen.

Obwohl die erste Besetzung, Trude Hesterberg, niemals erkrankte, war Henny glücklich, ein Engagement zu haben. Gerade jetzt, wo jeden Tag, alle sechs und am Ende gar alle Stunde die Mark nur mehr ein Bruchteil wert war. Ein Leitartikel in der von Karl Liebknecht und Rosa Luxemburg gegründeten Zeitung «Die Rote Fahne» vom 3. August 1921 faßt «eine der Wochen der Preissteigerung zusammen». So stieg der Preis für ein Pfund Rindfleisch von 58 auf 70 000, drei Tage später auf 120 000–160 000 Mark, um wiederum vier Tage später auf 130 000–180 000 Mark zu klettern. Ein Ei kostete 12 000–13 000 Mark und ein Liter Milch 8200 Mark. In vielen Theatern und Kinos konnte man nur mehr mit Waren bezahlen.

«Kino, Meta, zwei Eier», notierte Henny Walden eine Verabredung mit der Freundin lapidar auf einem Notenblatt zu «Der Fürst von Papenheim».

Nicht umsonst wurde der Schlager «Wir versaufen unser Oma ihr klein Häuschen» in Köln der Karnevalshit des Jahres. Auch Henny Walden reihte sich schon morgens in aller Frühe in die Wartenden vor dem Brotgeschäft ein, um vor der Bekanntgabe des neuen Kurses ein Brot zu ergattern.

Die berühmte Filmschauspielerin Lil Dagover, nach eigenem Bekunden mindestens so unpolitisch wie Henny Walden: «Ich verstand nicht viel von Politik, war ganz auf

Kunst und Theater eingeschworen» – erinnert sich in ihren Memoiren «Ich war die Dame»: «In einer großen Tragetasche schleppte ich meine Gage in riesigen Bündeln, so schnell es ging, in die nächsten Geschäfte, um die Millionen in Ware umzuwandeln. Es hätte ja sein können, daß aus den Milliardenpreisen innerhalb von Stunden Billionen und Billiarden geworden wären. Dann hätte ich für mein sauer verdientes Geld gerade noch ein viertel Pfund Butter bekommen.»

Einen Kommentar zur Einführung der Reichsmark am 1. November sucht man in Henny Waldens Nachlaß vergeblich. Mehr als das Ende der Inflation beschäftigte sie Metas Heirat, die im Dezember Berlin für immer verließ.

«Meine innigst geliebte Henny,

ich wünsche Dir von ganzem Herzen ein schönes Weihnachtsfest. Obwohl ich darauf brenne, ein neues Leben anzufangen, stimmt es mich traurig, Berlin und vor allem Dich zu verlassen. Niemand weiß besser als Du, was mir unsere Jahre bedeuten. Aber, es ist nun einmal so, ich habe weder Dein Talent noch Deine Kraft. Anders meint, so ein gutes Publikum wie ihn würde ich nirgendwo nie finden! Weil Du im Engagement bist, habe ich nun Anders Schwester zu meiner Brautjungfer bestimmt. Aber sie kann niemals ein Ersatz für Dich sein. In meinem Herzen gehst Du mit mir in die Kirche. Komm uns bald einmal besuchen. Freilich, so viel Abwechslung wie Berlin bietet Kiel nicht, doch ich werde mich schon einleben dort. Die kleine Brosche nimm als ewiges Zeichen meiner tiefen Zuneigung. Weißt Du, wie wir uns damals schworen, immer beisammen zu bleiben? Diese Mädchenträume kommen mir jetzt unendlich weit entfernt vor. Dennoch wird unsere Freundschaft bestehen, so lange ich lebe, das weiß ich. Ich umarme Dich und möchte Dir die größte Weihnachtsfreude schenken. Behalte mich lieb, Deine Meta (23. Dezember 1923)

Was Henny noch nicht wußte: das wechselvolle, anstrengende und anregende Jahr 1923 hatte noch einen Paukenschlag für sie bereit. Bei dem von Meta erwähnten Engagement handelte es sich um einen Einsatz als Chorsängerin in der Operette «Die fromme Helene» am Großen Schauspielhaus. Wieder ohne Nennung im Programm, als einzige Quelle dient hier der Probenplan, den Henny auf den Umschlag des Librettos notiert hatte. Empfand sie dieses Engagement nach der 2. Besetzung als Degradierung? Versprach sich Henny Walden von der Verbindung zum Großen Schauspielhaus eine neue Richtung in ihrer Karriere?

Sicher ist nur, daß ihr Leben in den Herbstmonaten hektisch und erfüllt war, denn zum Tagebuchschreiben nahm sie sich kaum noch Zeit. Auch Schwester Wilhelmine in Neuruppin klagte:

«Ich erfahre ja überhaupt nichts mehr von Dir. Mit wieviel Spannung erwarte ich neue Post von Dir. Die Kritiken sind wohlbehalten hier eingetroffen. Sie haben mir viel Freude gemacht, über die Operette «Marietta» war sogar viel Gutes in der hiesigen Zeitung zu lesen. Vater will natürlich von nichts etwas wissen. Talmi nennt er, was Du treibst. Wenn ich doch auch nur einmal zu Dir reisen könnte und an Deiner Seite all die schönen Dinge sehen könnte, von denen Du mir berichtetest. Aber mein guter Ernst ist strikt dagegen.» (15. November 1923)

Die Musik zu «Die fromme Helene» lieferte der junge Friedrich Hollaender, das Libretto texteten Hollaenders Onkel Felix und Max Reinhardts ehemaliger Dramaturg Arthur Kahane. Die Idee klang gut: eine moderne Version des Humorklassikers von Busch. Die Helene spielte Käthe Dorsch, eine Sängerin, die als ernsthafte Konkurrenz der Massary gehandelt wurde. Doch die Premiere geriet zum größten Theaterskandal der zwanziger Jahre. Ob Henny

Walden an jenem Abend mit Schuldbewußtsein an ihr eigenes Amüsement anläßlich einer anderen desaströsen Uraufführung in demselben Theater zurückdachte? Wie hatte sie sich über die mißglückte Inszenierung von Georg Kaisers «Tanz und Spiel» amüsiert. Diesmal stand sie auf der anderen Seite, war sie auch die Zielscheibe des Publikumshohn – vielleicht war sie zum ersten und einzigen Mal zufrieden mit der Anonymität im Chor.

Nicht nur das Presseurteil über die «Fromme Helene» war vernichtend: «Man lacht nicht sich, sondern die Operette tot.» Furchtbarer waren noch die Ausschreitungen am Premierenabend im Theater. Der «Weltbühne»-Kritiker Paul Schlesinger ließ sich mit genüßlicher Häme über die «über drei Akte gezerrte Unterhaltung dreier Personen, ob ein Kartoffelmädchen einen alternden Lüstling oder dessen Neffen heiraten soll» aus. Und das Publikum? Das grölte bei der Wiederholung des Refrains «He-he-he-lene! He-he-lene! / Ach vergieße, ach vergieße keine Träne!» mit, und vom Parkett lautete die Antwort auf das auf der Bühne gesungene «Aus und vorbei»: «Das kann man wohl sagen!» Es kam zu Tumulten und Handgreiflichkeiten unter den Zuschauern. In Friedrich Hollaenders Memoiren «Von Kopf bis Fuß» kann man die Ereignisse des Abends genauestens nachlesen. Was für Hollaender einem künstlerischen Bankrott gleichkam, der ihn so sehr traumatisierte, daß er sich nie mehr an ein zusammenhängendes Bühnenwerk wagte und seine Begabung vor allem in die Kooperation mit seiner Frau, der Sängerin Blandine Ebinger, einbrachte, hatte für die Chorsängerin Henny Walden eine weitaus simplere, weil finanzielle Konsequenz: Das Stück ging nur noch viermal über die Bühne, von der Presse als «heiter und freundlich belächelte Leiche». Das waren ganze vier bezahlte Abende für Henny Walden, die an Stelle einer Tagebucheintragung auf einen Verriß über «Die fromme Helene» neben das Datum 1. 1. 1924 schlicht ein dickes schwarzes Tintenkreuz setzte.

4 *Bei «Aschinger»*

1924–1925

Wärst Du das Meer, ich wollt' ein Seestern sein
und wie in Deinem Augenblau versinken
Wärst Du die Nacht, ich wär der Mondenschein
und würd' von Deinen Sternen trinken.

(«Unabgesandter Liebesbrief»)

Das Jahr 1924 markierte den wahren Beginn der «goldenen zwanziger Jahre». Der britische Botschafter in Berlin notierte am 25. Dezember 1923: «Das auffallendste Kennzeichen der neuen Lage ist die erstaunliche Ruhe und Besserung, die unter der Berührung des Zauberstabes der Währungsstabilität eingetreten ist ... Die Lebensmittel in den großen Städten sind plötzlich in Hülle und Fülle vorhanden – Kartoffeln und Getreide werden in großen Mengen auf den Markt gebracht, während die Butter, die man bis jetzt nur in besseren Stadtvierteln bekam, jetzt ... überall erhältlich ist. Die Schlachthäuser haben jetzt reichlich zu tun – Viehladungen treffen von überall ein – und die Polonäsen vor den Schlachterläden und Lebensmittelgeschäften sind verschwunden. Die wirtschaftliche Entspannung hat eine politische Beruhigung mit sich gebracht. Von Diktatur und Putschen wird nicht mehr geredet, und selbst die äußersten Flügelparteien haben für den Augenblick aufgehört, Unruhe zu stiften.»

Im Frühjahr 1924 zog Henny Walden erneut um. Am 3. März 1924 schrieb Meta eine Postkarte an «Frl. Henny Walden, Hardenbergstraße». Die Karte weist viele Flecken auf, die Hausnummer ist unleserlich. Da Henny selbst weder über die Gründe ihres Umzugs noch über ihre neue Wohnung schrieb, ist Metas Postkarte in vielerlei Hinsicht aufschlußreich. Meta schrieb:

«Meine liebe Henny! Herzlichen Dank für Deinen lieben Geburtstagsgruß. Ich freue mich, daß Du eine passende Wohnung gefunden hast, obwohl es mir ganz ulkig ist, Dich in meinem Gedanken nicht mehr in der vertrauten Umgebung zu sehen. Doch um Deinen Blick aus dem Fenster beneide ich Dich. Unter'm Dach, juchee! Hier blühen die Narzissen, aber es ist recht kalt. Tausend Grüße, Deine Meta.»

Aus den ersten Monaten des Jahres 1924 sind kaum persönliche Notizen erhalten. Insgesamt weisen die Tagebuchaufzeichnungen mitunter große Lücken auf, so daß man vermuten muß, Henny Walden – oder jemand anderer – habe ganze Seiten entfernt. Man kann daher nur mutmaßen, daß das Jahr 1923 ihre finanziellen Reserven verschlungen hatte. Im Jahr zuvor hatten die Zuwendungen von O. viel zu ihrer entspannten Lage beigetragen. Sie lebte jetzt fast fünf Jahre in der Stadt und beschäftigte sich zunehmend mit der Frage, wie groß ihre Chancen tatsächlich waren, zu reüssieren. Andere Mitschülerinnen von der Schauspielschule wie Marlene Dietrich machten an renommierten Bühnen von sich reden – Henny Waldens Erfolg von «Vielleicht vom Paraguay, vielleicht vom Tiber» lag fast zwei Jahre zurück, und seit ihrer unglücklichen Liaison mit «dem Doktor» lag ihr Privatleben im argen. Inzwischen war sie 24 Jahre alt und damit aus dem klassischen Chormädchenalter und auch aus dem der rebellischen Tochter herausgewachsen. Beruflich und privat trat sie seit Monaten auf der Stelle. Die Treffen im Freundeskreis waren selten geworden, seitdem Freundin Meta ihren geglückten und glücklichen Absprung zurück in die bürgerliche Welt geschafft hatte. Schwester Hedi war Mutter, während Wilhelmine als Dauerverlobte immerhin eine Perspektive hatte. Wo aber gehörte sie, Henny Walden, eigentlich hin? Die einzige menschliche Konstante in ihrem Berliner Leben war der Pianist Karl Schulze. Mit dem offensichtlich rothaarigen Musiker, von Henny einmal als «Karottenkopf» bezeichnet, verband sie eine anregende Arbeitsgemeinschaft und eine tiefe Freundschaft. Doch die Lehrertochter in Henny Walden wollte mehr, als sie in diesen Frühjahrstagen des Jahres 1924 von ihrem Leben bekommen konnte. In einer einzigen Aufzeichnung vom Februar machte sie ihrem Herzen Luft: *«Die Olle vom 1. Aufgang beschwert sich täglich über mein Klavierspiel und meinen Gesang. Gestern drohte sie sogar mit der Sipo* [der Sittenpolizei] *‹von wejen die dauernden Herrenbesuche!› So eine Frechheit. Daß Karl und ich arbeiten müssen, geht in ihren dummen Schädel nicht hinein. Ach, ich habe alles satt.»*

Welches gesellschaftliche Ansehen hatten Frauen aus dem Unterhaltungsgewerbe? Verstanden sie sich, wie Henny in ihrem Artikel über die «Junggesellin» proklamierte, wirklich nur positiv als «tüchtig im Beruf»? Oder hatten sie vielmehr, besonders im bürgerlichen Umfeld, aus dem sich ihr Publikum zusammensetzte, außerhalb von Bühne und Kabarett mit Herablassung und Mißtrauen zu rechnen? Wie golden waren die goldenen zwanziger Jahre in Berlin für die vielen Randgestalten wie Henny Walden?

Hagen Schulze schreibt in seiner «Kleinen deutschen Geschichte»: «Der künstlerische Aufschwung Weimar-Deutschlands war, wie alle anderen kulturgeschichtlichen Höhepunkte auch, ein reines Elitenphänomen. Alles spielte sich in einer schmalen Schicht von Literaten, Malern, Musikern, Denkern, Mäzenen, gehobenen Kulturkonsumenten und Kritikern ab, zwischen Bildungsbürgertum und Bohème.»

Ein wenig muß sich Henny Walden im Berlin um 1924 wie ein Kind vor dem Schaufenster eines Süßwarengeschäfts gefühlt haben: Möglichkeiten lagen verlockend und in Greifweite wie bunte Bonbons vor ihr, aber nur selten gelang es ihr, eines davon zu kosten. Als Primadonna, gefeierte Filmdiva, bekannte Sängerin oder als Gattin oder Protegé eines arrivierten Künstlers stand einer Frau der Weg in die Welt der Kultur und der leichten Muse nicht nur offen, er war gesellschaftlich sanktioniert. Aber: «Man mußte schon ein sehr prominenter Mime sein, um auch in den sogenannten besseren Kreisen für voll genommen zu werden», schrieb die Schauspielerin Lil Dagover. Doch einer Frau, der dieser Sprung nicht gelang, haftete der Ruch der Unseriösität an. Das zweifelhafte Aroma eines leichten Mädchens vom Tingeltangel, das sich im explodierenden Revue- und Theaterbetrieb der Viermillionenmetropole durchschlug, forderte geradezu mit schlecht bezahlten Engagements zur Ausbeutung heraus, und war für vergnügungssüchtige Kavaliere leichte Beute. Immer wieder machten sie sich Hoffnungen auf eine Ehe, die sie vor dem sozialen Abstieg bewahren würden. «Es war eine zutiefst bürgerliche, aber antibürgerlich affizierte Kultur, die ihre besondere Ausprägung durch den Weltkrieg erfahren hatte», schreibt der Historiker Hagen Schulze.

In der Skizzensammlung «Leb' wohl, Berlin» schilderte der anglo-amerikanische Schriftsteller Christopher Isherwood mit präzisem Blick die soziokulturellen Verhältnisse in Berlin vor der Nazizeit. Seine Skizzen inspirierten ein Bühnenstück und später den mehrfach oscargekrönten Film «Cabaret» (1972). Isherwoods Sally Bowles, von Liza Minnelli unvergeßlich auf die Leinwand gebracht, könnte eine Schwester von Henny Walden sein: patent, begabt und mit dem Willen, nach oben zu kommen, trug sie allabendlich ihr Talent in einem zwielichtigen Berliner

Nachtclub zu Markte. Sie wohnte, wie Henny 1921, in einem möblierten Zimmer zur Untermiete und träumte abwechselnd von der großen Karriere oder dem Mann zum Heiraten. Versteht man Isherwood richtig, so kann Sally Bowles – und mit ihr Henny Walden – als typische Vertreterin eines in der damaligen Kultur- und Unterhaltungswelt Berlins häufig anzutreffenden Frauentyps gelten, der gesellschaftliche und finanzielle Nachteile in Kauf nehmend, mit einer verwirrenden Halbherzigkeit ein von bürgerlicher Sicherheit unabhängiges Leben ausprobierte. Und Berlin brauchte diese Frauen, denn in der Stadt gab es, wenn auch nur kurze Zeit, über zwanzig große Kabaretthäuser. Diese Zahlen verraten nicht nur einen erbitterten Kampf um Zuschauer, sondern vor allem auch eine stetige Nachfrage nach frischen Gesichtern und Beinen. Die vielen kleinen Clubs gaben auch drittklassigen Coupletsängerinnen eine Chance, da sie immer auf der Suche waren nach einem Talent, das ihnen volle Kassen bescherte.

Daß Henny Walden in diesem Frühjahr nur wenige persönliche Aufzeichnungen machte, kann auch einen anderen, viel einfacheren Grund haben: Sie arbeitete an einem neuen Programm. Eines der erhaltenen Lieder aus dieser Zeit ist Karl Schulze, ihrem Pianisten, «in Liebe» zugeeignet. Ein Text, der einen neuen, leichteren, lockeren Ton ganz im Stil der Entmelodramatisierung der Postinflationszeit zeigte.

Schwarz und Weiß

Intro:
Schon im Morgensonnenschein
singe ich sein Lied,
das wie ein Fetzchen Glücklichsein
mir im Herzen blieb.

Refrain
Schwarz und weiß, schwarz und weiß, sind die Tasten des Pianos,
die er spielt, die er spielt, so betörend virtuos.
Schwarz und weiß, schwarz und weiß, sind das Leben und die Liebe:
manchmal heiter und beschwingt, manchmal einfach hoffnungslos.

War es nicht ein Musikant,
Der das Liebeslied erfand?
Der den Reim der Reime fand,
In dem sich Herz mit Schmerz verband?

Ach, als Meister aller Töne
Stets der Pianist bestrickt.
Bricht die Herzen jeder Schönen,
Bis sie ganz verloren ist.

Refrain
Schwarz und weiß, schwarz und weiß, sind die Tasten des Pianos,
die er spielt, die er spielt, so betörend virtuos.
Schwarz und weiß, schwarz und weiß, sind das Leben und die Liebe:
manchmal heiter und beschwingt, manchmal einfach hoffnungslos.

Wenn er spielt in Dur und Moll,
Werden Frauenseelen schwach.
Else, Mary und Nicole
Liegen auf dem Diwan flach.

Arme Else, arme Mary.
Sie hör'n nur die Melodie,
Die er zaubert aus den Tasten.
Doch sein Herz schlägt nicht für sie!

Refrain
Schwarz und weiß, schwarz und weiß, sind die
Tasten des Pianos,
die er spielt, die er spielt, so betörend virtuos.
Schwarz und weiß, schwarz und weiß, sind das
Leben und die Liebe:
manchmal heiter und beschwingt,
manchmal einfach hoffnungslos.

Seine Finger gleiten,
Zärtlich übers Elfenbein
Doch wenn er den Deckel schließt
dann – dann gehört er Hans allein!

Refrain
Schwarz und weiß, schwarz und weiß, sind die
Tasten des Pianos,
die er spielt, die er spielt, so betörend virtuos.
Schwarz und weiß, schwarz und weiß, sind die
Liebe und das Leben –
diesen Mann kriegt keine Frau,
der ist leider schon vergeben.

Henny Walden schöpfte, wie die Verbindungen zwischen Tagebuch und künstlerischer Produktion vor allem in den frühen Berliner Jahren zeigen, immer wieder aus ihrer eigenen Biographie. Dennoch war «Schwarz und Weiß» wahrscheinlich nur ein «Act» in ihrem Programm, für das sie mit Karl Schulze eine publikumsträchtige Pose einstudierte. Einen Hinweis, Karl sei tatsächlich homosexuell, sucht man in Henny Waldens Tagebuch vergeblich. Leider gibt es in ihrem Nachlaß kein einziges Bild des Pianisten, der sie auf ihrem Weg durch die Berliner Kabarettszene begleitete, und auch von Karl Schulzes Arrangements und seinen Vertonungen von Henny Waldens Texten sind keine Niederschriften erhalten.

«Karlchen» wird oft, aber meist nur in Verbindung mit stereotypen Wiederholungen wie «Probe mit K.», «Mit K. bei Horcher», «K. braucht neuen Frack», «K. krank» in Hennys Tagebuch erwähnt. Nur eins kann mit großer Sicherheit festgehalten werden: im April 1924 bekam Karl Schulze einen neuen Frack – bezahlt von Henny, wie die Rechnung des «Herrenschneiders Alfons Riekmann» aus Charlottenburg belegt. Oder sollte Henny den Frack selber getragen haben und mit diesem Outfit einen Look kreiert haben, den man später mit der Dietrich in Verbindung bringen würde?

Das Lied «Schwarz und Weiß» gehörte zu einem Programm, das Henny Walden und der Mann am Klavier im Frühsommer 1924 im «Eldorado» präsentierten, was die These untermauert, der Song sei mehr Pose als Verarbeitung von Realität gewesen. Denn das «Eldorado» gehörte zu den bekanntesten Schwulenclubs von Berlin, in dem, wie man weiß, auch Marlene Dietrich verkehrte. Abseitig wäre es nicht, zu vermuten, daß die Dietrich Henny Walden dort gesehen und – falls sie tatsächlich im Frack auftrat – sich davon hat inspirieren lassen. Doch nichts in den Biographien der beiden Frauen läßt vermuten, daß sie sich damals kannten.

Das schwule Milieu war Henny Walden seit ihren Besuchen im Weddinger Toppkeller mit Harry Eichberg vertraut. Ein Auftritt im «Eldorado» war genauso schlecht bezahlt wie in einem anderen Etablissement, der Vorteil war jedoch, daß die menschliche Atmosphäre hier angenehmer war.

«Was für ein Publikum!» notierte sie im Mai 1924. *«Donnernder Applaus und beim Refrain von S + W [Schwarz und Weiß] singen alle gleich mit. Großer Erfolg immer mit Paraguay.»*

Im «Eldorado» also kannte man sie noch mit ihrem alten Chanson «Ich komme aus dem Nichts, mein Lieber», und vermutlich hatte sich Henny Walden bei ihren Auftritten eine kleine Fangemeinde geschaffen. Allerdings: so richtig weiter brachte dieser Erfolg sie auch nicht. Auch wenn der bekannte Bühnen- und Filmdarsteller Hubert von Meyerinck (ihr Tagebuch dazu: *«Hubsi im Publikum, er reißt alle mit.»*) und andere schwule Schauspieler zu den Stammgästen des Nachtclubs gehörten, die karrierefördernden Impresarios und Agenten verirrten sich nur selten dorthin. Entdeckt wurde Henny Walden auch hier nicht – somit blieb sie weiterhin in der Subkultur.

Wenngleich sie im «Eldorado» auftreten konnte und wenigstens Arbeit hatte, ist die Stimmung in den ersten Monaten des Jahres 1924 in ihren Aufzeichnungen melancholisch. Henny fühlte sich einsam. Mit Metas Weggang schien die Clique, der sie einst angehörte, auseinandergefallen zu sein. Im April 1924 findet sich, wahrscheinlich nach einem erneuten Versuch, sich mit dem zweiten Wohnzimmer so vieler Zeitgenossen anzufreunden, über das «Romanische Café» die spärliche Bemerkung: *«Romanisches Café? Große einsame Menschen, damit beschäftigt, groß und einsam zu sein.»*

Das Gefühl der Isolation folgte auf die rauschhafte Hochstimmung, in die das Abbrechen der Schauspielschule und die ersten Engagements sie versetzt hatten. Die ehemaligen Freunde und Freundinnen von der Schule hatten entweder feste Engagements, tingelten durch die Provinz, oder hatten geheiratet. Der Kontakt zu Gussy Holl war aus nicht bekannten Gründen abgerissen, der Zugang zu anderen arrivierten Künstlern blieb ihr versperrt. Es findet sich bei keinem der Literaten, Sänger, Journalisten, die zur selben Zeit wie sie in Berlin lebten und arbeiteten, ein Hinweis auf sie. Henny Walden, der eleganten und frivol mit Reimen jonglierende, sympathisch kecke Soubrette. Henny fiel es offenbar schwer, neue Freunde zu finden und neue Kreise zu erschließen. Sie befand sich in einem Zustand von Orientierungslosigkeit.

Vielleicht traf sie sich ab und zu doch mit ehemaligen Mitschülern aus der Schauspielschule, gewiß saß sie auch abends mit Karl Schulze und anderen Musikern noch in den Clubs zusammen, aber Auskunft gibt ihr Tagebuch darüber nicht. Mit schöner Regelmäßigkeit notierte sie nur: *«Zu lange aus. Kopfschmerzen.»* In wessen Begleitung sie diese langen und offensichtlich alkoholgetränkten Nächte verbrachte, ist ihr kein Wort wert.

Erst im Frühsommer des Jahres 1924 wandte sich Henny Walden wieder ausführlicher ihrem Tagebuch zu. Enthusiastisch jubelte sie: *«Endlich ein Zuhause gefunden. Überlege, meine Postadresse in ‹bei Aschinger› zu ändern. Wie chic!»*

Nun waren weder das «Aschinger» noch die Lage am Alexanderplatz eine angesagte Adresse. Doch Henny Walden hatte wohl in diesem eher gemütlichen als eleganten, eher bürgerlichen als künstlerisch angehauchten Lokal das gefunden, was sie im «Romanischen Café» vermißte: menschliche Nähe, eine Clique, in die sie aufgenommen wurde, und den anregenden fast täglichen Kontakt mit Kollegen und Seelenverwandten. Unter anderem verkehrten dort der junge Journalist Curt Riess, Karl Schulze und selbst Gussy Holl ließ sich im Herbst dort sehen (*«Wunderbares Wiedersehen mit Gussylein. Viel zu erzählen.»*). Harry Eichberg, der schreibende Flaneur, stets auf der Suche nach den neuesten Trends, widmete in einem Feuilleton des «Berliner Tageblatt» vom 13. August 1924 Henny Walden folgenden Text.

Der moderne Stammtisch

Nein, was sind wir heute modern. Man kann in Berlin nicht einmal vom Kurfürstendamm zur Friedrichstraße gehen. Soviel Zeit hat kein Mensch mehr. Die Autos sind praktischer und einfacher geworden. Die Schaufenster sind gefälliger oder haben einen Sprung ins Ordinäre gemacht. Alles ist eben einfach moderner geworden. Auch die Stammtische. Da gibt es nun bei Aschinger einen Stammtisch, der nennt sich «modern». Ja wie, möchte man fragen, hat man sich das denn vorzustellen? Kann denn ein Stammtisch, jene althergebrachte Institution unserer Altvorderen, schlechterdings modern sein? Sie kann, und jeder, der das nicht glaubt, möge sich selbst überzeugen. Denn man kann die modernen Teilnehmer dieses Stammtisches jeden Tag zu fast jeder Tages- und Nachtzeit im Aschinger finden. Wie sehen die Besucher dieses modernen Stammtisches aus? Eigentlich wie du und ich, doch ihr Lachen ist mitunter lauter. Platz finden alle an diesem langen Tisch im Hinterraum des Lokals. Einmal sind es fünf, einmal fünfzig. Dann wird zusammengerückt. Sie sind Künstler oder nennen sich welche. Keine großen, bekannten Namen, iwo. Das ist ja das moderne an Aschingers Stammtisch. Lokaljournalisten mit Rosinen im Kopf, Dichter mit unveröffentlichten Balladen, Soubretten wie das Nachtgewächs Henny Walden, die verarmte, aber enorm schöne und kulturliebende Großfürstin Majakowskaja – sie alle beugen sich nur dem Diktat des soignierten Oberkellners Max Krummbiegel. Hr. Krummbiegel gewährt dem Stammtischler, der ein festes Engagement oder einen Buchvertrag präsentiert, bis auf fünf RM Kredit. Auch das ist wahrhaft modern.

he (Harry Eichberg)

Auch in der «B. Z. am Mittag» vom 12. September 1924

ist unter der Überschrift «Besser als Kintopp – Gestern bei Aschinger» der «moderne Stammtisch» Thema. Ein unbekannter Verfasser nimmt in seiner Glosse einen Abend bei Aschinger zum Anlaß, bissige Seitenhiebe auf die unbekannten Künstler und nicht zuletzt auf die das gesellschaftliche Leben der Stadt weiterhin beherrschenden Parvenüs, oftmals ehemalige Kriegsgewinnler, abzugeben.

Besser als Kintopp – Gestern bei Aschinger

Es hat sich unter den Schnorrern und Lebenskünstlern der Stadt schon lange herumgesprochen, daß am modernen Stammtisch bei Aschinger ein jeder Tunichtgut willkommen ist. Die Anwesenden sind ein ganz besonderer Anblick. Ihre Kleidung ist manches Mal geschmacklos, sie gehen mit Messer und Gabel um wie mit Zahnarztinstrumenten und ihre Stimmen sind so laut wie von der Bühne. Es ist mit der «guten Kinderstube» wie mit den Pocken – nur, wer sie einmal hatte, ist gezeichnet! Außerdem zu beobachten: der Kaffeetassentrick! Statt etwas zu verzehren, gibt jemand dem Oberkellner das doppelte Trinkgeld. Dafür stellt der eine – natürlich! leere – Kaffeetasse und ein Glas Wasser vor den ungebetenen Gast und täuscht damit den Geschäftsführer. So kann ein findinger Nassauer sich für zwei Zehner sechs Stunden «bei Aschinger» durchsitzen. Aber nicht nur am Stammtisch, sondern auch an den anderen Tischen kommt der Gast auf seine Kosten. Denn das bunte Völkchen des Stammtischs ist fast so gut wie Kintopp. Gestern abend beispielsweise stolpern drei trunkene Herren vor Mitternacht zur Tür hinein. Sie krakeelen und grölen, eine Vase geht zu Bruch, ein Herr beschützt die Stola seiner Dame, Kellner versuchen, die Störenfriede zur Raison zu bringen. Alles umsonst. Da stürzt vom Stammtisch die Sängerin Henny Walden, ein Irrlicht aus einschlägig bekannten Cabarets, auf die Männer zu. Sie sinkt einem an die Brust, klappert mit den Augen und beschwört ihn mit süßen Worten: «Weeßte denn nicht mehr? Vor zwee Jahren? Ick habe dich ja überall jesucht, du warst am nächsten Morgen so schnell verschwunden. Aba ick wußte, eines Tages treff ick dich wieda! Du, und det Kind ist sowat von hübsch. Janz der Vata!» Der derart Angeschmachtete, ein im übrigen recht bekannter Grossist und frisch verheiratet mit der Tochter des Regierungsrats P., ergreift, sich an seinen Kumpanen festhaltend wie ein Ertrinkender, die Flucht. Frl. Walden nimmt, sich geschmeidig verbeugend, den Applaus von Gästen und Personal entgegen. Der Lokalfrieden ist wiederhergestellt und das Intermezzo hat den Anwesenden nach klassischer Dramentheorie in Exposition – dramatischem Konflikt – und einem glücklichen Ende – mehr beschert als so mancher Abend im Großen Schauspielhaus.

Henny Walden bewahrte diese Zeitungsausschnitte sorgfältig in einem Kuvert auf. Wieviel mögen diese Dokumente ihres öffentlichen Lebens ihr bedeutet haben! Ob ihr Bezeichnungen wie «Nachtgewächs» oder «ein Irrlicht aus einschlägig bekannten Cabarets» gefallen haben, darf bezweifelt werden. Dennoch tauchte diese erste Zeit «bei Aschinger» ihr Leben wieder in ein warmes, sonniges Licht. In diesem und den nächsten beiden Jahren schrieb Henny Walden soviel wie nie zuvor. Neben Gedichten und Liedern kam auch das Tagebuch zu seinem Recht, dem sie mit spitzer Feder ihre Beobachtungen aus dem Aschinger anvertraute, die bekanntere Zeitgenossen, die sich ins Aschinger verirrten, in einem bezaubernd direkten Licht zeigen.

Sich auf den Artikel über den «modernen Stammtisch» berufend, notierte sie im Sommer 1924: *«Wir sind jetzt schon so modern, daß wir wahrhaft in Mode kommen. Ge-*

stern abend erst nur Karlchen, Curt und ein pikantes Mädel vom Ballett am Stammtisch. Aber dann: Kuddeldadeldu. Karlchen erkennt ihn sofort. Wer könnte diese Nase auch übersehen? Er lädt uns alle ein.»

Kuddeldadeldu, wie in Lautschrift hält Henny Walden Joachim Ringelnatz' Künstlernamen fest, der, richtig geschrieben, lautete: Kuttel Dadeldu. Ab 1920 wirkte Ringelnatz an der Kleinkunstbühne «Schall und Rauch» als Autor und Schauspieler und wurde für seine skurrilen Verse berühmt. Henny Walden inspiriert die Begegnung zu folgendem Couplet, das sie in ihr neues Programm einbaute.

... und kuddeldadeldu!

Auf jedem Weltmeer ist er zu Haus,
ein Seemann, ganz – kuddeldadeldu
Die Heuer geht schnell ihm immer aus –
Vom Rum, vom Tabak und dem kuddeldadeldu.

Er geht vor Anker in der Lunte.
Dort läßt zum Schnaps er sich verführen.
Er flachst und flunkert mit den Tunten
Und schimpft auf romanische Hafengebühren.

Er hat das gewisse, so ein – kuddeldadeldu
knüpft Gedichte statt Knoten, ganz kuddeldadeldu
Von seinem Odem wird ein jeder Blau.
Als Seemann trinkt er stets Cognac im Kakao.

Stammt er vom Äquator, kommt er aus Shanghai?
Ward er gezeugt an einem Hafenkai?
Des Seemanns Rätsel – er kommt aus Sachsen
aus Wurzen, wo die kurzen – Schnäpse wachsen.

Auf jedem Weltmeer ist er zu Haus,
ein Seemann, so ganz – kuddeldadeldu!

Die Heuer geht schnell ihm immer aus
Vom Rum, vom Tabak und dem kuddeldadeldu.

Wie jede Kabarettnummer, die sich auf aktuelle Geschehnisse bezieht, verblaßt auch hier die Komik. Heute wirken die Verse naiv und reichlich schlicht, auch ist allgemein bekannt, daß Ringelnatz aus dem sächsischen Ort Wurzen kam. Man kann sich jedoch vorstellen, daß ihre Zeitgenossen herzhaft über das ironisch gezogene Kuddeldadeldu gelacht haben und die Spitze über die «romanischen Hafengebühren» verstanden haben.

Schließlich machte Ringelnatz, den Henny in diesem Punkt als Geistesverwandten würdigte, kein Hehl daraus, daß er im «Romanischen Café» nur Gastspiele gab. Henny Waldens Text spielte auf die billige Berliner Künstlerkneipe «Lunte» in der Eislebener Straße an. Der ungarische Autor und spätere Filmregisseur Géza von Cziffra, den Henny nur wenig später kennenlernen wird, schrieb über dieses Lokal:

«Nackte, verräucherte Wände, grobe Tische und Stühle, abenteuerlich aussehende Gestalten, die sich über ihre Teller beugten wie hungrige Tiere. Die Spezialitäten des Hauses waren die sogenannten ‹Zweispänner›. Der gelbe Zweispänner: ein Teller Erbsensuppe mit zwei Löffeln, oder für Vegetarier der grüne Zweispänner: einmal gemischter Salat mit zwei Gabeln.»

Man kann sich denken, daß das überzeugende Preis-Leistungsverhältnis der «Lunte» sicherlich auch für die Stammtischler des Aschinger eine willkommene Abwechslung bot, wenn Oberkellner Max Krummbiegel keinen Kredit mehr gewährte.

1924 trat Henny Walden mit «Die Liebe, ach die Liebe» regelmäßig im «Eldorado» auf und eine undatierte Notiz «Betty Stern, Dienstag» auf der Rückseite eines Programmzettels belegt, daß sie weiterhin private Salons, ob als Gast oder Künstlerin bleibt unklar, frequentierte. Sie befand sich in einem kreativen Schub, und die neue Heimat am «modernen Stammtisch» bescherte ihr lokale Bekanntheit. In gewisser Weise war Henny jetzt wirklich in «ihrem Berlin» angekommen, was sie freudig bewegt auch der Schwester Wilhelmine in Neuruppin mitteilte.

«Meine liebe Henriette,

vielen herzlichen Dank für Deinen lustigen Brief, der mich sehr zum Lachen gebracht hat. Wie aufregend Dein Leben doch ist. Hier passiert rein gar nichts. Vater will von Deinen Briefen nichts hören, er ist wirklich zu starrköpfig. Mutter liest sie und bewahrt sie in ihrem Nähkästchen auf. Von Herrn Ringelnatz habe ich in der Zeitung gelesen und war ordentlich stolz im Kränzchen zu erzählen, daß Du mit ihm befreundet bist. Mutter und Ernst waren natürlich darüber entsetzt, als ihnen Fr. Hartenstein davon berichtete. Du mußt nun aber nicht befürchten, daß Deine große Schwester als altes Mädchen endet, denn endlich haben wir einen Hochzeitstermin ins Auge gefaßt. Leider erst im nächsten Jahr, aber ich bin schon jetzt vor Freude ganz rappelig. Ernst ist wirklich ein guter Mann, da kannst Du noch so sehr die Nase rümpfen. Du kennst ihn ja nur als ehrwürdigen Lehrer, aber er kann mitunter sehr heiter sein. Ich will Dir auch nicht verschweigen, daß ich einen bösen Zank mit Vater hatte, als ich erwähnte, daß Du zur Hochzeit kommen sollst. Das ist mein größter Wunsch. Bis dahin fließt aber noch viel Wasser die Spree hinunter und Vater hat sich sicherlich mit Dir ausgesöhnt. Innig, Deine Wilhelmine.»

Fast zeitgleich mit ihrem Engagement im «Eldorado» hatte Henny Walden einen Part in der Produktion der Oscar Straus-Operette «Die Perlen der Cleopatra» ergattert, die Anfang des Jahres mit Fritzi Massary in der Hauptrolle am Theater am Nollendorf-Platz Premiere feierte. Überraschenderweise – als Souffleuse. Das in ihrem Nachlaß erhaltene Libretto aus der Oscar-Straus-Operette wimmelt vor Anstreichungen und Anmerkungen.

Henny Walden schrieb nichts über ihre Motive, diese Arbeit angenommen zu haben, die ihr doch, nach ihren eigenen bescheidenen Erfolgen, als Abstieg vorkommen mußte. In einer sich darauf beziehenden Tagebuchnotiz schwingt keine Bitterkeit mit, wie zu erwarten gewesen wäre. «*Muß einmal Lied über Souffleuse (Pleureuse, böse, Diseuse, Gekröse, Dompteuse, Öse) schreiben. Sie sitzt im Dunkel, unerkannt – alle auf der Bühne starren gebannt – auf ihren Mund. Der Grund – sie ist die Retterin und sie weiß alles – im Fall des Falles.*»

Bei der Produktion von «Die Perlen der Cleopatra» lernte Henny Walden einen Mann kennen, der zum ersten Mal wieder mehr Platz in ihren Aufzeichnungen einnahm. Dazu muß man wissen, daß «Die Perlen der Cleopatra» in Wien, wo die Operette im November 1923, ebenfalls mit Fritzi Massary in der Titelrolle, am Carl-Theater uraufgeführt wurde, wenig erfolgreich war. Die Fritzi Massary-Biographin Carola Stern und der Berlin-Kenner Maurus Pacher, der in seinem Buch «Sehn Sie, das war Berlin» kenntnisreich die musikalische Historie der Metropole in den zwanziger Jahren Revue passieren läßt, teilen die Auffassung, die lasche Rezeption der Operette in Wien hätte großenteils an der Besetzung von Fritzi Massarys Ehemann Max Pallenberg als Marc Anton gelegen. Pallenberg, ein grandioser Mime, aber klein, rundlich und wenig attraktiv, vermochte wohl nicht die Illusion eines der Cleopatra-Fritzi würdigen Helden auf die Bühne zu zaubern. Auftritt: Hans Albers, der sich schon seit längerem um eine Operettenrolle bemühte. Maurus Pacher berichtet, daß Albers bereits bei seinem Debütauftritt das Publikum eroberte, als er zum Schluß seiner Tanznummer scheinbar zufällig stolperte und im Souffleurkasten verschwand.

In diesem Souffleurkasten saß – wie wir heute wissen – Henny Walden, und natürlich verliebte sie sich in den blonden Hans. Schon, weil er so schneidig aussah in Frack und Zylinder. Von der Presse bekam er das Prädikat «Herz mit Schnauze» und avancierte schnell zum Frauenliebling. Aber Hans Albers, der später als Filmstar berühmt wurde, mag vielleicht während der Proben «gebannt» auf den Mund der Souffleuse gestarrt haben, außerhalb des Theaters war Hennys Mund für ihn nicht interessant. Henny gab sich nach außen hin lässig, aber in Wahrheit schluchzte sie, freilich nicht ohne Selbstironie, in ihr Tagebuch:

«Wenn er mich wieder einmal so anlächeln würde, wie an jenem Tag, als ihm der Text nicht einfiel. Mein Herz machte einen Sprung und fiele ihm um den Hals. Na, da hängt es jetzt, wie ein Verhungernder, der Klimmzüge am Brotschrank macht. Die Mädchen am Bühneneingang sind für ihn viel anregender. Die vielen verliebten Backfische, die vom Balkon Blumen auf die Bühne werfen, machen ihn ganz toll. Und ich? Verbannt in meinem dunklen Kasten. Allein. Immer und immer allein!»

Wem außer ihrem Tagebuch vertraute Henny ihre unerwiderte Zuneigung zu Hans Albers noch an? War ihre Schwärmerei vielleicht belächelter Tratsch hinter der Bühne oder bei Aschinger bekannt? Zumindest fällt es nicht schwer, eine von Harry Eichberg geschriebene Geschichte mit dieser Phase in Henny Waldens Leben in Verbindung zu bringen. Unglücklicherweise fehlt dem in ihrem Nachlaß gefundenen Zeitungsausschnitt das Datum, und auch der Zeitungsname ist nicht erhalten geblieben.

Der Mann, die Frau, die Wahrheit und die Lüge

Sie heißt Hanni und sie liebte ihn schon, bevor sie ihn zum ersten Mal sah. Ihre Mutter hatte ihr als Kindchen schon von ihm erzählt und in ihren Märchenbüchern trug er einen schimmernden Harnisch. Sie sucht ihn in jedem Mann, der ihr begegnet. Endlich trifft sie ihn einmal und sie schwebt im siebten Himmel. Es ist alles groß an diesem romantischen Ereignis: der Mann, die Frau, die Wahrheit und die Lüge. Was schreibe ich – die Lüge? Ja, denn wenn auch derzeit ganz Berlin nur ein kleiner ägyptischer Flirt fehlt, so fehlt Hanni doch so viel mehr. Die Lichtgestalt ihrer Träume gehört nicht ihr allein. Betrug, Kabale. Ehebruch? Viel schlimmer; er ist Schauspieler und erobert pro Abend eine Königin. Da er selbst königlich aussieht, steht ihm das besonders gut. Den König gibt er natürlich nur vor dem Vorhang, tatsächlich kommt er aus einer nördlichen Hafenstadt, in der die Monarchie keinen guten Ruf hat. Wie zwei Schiffe voller Auswanderer fahren Hanni und ihr König über den Ozean ihres Lebens ein Leben lang aneinander vorbei. Sie ist nämlich Souffleuse und lugt aus dem dunklen Kasten am Bühnenabgrund auf ihn, der im Licht steht, wie ein Rapunzel aus dem bekannten Turmfenster. Doch ach, die Liebe ist nicht aus Zöpfen geflochten, sondern aus ungestillter Sehnsucht gewebt. Wenn der Aufzug rauscht, befrackte Pagen Programme überreichen, das Publikum im Samt und in der Seide der Loge N4 oder 8 versinkt und das Orchester einsetzt, netzen Tränen Hannis Angesicht. Diese Könige haben am Theater oder im Kintopp jetzt überall Saison und Hanni unzählige Schwestern, die abends in ihre Bettchen schlüpfen, lechzend nach der Erfüllung ungestillter Sehnsüchte, ihn mit liebevollster Phantasie umhegend. Das Tröstliche, auch für uns nicht so königliche Zeitgenossen, ist bei dieser Art der Liebe – dieser

König pflegt sich nicht besonders gut zu halten. Er spielt oft nur eine kurze Gastrolle und wird leicht von einem anderen abgelöst. Man legt sich nicht gerne fest. Wahrscheinlich auch aus Nächstenliebe. Was gestern noch weizenblond war, lockt morgen kastanienbraun. Mit dem König aus Frauenträumen ist es wie mit dem Champagner. Beide sollten von Anfang an «kaltgestellt werden».

Traf Henny Walden Eichbergs Häme über die wachsende Star-Begeisterung in Berlin? Die wenig deutliche Verschleierung ihres Namens und auch die klaren Anspielungen auf den Hamburger Hans Albers («Hafenstadt») und auf sein Engagement bei «Die Perlen der Cleopatra», in dem Fritzi Massary singt: «Mir fehlt nichts als ein kleiner ägyptischer Flirt, /so ein Flirt, der was wert, der zum Dasein gehört ...» – machten Hennys Freunden das Rätselraten leicht. Nur noch einmal beschäftigte sich Henny Walden mit «Die Perlen der Cleopatra». In einem Textfragment aus dem Sommer 1924 verballhornte sie das Schmachten der Cleopatra. Cleopatra besang Marc Anton mit den Worten: «Ach, Anton steck den Degen ein, /Wir wollen doch nicht rüsten. /Du hast zwar eine Heldenbrust, /doch tu dich nicht so brüsten.» Bei Henny liest es sich so: *«Ach, Hans, dein Degen ist aus Pappe / und viel zu breit dein Rücken / auch deine dumme Heldenbrust / tut mich nicht mehr entzücken.»*

Allerdings steht diese lakonisch-witzelnde Haltung im krassen Widerspruch zu dem in dieser Zeit entstandenen und handschriftlich erhaltenen Liebesgedicht «Unabgesandter Liebesbrief».

Unabgesandter Liebesbrief

Ich seh dich, Liebster, immer nur vor mir.
Bann' meine Einsamkeit auf dies Papier.

Der Mond blickt durch die Fensterscheibe
ich sitz bei Lampenschein und schreibe.

Ich kann dir keine Handschuh stricken,
Und meine Suppen schmecken nicht:
Mein armes Herz kann ich dir schicken
und in Schönschrift ein Gedicht.

Sind Herzen überhaupt in Mode?
Und – meine Schrift ist gar nicht schön.
Meine Seele friert sich noch zu Tode:
So ganz allein in eis'gen Höh'n.

Wärst du das Meer, ich wollt' ein Seestern sein
und wie in deinem Augenblau versinken
Wärst du die Nacht, ich wär' der Mondenschein
und würd' von deinen Sternen trinken.

Weißt Du denn, wie ich Dich liebe?
Meine Worte sind wie Tränen.
Mein Herz tut mir so weh
Vom vielen Nachdirsehnen.

«Die Perlen der Cleopatra» war ein durchschlagender Erfolg und trotz doppelter Eintrittspreise das Theater ständig ausverkauft. Die Operette lief erst aus, als Fritzi Massary im Sommer 1924 auf eine bejubelte Gastspielreise ging. Für Albers übrigens war «Die Perlen der Cleopatra» der Beginn einer kometenhaften Karriere, die ihn erst an die Operette und die Bühne band und später zum Film brachte.

Auf Eichbergs Glosse gab Henny keine Antwort in ihrem Tagebuch. Mit Sicherheit war der Text «bei Aschinger» Gesprächsstoff, und Henny rettete sich vielleicht, gleich wie es wirklich um sie stand, in die Haltung der amüsierten, über den Dingen stehenden Frau, die sich einen kleinen romantischen Ausrutscher leisten konnte. Ob Albers den

Text kannte und wie er auf ihn reagierte, weiß man nicht. Henny, die immerhin Eichbergs Stücke aufbewahrte, äußerte sich nie wieder zu ihrer Schwärmerei für Albers. Selbst als sich ihr Lebensweg im Jahre 1929 bei den Dreharbeiten zu «Der blaue Engel» noch einmal mit dem von Albers kreuzte, ließ sie diese Begegnung unerwähnt.

Wie die chronologische Ordnung ihres Nachlasses ergab, hatte sich Henny schon vor Eichbergs Glosse und vor Ablauf ihrer Souffleusentätigkeit von der Bühne verabschiedet. Wieder einmal war sie bereits mit Kopf und Herz zu neuen Ufern aufgebrochen.

Neu, das konnte in Berlin in den zwanziger Jahren nur eines bedeuten: Film. Während Henny Walden durch die Nachtclubs und Bars streifte, an ihren Texten und an verschiedenen Theatern arbeitete, waren in Berlin die Filmateliers und Filmproduktionen wie Pilze aus dem Boden geschossen. Von Ernst Lubitschs Film «Anna Boleyn» (1920) und der Reaktion der jungen Henriette Wuttke auf diesen Film war bereits die Rede. Anfang desselben Jahres hatte sich mit «Dr. Caligari» von Robert Wiene der in Literatur und Malerei vorherrschende Expressionismus auch im deutschen Kino durchgesetzt. 1922 begründete Friedrich Wilhelm Murnau mit «Nosferatu – Eine Symphonie des Grauens» das Genre des Vampirfilms, während Fritz Lang im Frühjahr 1922 die beiden Teile seines Films «Dr. Mabuse, der Spieler» (Teil 1: Der große Spieler, ein Bild unserer Zeit; Teil 2: Inferno, ein Spiel von Menschen unserer Zeit) erstmals in Berlin zeigte. Obwohl die Tontechnik unaufhaltsam voranschritt und bereits im September 1922 im Rahmen einer Matinee im Berliner Alhambra-Lichtspieltheater der erste Spielfilm mit integrierter Lichttonspur vorgeführt wurde, konnte sich der Stummfilm noch behaupten.

Immer mehr Filme entstanden, das Medium Film wurde

langsam gesellschaftsfähig. Wie langsam allerdings dokumentiert eine Kritik zu Fritz Langs Film «Der müde Tod» aus dem Jahre 1921, die Lil Dagover in ihren Memoiren zitiert: «Die ihr an die Zukunft des Kinos glaubt, seht euch dieses Lichtspiel an! Die ihr dem Kino mißtraut, seht es euch erst recht an – aber laßt alle dummer Weisheit, laßt die hamburgische Dramaturgie und den Laokoon hübsch zu Hause, denn ihr seid bei einer neuen Muse zu Gaste: beim Lichtspiel!» Das breite Publikum scherte sich, wie zu allen Zeiten, sowieso nicht um Kulturdebatten und feierte den Kintopp. Bereits 1921 war in der Zeitschrift «Roland» folgendes Gedicht zu lesen:

ufa, efa … diesem Trick,
Lange Worte kurz zu fassen,
Folgte ich und prägte LiK!
Denn, was wir auch tun und lassen,
Film ist alles – Leid und Glück …
LiK:
Leben ist Kintopp

Auch Henny Walden stürzte sich auf den Kintopp. Ein Foto des Regisseurs Fritz Lang mit Widmung (*Für Henny, meine kleine Zofe, Berlin 1923.*) ist erhalten geblieben.

Zwischen 1922 und 1923 verfilmte Fritz Lang «Die Nibelungen», ein monumentales zweiteiliges Stummfilmwerk, das am 14. Februar und am 26. April 1924 uraufgeführt wurde und alle Kassenrekorde brach. Die Besetzungsliste der «Nibelungen» verzeichnete Margarete Schön (Kriemhild), Paul Richter (Siegfried), Hanny Ralph (Brunhild), Theodor Loos (König Gunther), Adalbert von Schlettow (Hagen von Tronje) und Rudolf Klein-Rogge (König Etzel). Hennys Namen sucht man vergeblich. Es ist also wahrscheinlich, daß sie als Komparsin, eben als

«Zofe», in dem von ornamentalen Massenszenen bewegten Epos zu sehen war. Allerdings findet sich in Henny Waldens Aufzeichnungen aus dem Jahr 1923 weder ein Hinweis auf diese Tätigkeit noch auf Fritz Lang. Lang, immer auf der Suche nach neuen Talenten, hatte Henny Walden vielleicht bei einem ihrer Auftritte in einem Berliner Nachtclub kennengelernt. Galt der 1924 datierte «Unabgesandte Liebesbrief» vielleicht ihm, während ihre Schwärmerei für Albers sie – und uns – von ihrem eigentlichen Liebeskummer ablenkte?

Das Leben in Berlin drehte sich immer schneller, und Henny war immer mittendrin. So finden wir sie unvermittelt im Frühling 1925 im Berliner Sportpalast, mitten im Trubel.

«Ablenkung gesucht – und gefunden. Grandioser Spaß beim Sechs-Tage-Rennen. Menschenauftrieb und Otto Kermbach dirigiert ‹Wiener Praterleben›. Da plötzlich pfeift jemand gellend vom Heuboden [Zweiter Rang, Anm. d. V.] *auf zwei Fingern mit. Herrlich. Alle pfiffen mit.»*

Der Sportpalast war am 17. November 1919 in Schöneberg in der Potsdamer Straße eröffnet worden. Die Berliner hatten dem Radrennsportler Walter Rütt zugejubelt. Doch im Krieg wurde die Halle erst als Rotkreuz-Depot, später als Waffenarsenal genutzt. Im April 1919 erlebte das Sechs-Tage-Rennen seine Renaissance und brachte dem Sportpalast wieder volle Kassen. Wir erinnern uns an Hennys Schwärmerei für den «blonden Hans» Breitensträter, den Boxer. Neben Theater, Kino und Kabaretts hatte der Besuch von sportlichen Großveranstaltungen mittlerweile einen festen Platz auf dem Berliner Kulturkalender.

Was sie in der Tagebuchnotiz beschrieb, war allerdings ein ganz besonderes Sechs-Tage-Rennen. Das Rennen nämlich, an dem der sogenannte «Sportpalast-Walzer» geboren wurde. Erfunden hatte ihn der Berliner Reinhold Habisch, wegen seiner körperlichen Behinderung «Krücke» genannt. «Krücke» war ein Original, der vom zweiten Rang aus die Prominenz mit ruppigem Charme – und eben diesem charakteristischen Pfeifen auf zwei Fingern, das in Berlin heute noch jedes Kind kennt – terrorisierte und amüsierte.

In ihren Notizen ist nun öfter vom «kleinen Géza» die Rede. Géza von Cziffra, der ungarische Journalist, Schriftsteller und spätere Erfolgsregisseur, war ein Hansdampf in allen Gassen. Der rumänische Journalist Renato Mondo beschrieb ihn in einer 1926 in der «Welt am Abend» erscheinenden Glosse folgendermaßen: «Géza war ein feiner, blasser junger Mensch mit dunklen Rehaugen. Er hielt viel auf sich und war immer gut gekleidet. Wenn Géza in seinem Stammkaffeehaus erschien, streckten sich ihm die Hände vieler Bekannter entgegen. Unter diesen intellektuell angekränkelten Schließerln spielte er die Rolle des Arrivierten, denn er hatte immer Geld.»

Genau dieser «feine, blasse junge Mensch» tauchte eines Abends im Herbst 1925 am Stammtisch bei Aschinger auf, obwohl er sich zu Hennys Kummer noch lieber im «Romanischen Café» herumtrieb. Zweifellos hatte sie eine Affäre mit dem Ungarn, der ihr zum Geburtstag am 1. Januar 1926 ein Bouquet roter Rosen schickte, wie sie freudig in ihrem Tagebuch festhielt. Aber vor allem wurde er ein echter Freund, der sich um sie kümmerte. «Ein Freund in allen Lebenslagen», beschrieb ihn Henny Walden vieldeutig.

Von Cziffra nahm sie mit in das «Café Reimann». Wie eine brave Schülerin folgte Henny ihrem neuen Mentor und schrieb ihre Lernergebnisse nieder. *«Géza sagt: Filmleute verkehren eigentlich nicht im Romanischen oder bei Aschinger. Wieso? Filmleute sind Realisten und haben kein Interesse an ideologischen Auseinandersetzungen.»*

Von Cziffra kannte Gott und die Welt und besorgte Henny immer wieder kleine Aufträge, die sie in einen neuen Kreis einführten. Obwohl Henny Walden in dieser Zeit nicht ausführlich Tagebuch schrieb, gibt es immer wieder Notizen wie diese: *«Montag, 15 Uhr. Géza. Billy. Schreibmaschine.»* Géza von Cziffras Memoiren zufolge klapperte der junge Journalist und spätere Regisseur Billy Wilder zwar im «Romanischen» auf einer geliehenen Schreibmaschine, zu Hause aber diktierte er am liebsten einer Schreibkraft, zu denen offensichtlich auch Henny Walden gehörte.

Ein Brief an ihre Freundin Meta, den Henny Walden nicht vollendete, berichtet von einer anderen Situation, die, durch von Cziffra initiiert, Henny Walden mit Vladimir Nabokov, dem späteren Verfasser von «Lolita», zusammenbrachte.

«Liebe Meta, endlich will ich Dir für Deine Post danken und Dir ein wenig aus meinem Leben berichten. Géza bat mich, einen englischen Freund für ihn zum Tennis zu begleiten. An der Lietzenburger [Straße] *ist jetzt ein Tennisplatz. Der Engländer war sehr nett und sehr beeindruckt von Berlin – oder von mir? Ich fand ihn auch sehr angenehm, aber nichts gegen den Tennislehrer! Ein echter Russe, mit tiefbraunen Augen. Ob seine Seele noch tiefer ist, muß ich noch herausfinden! Du siehst, Deine Henny ist immer noch ganz die Alte. Er heißt Vladimir. Ein echter Flirt! Natürlich lud ich ihn zum Stammtisch …»*

Tatsächlich lebte Nabokov von 1922 bis 1927 in Berlin, und es ist mehr als wahrscheinlich, daß Henny Walden und er sich über den Weg liefen, da sie beide der Clique um von Cziffra angehörten. Dieser bestätigt denn auch die Identität des Tennislehrers: «Daß mein Tennistrainer Nabokov der Vladimir Nabokov war, der später das Buch ‹Lolita› schrieb, das weiß ich ganz genau. […] Nabokov war ein sehr gut aussehender, eleganter, schlanker junger Mann. [...] Auf dem Tennisplatz [...] standen die Mädchen Schlange, um sich von ihm unterrichten zu lassen.»

Ihrem Tagebuch zufolge war Géza von Cziffra, der Henny am Stammtisch «wiedererkannte», nicht nur ein intimer Kenner der Kabarett- und Theaterszene, sondern er verfügte auch über ein exzellentes Gedächtnis und konnte sich an einen ihrer Auftritte in der «Weißen Maus» erinnern. Er gab ihr den Rat, sich als Sekretärin bei der efa-Filmproduktion zu verdingen, anstatt sich als unbekannte Schauspielerin in die lange Reihe hoffnungsvoller Nachwuchs-Actricen einzureihen. Mithin war er der Auslöser für Hennys nächsten Karriereschub.

Natürlich sah sie sich nicht als «Schreibfräulein», sondern fühlte sich zu Höherem berufen. Aber es machte ihr Spaß, in Rollen zu schlüpfen, die eine oder andere bürgerliche Sehnsucht mit Leben zu erfüllen und natürlich zu testen, ob sie überzeugend war. Ihr Tagebuch war gleichzeitig Ideenfundus und Erinnerungsbank und mitunter scheint es, als habe auch Henny Walden Ereignisse in ihrem Leben nur herbeigeführt, um sie später literarisch verarbeiten zu können. So erleben wir in einer Skizze, vielleicht für eine Zeitung, vielleicht als Entwurf für eine Geschichte, den Spaß, den ihr die «Verkleidung» bei ihrem Vorstellungsgespräch bei der efa machte.

«Im dunklen Rock, dunklen Wollstrümpfen, praktischen Schuhen und gestärkter weißer Bluse gehe ich in die Cicerostraße. Ich erröte wie auf Knopfdruck und fange an, mit gesenktem Kopf, ihn von unten herauf anplinkernd an meinem Blusenknopf zu fingern. Das verwirrt den Armen fürchterlich und – hurra – er fragt noch nicht einmal, wie gut ich Schreibmaschine schreiben kann. Warum auch? Ich bin empfohlen. Ich darf gleich anfangen. Es sind noch vier andere Mädchen da, die mich mit Argusaugen verfolgen.

Natürlich, sie erkennen gleich, daß ich nicht echt bin. Der ‹Herr Produzent› kommt alle naselang herein. ‹Wo bleibt der Brief? Ich bestellte ihn doch zweizeilig! Schnell, schnell!› Das Filmemachen muß eine sehr schnelle Kunst sein: Sekunden entscheiden über Leben und Tod, das muß man der überkippenden Stimme des Herren Produzenten wohl glauben. Mich läßt man in Ruhe und ich muß ein gräßliches Textbuch – es heißt hier Drehbuch – abschreiben. Der Verfasser hat es handschriftlich geliefert. Es ist ein einziger Schmarrn, wie Géza sagen würde. Die Handschrift ist so schauderhaft, daß ich einiges umschreibe. Am Abend tut mir alles weh. Das Schlimmste: ich muß morgen wiederkommen.»

Schon am nächsten Tag zitierte sie «der Herr Produzent», dessen Namen nicht verifizierbar ist, in sein Kontor, wie dem weiteren Verlauf des Textes zu entnehmen ist: *«Meine Änderungen findet er unterhaltsam. Meine Schreibmaschinenkünste aber scheußlich. So bin ich am zweiten Tag schon gekündigt – und neu angestellt. Ich muß nur noch einmal am Tag ins Büro und Drehbücher abholen. Die soll ich lesen und mit Verbesserungsvorschlägen wiederbringen.»*

Für die über hundert Filme, die jährlich in der Filmmetropole gedreht wurden, suchten Produzenten und Regisseure fieberhaft neue Stoffe. Bald arbeitete Henny Walden, wie wir kurzen Notizen entnehmen können, auch für andere Filmfirmen der Stadt. Sie las Drehbücher und verkaufte Ideen. Darunter:

Romana – Die Wüstenprinzessin.

Romana, die schöne junge Wüstenprinzessin, ist von einem deutschen Wissenschaftler verschleppt worden. Er gibt vor, ihre Entführung sei die Rache dafür, daß ihr Stamm sein

Labor, in dem er Wüstenschlangen erforschte, zerstört hat. Er will Romana nach Europa bringen, wenn er seine Sachen geordnet hat. Romana versucht, ihm zu erklären, daß das Land, auf dem er das Labor errichtete, heilig ist und ihr Stamm das Labor zunichte machte, um ihn, den Fremden, aus Gastfreundschaft vor dem Zorn der Götter zu schützen. Der Wissenschaftler will davon nichts hören. Er sperrt Romana in einem Zimmer ein, in das er mittels eines verborgenen Gucklochs blicken kann. Romana ist alleine. Sie spricht mit den Tauben, die zum Fenster hereinflattern. Sie tanzt ganz allein einen Wüstentanz in Erinnerung an das, was sie verlor. Der Wissenschaftler ist krank. Er ist nicht nur krank aus Liebe zu Romana, die er hinter seinem barschen Auftreten verbirgt, sondern auch von einer dunklen Krankheit befallen, die ihm die Kräfte raubt. Je trauriger Romana wird, desto stärker erfaßt ihn die Krankheit. Eines Tages bringt eine Taube ein kleines Seidentuch zu Romana ins Zimmer. Es ist ein Zeichen des Wüstenprinzen, dem sie versprochen war. Der Wissenschaftler, der alles durch das Guckloch beobachtet hat, läßt den Garten von seinen Bediensteten durchsuchen. Der Wüstenprinz wird gefangen. Doch es gelingt ihm, sich zu befreien und in Romanas Zimmer vorzudringen. Romana und er verschmelzen in einem innigen Kuß, der von dem Wissenschaftler und seinen bewaffneten Bediensteten unterbrochen wird. Es kommt zu einem Handgemenge, das mit einem Schlag stillsteht, als der Prinz dem Wissenschaftler seinen Krummsäbel an die Kehle setzt. Romana bittet den Prinzen um Gnade für ihren Kerkermeister: ‹Die Götter strafen ihn mit Krankheit, weil er unsere Liebe töten will. Zeige Gnade!› Als der Wissenschaftler erkennt, wie selbstlos Romana sich für ihn einsetzt, keimt in ihm das Gute auf und er schenkt ihr und dem Prinzen die Freiheit. Die Diener lassen die Waffen sinken. Romana und der Prinz eilen aus dem Raum. Der Wis-

senschaftler entläßt seine Bediensteten und sieht aus dem Fenster zu, wie Romana und der Prinz auf ein Pferd steigen. Er blickt auf den Garten und spürt, daß die Krankheit von ihm abgefallen ist. Er tritt zurück in das Zimmer und sieht den Krummsäbel des Prinzen auf einem Tisch liegen. Es sieht so aus, als würde er sich in den Säbel stürzen wollen. Doch dann tritt er vor einen der vielen Schlangenkäfige, die überall an den Wänden stehen. Er greift in einen hinein, nimmt eine gefährliche Giftschlange heraus und bricht wenig später tot zusammen. Als er stirbt, liegt ein Lächeln seliger Erlösung auf seinen Zügen. Die Schlange schlängelt sich aus dem Zimmer. Romana und der Prinz reiten aus dem Tor. Auf dem Deckel des Schlangenkäfigs sitzen zwei schnäbelnde Tauben.

So inspirierte Henny Walden mit Sicherheit einige der damals in Mode stehenden Orientfilme und andere Streifen. Die schwer leserliche Kohledurchschrift von «Romana – Die Wüstenprinzessin» ist jedoch der einzig erhaltene Beleg aus dieser Zeit.

In erster Linie war diese Tätigkeit für sie nur Broterwerb, schnell erledigt und gut bezahlt. 1925 erhielt sie pro lektoriertes Drehbuch oder für eine verkaufte Filmidee nicht weniger als 20 bzw. 80 Mark. Die Honorare vermerkt sie nur im Zusammenhang mit ihren Auftraggebern, so daß wir nicht nachvollziehen können, um welche Projekte es sich handelte. Ihr direkter Einfluß auf die Filmproduktion der Berliner zwanziger Jahre bleibt leider, wie so vieles andere in ihrer Biographie, ungeklärt.

Nur ein Film ragt aus der Masse der von ihr bearbeiteten Drehbücher heraus: «Metropolis«. Bereits im Spätherbst 1925 bekam sie eine frühe Fassung des Drehbuchs in die Hand. Nun scheint es kaum vorstellbar, daß Erich Pommer, der Produzent der Ufa, es ihr hinter dem Rükken von Fritz Lang, der den Film inszenieren sollte, zukommen ließ. Außerdem zeichnete Langs Frau Thea von Harbou für das Drehbuch verantwortlich. Seit Anfang der zwanziger Jahre hatte von Harbou die Drehbücher zu allen Filmen Langs geschrieben oder an ihnen mitgearbeitet, darunter auch an «Der müde Tod» und «Die Nibelungen». Dennoch engagierte sich Henny Walden, wie ihre Aufzeichnungen 1925 und 1926 zeigen, sehr für «Metropolis».

Mehrere Blätter füllen die Bemerkungen zu «Metropolis», erst in Notizenform, die als Vorbereitung zu einer neuen Drehbuchfassung gedient haben mögen, später folgt die Schilderung eines Treffens mit Thea von Harbou und Fritz Lang.

Überraschenderweise zeigte sich Henny Walden in ihrer schriftlichen Auseinandersetzung mit «Metropolis» von einer ganz neuen Seite: Sie weist sie nicht nur als Filmkennerin aus – dabei kommen Kinobesuche in ihrem Tagebuch nur in den ersten Jahren vor –, sondern vor allem als präzise Analytikerin.

«Metropolis. Grandioser Titel. Zweiteilig angelegt. Warum nicht drei Teile?. Roman von Th. von Harbou.»

Wenig später:

«Metropolis muß anders als Mabuse sein. Noch ist er [der Film] *ein Vetter von Mabuse – nicht mit Wirklichkeit, sondern mit Überhöhung gemacht. Zu dünn. Die Geschichte unmodern. Wo sind Überraschungen? Dringliche Frage: Wie konstruiert man einen künstlichen Menschen? Mehr über Technik lesen. Liebesgeschichte!!!!»*

Dann:

«Die neue Maria stelle ich mir wie in goldener Rüstung vor. Eine glänzende, glatte Maschine, gut geölt und kalt. Zur echten Maria: Noch zu flach, wie eine billige Oblate.»

Henny Walden begriff sich Mitte der zwanziger Jahre zunehmend als Autorin, weniger als Soubrette oder Schauspielerin. Aber wie gut sie ihre Arbeit auch machte, wie originell ihre Einfälle und Ideen auch waren – noch immer beherrschten die Männer die Kultur – und damit auch die Filmszene. Sie besetzten die Schlüsselpositionen: Frauen durften sich vor allem der klassisch weiblichen Rollen entsprechend als Kostümschneiderinnen, als Maskenbildnerinnen, als Produktionssekretärinnen und natürlich auch als Schauspielerinnen betätigen. Es sieht so aus, als hätte man Henny Waldens Begabung für Filmstoffe ausgebeutet, ohne ihr auch wenigstens nur die Ehre einer Namensnennung zukommen zu lassen. Welche Karriere hätte ihr zu einer anderen Zeit als Drehbuchautorin offenstehen können!

Die erfolgreichste und einzige namhafte Drehbuchverfasserin der Zeit war Thea von Harbou, Langs Ehefrau, die Henny Waldens Engagement bei «Metropolis» mit gespaltenen Gefühlen beobachtet haben muß. Einerseits galt die Harbou als umgänglich und gerade Nachwuchstalenten gegenüber aufgeschlossen – noch kurz vor ihrem Tod Anfang der fünfziger Jahre gab sie Drehbuchseminare –, andererseits war die Arbeitsbeziehung zwischen ihr und Lang hermetisch abgeschlossen. Henny Waldens Beteiligung mußte für die Harbou, die erfolgreich Geschichten und Romane in großen Illustrierten veröffentlichte, ein Affront gewesen sein.

Zeitgenossen beschreiben Thea von Harbou als überaus attraktive, sehr eigenwillige Frau, die gewohnt war, ihren Kopf durchzusetzen. «Thea war eine schöne Frau, die auch Schauspielunterricht genommen hatte, sie sah aus wie ein Filmstar, war aber zu klug, um jemals einer werden zu wollen.» (Schauspielerin Lil Dagover)

«Natürlich schreibt er das Drehbuch gemeinsam mit Thea von Harbou, das heißt, eigentlich schreibt er, wenn sie strickt. Jawohl, sie strickt eigentlich immerfort …» (Journalist Curt Riess)

«Thea hatte zwei Leidenschaften: Drehbücher schreiben und Stricken. Sie strickte bei jeder Gelegenheit: wenn sie einen Filmstoff erzählte, wenn sie Gäste hatte, böse Zungen behaupteten, sogar in der Badewanne. Noch bösere Zungen verbreiteten noch bösere Gerüchte: bei Außenaufnahmen in Sizilien rutschte Fritz Lang einmal aus und fiel mit dem Rücken in einen Kaktusbusch. Als er die Wunden auf seinem Rücken zeigte, bemerkte eine kleine Schauspielerin, die gern zu Fritz Lang ins Bett gestiegen wäre: ‹Die Löcher stammen von Stricknadeln. Wie ich die Harbou kenne, strickt sie auch noch während der Liebe hinter Fritzens Rücken.›» (Géza von Cziffra)

Thea von Harbous scheinbar nie versiegender Ideenreichtum sicherte ihr in Verbindung mit Fritz Lang das persönliche und gesellschaftliche Umfeld, wo sie ihre Talente, finanziell bestens entlohnt, ausleben konnte. Auch privat verfolgte sie ihre eigene Politik: Sie trennte sich Fritz Lang zuliebe zwar von ihrem Ehemann, dem Schauspieler Rudolf Klein-Rogge, dafür sicherte sie ihm in jedem von Langs Filmen eine Rolle.

Daß Henny Walden, Langs «kleine Zofe», vielleicht mehr als rein professionelles Interesse an dem Regisseur anmeldete, muß in von Harbous Haltung der jungen Autorin gegenüber eine Rolle gespielt haben. Wer auch immer Henny Walden in «Metropolis» einband – Pommer oder Lang selbst –, erwies ihr einen schlechten Dienst damit. Denn Thea von Harbou war keinesfalls geneigt, eine andere Frau als Drehbuchautorin neben sich zu dulden. Natürlich war sie zu schlau, um offene Abwehr zu zeigen. Sie lud Henny Walden ganz offiziell zu einer Drehbuchbesprechung ein, die jedoch in einer Katastrophe endete.

«Erste Drehbuchbesprechung. Sie sitzt auf dem Sofa und strickt. Ich weiß sofort – sie mag mich nicht. Er hört ihr zu und kritzelt alles mit. Wie unsicher er erst sie, dann mich

ansieht! Ihre Waffe ist Gelassenheit [unterstrichen]. *Sie wischt mich mit einem Nadelklappern zur Seite. Ich trage meine Ausarbeitung vor. Sie lächelt fein und zuckt mit den gezupften Augenbrauen. Ich bin schnell entlassen.»*

Die «schnelle Entlassung» aus diesem ersten Arbeitstreffen hatte Konsequenzen: Henny wurde aus «Metropolis» ausgeschlossen. Wer das Arbeitsverhältnis löste, bleibt unklar: War es Thea von Harbou? Lenkte Lang ein oder traf Henny Walden die Entscheidung selbst? Niemals wieder beschäftigte sich Henny Walden so intensiv mit einem Filmprojekt. Ihr Engagement verrät die Faszination für den Stoff, die künstlerische Herausforderung, der sie sich stellen wollte. «Metropolis» sollte die Krönung ihres monatelangen Arbeitens in der aufkeimenden Filmindustrie sein. Der Rückschlag traf sie tief.

«Lustlos. Mein Kopf ist noch voll von Metropolis, dieser Stadt, an der ich nicht mitbauen werde. Wenn ich doch alles vergessen könnte. Nachts erwache ich und starre in die Dunkelheit – stundenlang. Ich könnte arbeiten – aber nichts erfüllt mich. In mir nur Leere.» (August 1925)

Ausgerechnet jetzt mischte sich die Familie aus Neuruppin wieder in ihr Leben ein. Auch hier erfuhr die deprimierte Henny nur Ablehnung. Ein vom 13. September 1925 datierter Brief ihrer Mutter berichtet Neuigkeiten aus Neuruppin, die Henny Walden sehr verletzten.

Meine liebe Henriette,

Der Vater ist immer sehr zornig, wenn ein Brief von Dir kommt. Er bittet mich, die Korrespondenz mit Dir einzustellen. Wenn Du es doch endlich einsähest, daß auf Deinem Lebenswandel kein Segen liegt. Mir zerreißt es das Herz, Dir dieses schreiben zu müssen, aber es ist nun einmal so. Miechen (Wilhelmine) *und Hedi (*Hedwig*) schikken Dir Grüße. Die Hochzeit von Miechen war sehr feierlich. Mit herzlichen Grüßen, Deine Mutter*

Auch Wilhelmine meldete sich wenig später, offenbar nach einem zornigen und traurigen Brief von Henny.

Liebe Jette, Du kannst Dir nicht vorstellen, wie ich darum kämpfen mußte, Deinen Brief lesen zu dürfen. Die Sonne bringt eben doch alles an den Tag und der an Käthe gesendete Brief wurde von Ernst in Empfang genommen! Doch mein stundenlanges Weinen hat bei meinem lieben Ernst endlich den Ausschlag gegeben. Er besitzt nämlich ein sehr weiches Herz und ist überaus zartfühlend. Ich bin sehr traurig und kann Deine Auslassungen gut verstehen. Aber Du mußt wissen, daß ich Dich immer liebhaben werde. Ernst und Vater haben mir heftig abgeraten (Ernst hat mehr darum gebeten als geboten), Dir den Hochzeitstermin zu schreiben. Was sollte ich denn anderes tun? Ich mag mich Vater und meinem Mann nicht widersetzen. Ich hatte daran gedacht, Dir heimlich einen Brief zu schreiben, aber ich konnte doch meine Ehe nicht mit einer Lüge beginnen. Auch wollte ich unseren so lange herbeigesehnten Hochzeitstag nicht mit dem bekannten Ärger in der Familie belasten. Ernst, der diesen Brief lesen wird, bevor ich ihn absende, hat mir versprochen, daß ich weiter mit Dir korrespondieren darf. Bitte sei mir nicht mehr böse und bleibe mir gewogen. Deine Dich liebende Schwester Wilhelmine.

Die Tatsache, daß sie, die «halbseidene, verlorene Tochter», nicht einmal zur Hochzeit ihrer Schwester eingeladen wurde, war ein weiterer Schlag für Henny. Ebenso, daß weder ihre Mutter noch Wilhelmine einen anderen Weg sahen, als ihren Männern zu gehorchen. Im Kampf um die Liebe – diesmal die der Mutter und der Schwester – zog Henny Walden, wie so oft, den kürzeren.

Der Brief verzeichnet keine Adresse, ist «postlagernd» geschickt. Irgendwann im Sommer/Herbst 1925 hatte Henny Walden ihre Wohnung «unter'm Dach juchee» verlassen. Die Gründe dafür lassen sich nicht rekonstruieren.

Mit ihren Arbeiten für verschiedene Filmproduktionen hatte sie zumindest zu Anfang des Jahres nicht schlecht verdient. War diese Einnahmequelle wegen des Metropolis-Debakels oder aufgrund ihrer depressiven Verfassung versiegt?

Ihre Freundin Meta machte sich auf einer Postkarte Sorgen um sie:

«Wieder möbliert schreibst Du. Laß den Kopf nicht hängen, meine Henny. Die Sonne wird einmal wieder scheinen.»

Doch Henny Walden teilte den Zweckoptimismus der Freundin nicht. In einigen wenigen Zeilen, überschrieben mit *«Fünfundzwanzig und so alt»*, faßte sie ihre Lebenssituation zusammen:

Wenn eine Soubrette nicht mehr singt
Wenn ihr Lachen nur noch bitter klingt
Dann fährt der Leichenwagen vor das Haus
Und holt die toten Träume raus

So ganz tot waren die Träume dann doch nicht, obwohl Henny Walden im Jahr an keinem neuen Programm arbeitete. Karl Schulze, ihr Pianist, hatte sich anderweitig umgetan. Er arbeitete, wie ein Hinweis in der «B. Z. am Mittag» offenbart, den Henny Walden ausschnitt, beim neuen Unterhaltungsmedium Radio. «Hoch das Bein, und links, und Knie beugt» preist der kleine Artikel die musikalische Morgengymnastik auf «Welle 400» mit Karl Schulze am Klavier.

Die Freundschaft mit «Karlchen» erwies sich in dieser Not wieder einmal als stabil. Gewiß hatte sich ihr Pech mit «Metropolis» bei «Aschinger» herumgesprochen, und auch Karl wußte von ihren finanziellen Sorgen, denn die «Eldorado»-Auftritte lagen nun schon Monate zurück und zu neuen Filmprojekten konnte sich Henny offensichtlich nicht aufraffen. Schulze stellte die Verbindung zwischen Henny und seinem neuen Arbeitgeber, dem Radio, her. Hier verdingte sie sich als Sprecherin in den beliebten Hörfunkdramen. Erstaunlich, mit welcher Beharrlichkeit sich Henny Walden immer wieder aus eigener Kraft aus den tiefsten Löchern ihrer Existenz holte und mit welch unbekümmerter Frische sie neue Unternehmungen anging. Gerade noch in schwärzester Verzweiflung gefangen, mokierte sie sich noch auf demselben Blatt fast hochmütig: *«Radio! Dumme Rolle.»*

Wieder hatte die unermüdlich Suchende ein Betätigungsfeld gefunden. Bereits am 29. Oktober 1923 ging nach der Ansage «Hier Sendestelle Berlin, Voxhaus, Welle 400» die erste Radiosendung über den Äther. Das Programm, vor allem klassische Musik, änderte sich schnell und paßte sich dem Publikumsgeschmack an. Im Dezember 1923 gab es 1580 zahlende Rundfunkteilnehmer und sogar die erste inoffizielle Hitparade: «Und zum Schluß schuf der liebe Gott den Kuß» von Hugo Hirsch, gefolgt von «Hab ein blaues Himmelbett» von Lehár und zuletzt der aus Amerika importierte Evergreen «Ausgerechnet Bananen». Nur zwei Jahre später sah die Bilanz noch besser aus: Der Berliner Funkturm war gebaut und Ende 1925 zahlten bereits über eine Million Hörer Rundfunkgebühren. Man kann davon ausgehen, daß Henny Walden in ihrem möblierten Zimmer selbst kein Radio besaß – ein Detektorgerät kostete 30, ein Fernempfänger 400 und die monatlichen Gebühren 2 Reichsmark. Aber die, die sie erreichen wollte, und die es sich leisten konnten, hörten Radio, und Henny Walden war – wenn auch erst mit «dummen Rollen» im boomenden Geschäft der Hörspiele dabei.

Natürlich fühlte sich Henny Walden in diesem Umfeld wohl. Vereinte es doch alles, was sie konnte: flotte Musik, freche Texte – und vor allem das Versprechen, berühmt zu werden.

5 *«Justav macht das schon»*

1926–1927

Hab ich Durst, bringt er die Kanne.
Treff beim Singen in der Wanne
Ich mal wieder nicht den Ton.
Na, der Justav macht das schon.

Henny Waldens Aktivitäten in den Jahren 1926 und 1927 spannten einen großen Bogen. Sie arbeitete beim Radio, trat auf Kleinkunstbühnen auf und versuchte sich als Journalistin. Im Vordergrund stand aber, besonders im Jahre 1926, noch immer die Bewältigung der Demütigung, die sie bei der Mitwirkung an «Metropolis» erlebte. Was brachte sie so weit, daß sie sich wie seinerzeit bei «Die Nibelungen» als Komparsin bei «Metropolis» engagieren ließ? Die Hingabe an das verlorene Projekt oder die nicht bewältigten Gefühle zu Fritz Lang?

Nur eine Aufzeichnung ist aus dieser Zeit erhalten:

«Metropolis – der Film ist wie das wahre Leben. Unten die Arbeiter, die Statisterie, oben die Reichen, die echten Schauspieler. Heute großer Aufstand, weil der weiße Kragen der Helm (Brigitte Helm spielte die weibliche Hauptrolle) *verschwunden und der Ersatzkragen völlig zerknittert war. Da erinnert sich die Garderobiere für die Statisten, daß ich heute vor dem Umziehen ein Kostüm mit weißem Kragen trug. Blitzschnell werden alle weiblichen Statisten zusammengerufen. Die Garderobiere ruft durch ein Megaphon. Wo ist die Frau, die ich heute morgen abgepudert habe? Hanni, Jenny – schnell, ich brauche dringend den weißen*

Kragen. Meine einzige Sternstunde bei Metropolis: als ich vortrete, ruhen alle Blicke auf mir. Der Kragen paßt wirklich und wird hastig von meinem Kostüm abgetrennt und an Helms Jacke geheftet. L(ang) *war nicht im Atelier. Unglück im Glück. Bekomme einen Extralohn für den Kragen.»*

Als eine unter vielen anonymen Arbeiterinnen aus dem geknechteten Proletariat in der Zukunftsstadt Metropolis verfolgte Henny Walden also die Entstehung des geliebten Films. Besonders durch die abweisende Haltung Langs, die wir hier erahnen, eine mit Sicherheit erniedrigende Erfahrung. 1927 begegnete sie übrigens der Helm, von der im obigen Eintrag nur indirekt die Rede war, persönlich. Wie in fast allen Tagebuchnotizen verwendete Henny das Präsenz, was ihren Aufzeichnungen eine dynamische Direktheit verleiht.

«Sie sitzt ganz allein an einem Tisch bei Aschinger. Ich trete zu ihr und sage: ‹Frau Helm, wir haben den Film zusammen gemacht. Ich war die mit dem Kragen.› Sie guckt hoch, mit leichtem Mißtrauen. Der Hut sitzt ihr so wunderschön schief auf dem Kopf. Ich gestehe, daß ich nur Statistin war. Da lacht sie und sagt: ‹Da haben wir ja etwas gemeinsam.› Ich lade sie an den Stammtisch ein. Sie bezahlt.»

Leider berichtet das Tagebuch nichts über weitere Begegnungen, vielleicht fände man hier die Motivation der Helm, sich Mitte der dreißiger Jahre völlig aus dem Filmbusiness zurückzuziehen.

Die Souveränität, mit der Henny Walden dem Star Helm begegnete, gelang ihr jedoch erst nach der Premiere des Films. Obwohl sie im Herbst und Winter 1926 wie eine Besessene am Radio und an neuen Texten arbeitete, saß der Stachel der Zurückweisung tief.

In den «8-Uhr-Nachrichten» vom 13. Dezember 1926 ist folgender Artikel zu lesen:

Bambule bei Aschinger

Gestern abend gegen Mitternacht kam es im Speiselokal «Aschinger» zu einer Schlägerei. Die stark angetrunkene Soubrette H. von W. bildete den Auslöser für einen Krawall, in dessen Verlauf das Interieur des Lokals stark beschädigt wurde und mindestens eine gebrochene Nase zu beklagen war. Dem Vernehmen nach provozierte Frl. Walden mit rüden Bemerkungen über den Filmregisseur L. und die Schriftstellerin Th. von H. mehrere Gäste. Freunde von Frl. Walden eilten zur Verteidigung herbei und im Nu war eine Schlägerei im Gange. Die Geschäftsführung des Aschinger erwägt, Frl. Walden mit Lokalverbot zu belegen.

So schlimm kam es dann doch nicht: das «Aschinger» blieb Hennys Anlaufpunkt, wie ein tröstender Brief von ihrer Freundin Meta vom Januar 1927 belegt. *«Ich denke wohl, daß ich den Oberkellner Deines geliebten ‹Aschinger› einmal gesehen habe und es erfüllt mich mit Freude, in ihm einen Freund für Dich zu wissen. Ach, wenn ich doch einmal dabei sein könnte.»*

Neben Schwester Wilhelmine blieb Meta, die ehemalige Kollegin aus Theaterzeiten, Hennys einzige Vertraute. Die ihr zärtlich zugetane Schwester war mit ihrem rückständigen Leben für Henny Antrieb und Bestätigung zugleich, nicht so leben zu wollen wie ihre Schwester, trotz aller Sehnsucht nach Sicherheit und Geborgenheit, die eine Ehe ihr hätte bieten können. Meta dagegen war ihr Kummerkasten, ihr Korrektiv und ihre Anlaufstelle, wenn ihr Leben wieder einmal aus den Fugen geriet. Meta kannte die Sonnen- und Schattenseiten des Berliner Theaterbetriebs, sie konnte Henny also nicht nur wirklich verstehen, sondern wußte auch um die Flüchtigkeit mancher Probleme.

Schließlich konnte jeder neue Tag in Berlin der Freundin eine neue Chance bieten und den momentanen Kummer lindern. Sie selbst blieb ihrer Liebe zum Theater auf ihre Weise treu: Sie organisierte im Kieler Freundeskreis die Aufführung von Operetten und Singspielen. In einem Brief bat sie die Berliner Freundin um Libretti für Emmerich Kálmáns «Die Csárdásfürstin».

Meta begleitete den Zickzackkurs von Henny Waldens Biographie mit liebevoller Anteilnahme aus der Entfernung. Gerade die räumliche Distanz definiert diese Frauenfreundschaft. In Briefen konnte sich Henny Walden offensichtlich intimer und persönlicher mitteilen als im direkten Gespräch. Leider sind Henny Waldens eigene Briefe an Meta, die bis zu ihrem Tod im Jahr 1964 in Kiel lebte, verlorengegangen. Ihr einziger Sohn (geboren 1928) starb im Dezember 1996, nur wenige Monate bevor Max Gerstenberg den Nachlaß von Henny Walden fand.

Meta und Wilhelmine gaben Henny, was sie trotz des Stammtisches, trotz ihrer Bekanntschaft mit den unterschiedlichsten Menschen des Berliner Kulturlebens nicht mehr fand: freundschaftliche Nähe. Wie ein Motto schwebt Benns Gedichtzeile «Mein Weg flutet und geht allein» über die letzten Jahre, die sie in Berlin verbrachte. Die aufgeregte Neugier, die die frühen Tagebucheintragungen vermitteln, das zutrauliche Sichannähern an Unbekanntes und Neues, war einer mitunter von Melancholie geprägten Pragmatik gewichen. Noch immer schrieb Henny Walden Tagebuch, aber immer häufiger lesen sich ihre Eintragungen wie ein Merkzettel. Sie markierten vor allem die Höhepunkte ihres Lebens oder Begegnungen mit erfolgreicheren Kollegen, lakonische Reime, mit denen sie den Glanz und den Enthusiasmus der frühen Jugendjahre beschwört. Tiefschläge, wie den Verlust ihrer Arbeit an «Metropolis» sparte sie, die eifrige Schreiberin, fast aus, als seien sie ein beschämendes Schuldeingeständnis; lediglich einige Gedichtzeilen und bitter gefärbte Liedanfänge sind beredte Hinweise auf ihre seelische Verfassung. Henny Walden wurde sich ihres Problems zunehmend bewußt: Sie war angetreten, Berlin zu erobern, aber die Stadt widersetzte sich ihr noch immer. Wie würde es für sie weitergehen?

Es mochte Henny Walden mit Genugtuung erfüllt haben, daß Lang / Harbou ihrem Vorschlag folgten und «Metropolis» dreiteilig anlegten – obwohl diese Struktur nach Kritikermeinungen den Film nicht unbedingt verbesserte. Wie tief Henny der Ausschluß aus dem «Metropolis»-Projekt traf, belegt die Vielzahl von Kritiken, die sie nicht nur aufbewahrte, sondern mit wütenden Bemerkungen und Ausrufungszeichen versah. Der Film, mit über 5 Millionen Reichsmark Produktionskosten der teuerste deutsche Stummfilm, der bis dahin hergestellt worden war, löste eine kontroverse Presseresonanz aus. Henny Walden, die eine gründliche Recherche zum Thema Technik gewünscht hatte, muß dem bekannten Science-fiction-Autor H. G. Wells, dessen Kritik in der «Frankfurter Zeitung» abgedruckt wurde, aus der Seele gesprochen haben, als er den Film mit Worten verriß: «Der Film verabreicht in ungewöhnlicher Konzentration nahezu jede überhaupt mögliche Dummheit, Klischees, Plattheit und Kuddelmuddel über technischen Fortschritt überhaupt, serviert mit einer Sauce von Sentimentalität, die in ihrer Art einzigartig ist.»

Hennys Gefühl, der Stoff hätte «moderner» bearbeitet werden müssen, findet sich auch in einer Kritik des Gelegenheitsstammtischlers Bernard von Brentano wieder; vielleicht war sie sogar von Hennys Meinung beeinflußt:

«Zwei Jahre lang, 1925 und 1926, hat der Regisseur Fritz Lang an diesem großen Werk gearbeitet, den Roman und die Idee der Schriftstellerin Thea von Harbou zentimeterweise ins Filmische übertragen. Man spürt es so, daß man beinahe etwas andres lieber spüren möchte, daß hier mit großem Fleiß und altem Können ein ungewöhnliches Stück Arbeit geleistet wurde. Nun ist Liebesmüh nie verloren; nur kann sie zu spät kommen. Dieser Film kommt wenigstens drei Jahre zu spät. Er stammt als Einfall wie als Fabrikat aus der Inflation. Er entspricht verblüffend echt den stark übertemperierten (aber lauwarmen) Vorstellungen jener Epoche, daß er bereits historisch wirkt.» Dennoch: «Metropolis» schrieb Filmgeschichte und gilt bis heute als Meilenstein des Science-fiction-Genres. Was Henny Walden betrifft, spielte Thea von Harbou mit der von Henny zitierten «Gelassenheit» den stärksten Triumph aus: Sie verschwieg sie völlig. Warum auch nicht? Die Idee stammte von ihr, und es bleibt letztlich ungeklärt, wieviel von Hennys Anregungen und Ideen tatsächlich in den Film geflossen waren.

War die erste Hälfte des Jahres 1926 von finanziellen Nöten gekennzeichnet – *(«Ich möcht so gerne reich sein / am liebsten soll es gleich sein»)*, prägte die zweite Hälfte des Jahres ein Schaffensschub, getragen von der Hoffnung, im Radio als Soubrette zu reüssieren.

«Liebste Mama, ich schreibe Dir nun doch und hoffe von Herzen, daß Du meinen Brief nicht wieder zurückschickst. Denk Dir, bald wirst Du stolz auf Deine Jette sein. Ich arbeite beim Radio, ganz seriös als jugendlich Naive oder als die Gesellschaftsdame. Habt Ihr schon Empfang? Es ist wie im Theater, natürlich ohne Bühne und ganz ohne Requisiten. Nicht sehr anspruchsvoll, doch leidlich entlohnt. Ein Mal sind es nur ganz kurze Auftritte, ein anderes Mal spreche ich drei verschiedene Rollen in einem Stück. Ganz Berlin kann mich hören. Nachts schreibe ich Liedtexte für ein neues Programm. Ich bin so beschäftigt. Ich habe schon fünf kleine Liedchen zusammen. Mein Pianist Karl Schulze schreibt mir die Arrangements dazu»

So schrieb sie im Herbst 1926 an ihre Mutter, die jedoch der Anordnung des Vaters folgend ihren Brief ungeöffnet zurückschickte. Selbst die starre Haltung ihrer Eltern konnte Henny Walden nicht aus ihrem kreativen Hoch reißen, von den fünf «kleinen Liedchen» sind drei überliefert.

Lied der möblierten Dame

Früher hab ich mir geniert.
Heute wohn' ich ungeniert – möbliert.
Weil mein Wohnen, so möbliert,
mir den Ruf nicht ruiniert.
Nach zehn Uhr abends kommt kein Herr
mir ungebührlich etwa – näher.

In meinem Zimmerlein
bin in der Nacht ich ganz allein.
Ich zähle meine Sorgen
Wie Sterne gold am Himmelszelt
Und hoff, daß am nächsten Morgen
doch ein Mann mit Geld – vom Himmel fällt.

Meine Wirtin meint es gut mit mir
Sie lädt so manchen Junggesellen ein,
Doch abends schließt sie ab die Tür
nach zehn Uhr muß ich anständig sein.

Wenn sie in ihrem Bette schnarcht
die Dielenbohle leise knarrt
Dann öffne ich die Zimmertür
Und der Wirtin Ehemann schlüpft rein – zu mir.

Früher habe ich mich geniert –
Doch heute wohn' ich ungeniert – möbliert.
Möbliert – des Mädchens letztes Abenteuer.
Und die Miete wird nicht teurer!

Henny Walden zeigte sich in diesem wie in anderen Liedern, die in dieser Zeit entstanden, der alten Chansontradition verhaftet, der Methode, die eine Geschichte mit Pointe erzählt – und schrieb eigentlich am herrschenden Zeitgeist vorbei. Schließlich feierte Berlin die hohe Zeit der Nonsense-Lieder im Stil von «Wer hat den Käse zum Bahnhof gerollt», «So lange nicht die Hose am Kronleuchter hängt», «Was macht der Maier am Himalaya» oder «Mein Papagei frißt keine harten Eier».

Der Mut oder das Talent für Gassenhauer ging ihr ab. Gewiß auch, weil ihr die Mitstreiter fehlten. Schlager entstehen meist als Koproduktion, aus dem angeregten Zusammenspiel von Texter und Komponist, aus dem schamlosen Rückgriff auf den tantiemenfreien Volksmund, aus dem Gespür, den größten Quatsch mit einer zündenden Melodie zu versehen. Es ist nicht bekannt, ob Karl Schulze allein die Vertonung von Henny Waldens Liedern vornahm. Am Anfang ihrer Zusammenarbeit betonte sie es, später schrieb sie, er würde die Lieder «arrangieren», was darauf hinweisen könnte, sie selbst habe zumindest einige Melodien komponiert. Henny Walden blieb es verwehrt, das künstlerische Pendant zu finden, das ihren zweifellos originellen Ideen einen kreativen Widerpart geboten hätte. Auf sich selbst gestellt, schrieb sie immer allein und scheiterte an ihrem Bemühen, trendgerechte Lieder zu verfassen. So mißlang ihr auch der Versuch, das absurd Komische, in seiner Kombination aus Dreistigkeit und Charme so ungemein Berlinerische, das in der Hauptstadt Konjunktur hatte, in einem Lied im Berliner Dialekt einzufangen.

Im Radio

N' junget Meechen aus Berlin
det zog es schwer zur Bühne hin.
Es wollte spielen wie die Duse
hinten hieß es Meyer, vorne Suse.

Zu seinem jroßen Un-je-lücke
war et doch ziemlich dicke
Ne, watn Jammer, sagt ein Librettist.
Det Fallstaff keene Frauenrolle is'.

Auch beim Film hatt's keen For-tüne
Wo es sein Glück danach versucht
N' Produzent fuhr mal mit ihm in't Jrüne
und hat danach sie nie gebucht.

Doch det Leben ist nun einmal so:
einmal traurig, einmal froh
schließlich kommt det Meechen dann –
eines Tags beim Radio an.

Ne, sowat hörte man noch nie.
Im Sprechen ist det Mädel ein Genie!
Jesicht, Fijur – det sieht man nicht
weil Radio nur für Ohren ist.

Männerohren heiß erglühen.
Vor dem Radio im Dämmerlicht.
Wenn Suse von der Liebe spricht
laßt Liebesträume sie erblühen.

Det Leben ist nun einmal so:
einmal traurig, einmal froh
Ist deine Schale nur soso,
versuch es mal beim Radio.

Gerade die Unbeholfenheit und das Bemühte der Verse verraten den eigentlichen Grund für Henny Waldens Mißerfolg: Sie war eigentlich nicht unbegabt, doch es fehlte ihr die Leidenschaft, die Lust am puren Blödsinn, die Chuzpe für das sinnfreie Reimen. Gerade ihre Lieder aus dem Jahr 1926 zeigen sie in einer künstlerischen Sackgasse – für das klassische Chanson einer Blandine Ebinger oder die freche Derbheit einer Claire Waldoff fehlte ihr die Tiefe. Für die beschwingten Schlager mangelte es ihr an der souveränen Finesse eines Walter Kollos, der gemeinsam mit dem Textdichter Hermann Frey den Käse zum Bahnhof rollte und sich über die Eßgewohnheiten eines eierablehnenden Papageis verbreitete. Denn, obwohl Frey und Kollo in Wahrheit diese Lieder als Parodien über den neuen Nonsense angelegt hatten, schlugen sie ein. Maurus Pacher bringt das in seinem Buch «Sehn Sie, das war Berlin» auf eine Formel: «Ihr Nonsense ist immer noch vom Besten und hat all das, was eine Parodie nicht haben sollte – die herzerwärmende Vergnügtheit.» Genau diese «herzerwärmende Vergnügtheit», die in den Melodien, die heute noch Evergreens sind, spürbar ist, war Henny Walden nicht gegeben.

So war es doch letztlich das Kleinbürgerliche, das sie daran hinderte, wirklich Fuß zu fassen In ihrem Herzen blieb Henny Walden das Mädchen aus der Provinz, das sich zwar intellektuell von seiner Herkunft und seiner Erziehung absetzen wollte, aber emotional tiefer an sie gebunden blieb, als ihr lieb war. Noch gravierender für ihre künstlerische Entwicklung war der Umstand, daß es ihr nicht gelang, Menschen an sich zu binden, die sie kreativ weiterbrachten oder einen – vorzugsweise – männlichen Mentor zu finden, der ihr den Weg ebnete. Greta Garbo fand ihn in Mauritz Stiller, der sie mit in die USA nahm und den Mythos der Göttlichen erst ermöglichte. Für die Diseuse Blandine Ebinger war es Friedrich Hollaender, für

Marlene Dietrich von Stroheim. Wir erinnern uns, selbst die «Nackttänzerin» Celly de Rheidt, die Henny Anfang der zwanziger Jahre beeindruckte, wurde erst durch die Mithilfe ihres Mannes und Agenten zum Markennamen. Dabei beruhen diese erfolgreichen Künstlerpaarungen durchaus auf einem partnerschaftlichen Element, wie es die Verbindungen von Fritzi Massary und Max Pallenberg, Else Lasker-Schüler und Herwath Walden, Kurt Weill und Lotte Lenya oder Fritz Lang und Thea von Harbou zeigen. Wie heute Idealmaße aus einem hübschen Mädchen noch lange kein Supermodel machen, so machte Talent aus Henny Walden eben keinen Star. Ihr fehlte das Charisma, die Aura, mit denen sie Menschen hätte einfangen müssen. Sie besaß keinen intellektuellen Reiz, keinen originellen Witz – nur eine Ahnung von dem, was sie wollte und doch nicht erreichen konnte.

So feierte Henny Walden ihre Erfolge und Mißerfolge allein. Dabei lenkte eine beinah grausam anmutende Zwangsläufigkeit ihr Schicksal: Immer wieder bescherte es ihr nach einer Phase der Verzweiflung eine neue Chance, um sie später um so härter zu beuteln. Auf den Tiefschlag «Metropolis» folgte Ende 1926 ein neuer bescheidener Höhepunkt, der jedoch fast wieder im Nichts verlief.

Der geradezu programmatischen Aufforderung «Versuch es mal beim Radio», mit dem sie respektlos das neue Medium durch den Kakao zog, bevor sie dort reüssierte, leistet sie selber Folge. *«Endlich durfte ich vorsingen!»* notierte sie in einem für jene Zeit selten überschwenglichen Tagebucheintrag vom 28. Oktober 1926. *«Gelächter und Applaus danach! Das haut hin, sagt einer. Ich bin mit Justav dabei. Justav, Justav, bring mir Glück!»*

Im November 1926 trug sie bei einem großen Radiokonzert ihr Lied *«Justav macht das schon»* vor, ein frivoles Musikgeplänkel zwischen Operette und Chanson, in dem ein Mann namens Justav der kokett hilflos spielenden Henny mit zupackender Männlichkeit aus jeder Verlegenheit hilft. Ob aus Kalkül oder purem Zufall: die Entscheidung, dem so überaus geschickten Herrn, den urberlinischen Namen Justav zu geben, erwies sich als Glücksgriff. Wohl auch, weil die beim Rundfunk Verantwortlichen nichts dagegen hatten, daß der so Besungene den Vornamen des populären Reichskanzlers und Friedensnobelpreisträgers Stresemann trug, der Deutschland 1926 den Eintritt in den Völkerbund verschaffte. Die Überschrift «Justav macht das schon» war ganz nach dem Geschmack der frühen Radiomacher: frech, vertraulich, gassenhauerverdächtig. Daß der von Henny Walden Besungene mit dem seriösen Staatsmann überhaupt keine Ähnlichkeit aufwies, war dabei eher von Vorteil. Getreu dem Berliner Motto: «Wir ham von nischt nichts jewußt!»

Justav macht das schon

Fehlt zu meinem Lebensglück
abends mir die Zigarette
holt mein Justav, ach der nette
mir bestimmt so dreizehn Stück.

Hab ich Durst, bringt er die Kanne.
Treff beim Singen in der Wanne
Ich mal wieder nicht den Ton.
Na, der Justav macht das schon.

Steh' ich nackt auf dem Balkon,
hab den Morgenrock vergessen,
Frühstück ist noch nicht gegessen –
Na, der Justav macht das schon.

Ist mir abends einmal kühl
Kommt der Justav mit Gefühl
Dann spricht nur noch die Passion.
Na, der Justav macht das schon.

Das Lied ist das einzige Tonzeugnis von Henny Walden. Es wurde zusammen mit Erwin Hartungs «Ich hab das Fräul'n Helen baden sehn» und anderen Schlagern auf Platte gepreßt. Die Aufzeichnung zeigt Henny Waldens wahres Talent als Entertainerin. Ihre Stimme unterschied sich wenig von anderen Sängerinnen ihrer Zeit, doch ihr Vortrag hatte Qualität. Wichtiger als das, was sie singt, ist, was nicht gesungen wird.

In ihrem Nachlaß findet sich eine Rezension des großen Rundfunkkonzerts aus der «Vossischen Zeitung», in dem Henny Walden viel Platz eingeräumt wurde.

«Mit ‹Justav macht das schon› erwies sich die Soubrette Henny Walden als Meisterin der Kunstpause. Wie sie erst zögerte, dann wieder hastig haspelnd den Rhythmus der Musik einholte, um dann wieder unverschämt lange ein keckes ‹Na?!› zu dehnen, war gekonnt. Sie gab ihrem Refrain ‹Justav macht das schon› eine augenzwinkernde Doppeldeutigkeit. In diesem Lied wurde mehr geatmet als gesungen, und die in die Länge gezogenen Silben ließen ein entzückend frivoles Fresko vor dem Auge des Zuschauers entstehen. Kein Zweifel, was der besungene Justav unternimmt, um die Dame in Nöten zum Treffen des richtigen Tones zu bringen!»

Das Rundfunkkonzert und die Platte mit «Justav macht das schon» hatte für Henny zwei Konsequenzen. Die erste war für ihr künstlerisches Leben eine Katastrophe. *«Böser, böser Zank mit Karl. Wie kann er mir das antun? Ich wüte, daß es mich schier zerreißt!»* Ein Brief von Meta erklärt den Grund für ihre Wut.

«Sei doch nicht so verzweifelt, meine liebe Henny. Ich verstehe wohl, daß Du grob enttäuscht bist von Karl. Aber denk doch mal an Deinen großen Erfolg! Henny beim Rundfunkkonzert! Ich bin so stolz auf Dich und für Karl ist das Rundfunkorchester doch ein großes Glück, das Du ihm gönnen mußt. Ich bin sicher, daß es weiter bergauf geht.»

Das Engagement von Karl Schulze war für Henny Walden in zweierlei Hinsicht ein schwerer Schlag: nicht nur verlor sie ihren treuen Verbündeten und Mitstreiter der letzten Jahre, sondern wieder einmal mußte sie sich damit abfinden, daß nicht sie, sondern ein anderer «entdeckt» wurde. Ob aus Furcht, dem abtrünnigen Karl Schulze beim Rundfunk zu begegnen, oder weil sie aus nicht bekannten Gründen nicht mehr engagiert wurde – kurz nach dem großen Rundfunkkonzert endete Hennys kurze Laufbahn als Sprecherin beim Radio.

Die zweite Konsequenz des Rundfunkkonzerts war ein Engagement in dem schäbigen «Domino Club», in der Leipziger Straße, einem drittklassigen kleinen Revuetheater, das ein Mittelding von «Fleischbeschau» und Artistik bot.

Daß der findige Veranstalter den Zusatz «Henny Walden, bekannt aus dem großen Rundfunkkonzert» auf das Programmblatt druckte, war als Werbemittel notwendig. Denn Berlin huldigte seit einigen Jahren schon wieder einer neuen, sich in Superlativen übertreffenden Mode: der effektvollen Ausstattungs-Revue. So warb die Komische Oper mit reißerischen Ankündigungen wie «Diese Revue ‹Das hat die Welt noch nicht geseh'n› übertrifft fraglos alle Revuen der Welt ...» Ob in der Komischen Oper, im Großen Schauspielhaus, das Erik Charell um 1924 in ein Revuetheater umwandelte, oder in Hermann Hallers Admiralspalast: von der «Modeschönheit» über eine «New

Yorker Jazzband» oder «dressierte Seehunde» überschlugen sich die Attraktionen und Ausstattungsorgien. So soll der Vorhang im Admiralspalast aus echter Goldspitze und weißem und schwarzem Pelz gewesen sein. Die Revuen wurden in Bilder unterteilt, die durch eine meist an den Haaren herbeigezogenen Rahmenhandlung miteinander verbunden waren.

Bernard von Brentano, als Berlin-Korrespondent der «Frankfurter Zeitung» dem gebildeten Kulturjournalismus verpflichtet, spöttelte im August 1926 in einem «Lebendiges Panoptikum» betitelten Feuilleton: «Die Ausstattungskosten einer heutigen Revue (die Erkundungsfahrten der Direktion nach Paris und London einbegriffen) sind größer als die von zwanzig Theaterstücken. Deswegen muß eine Revue, soll sie sich rentieren, auch ein Bühnenleben führen, so lang wie zwanzig Theaterstücke zusammen. Das Hindernis Erfolg wird jedes Jahr höher. Publikum und Konkurrenz, beide durch Erfahrungen gewitzt, schrauben es hinauf. Der geplagte Direktor sieht sich gezwungen, einen gewaltigen Anlauf zu nehmen. Dem Zuschauer erwächst daraus sein Sondervergnügen: er kann sich in jährlichen Zwischenräumen das allmählich halsbrecherische Kunststück solchen Hochsprungs mit ansehen.»

In der Saison 1926/27 nahmen in Berlin allein 13 große Revuen an diesem «Hochsprungwettbewerb» um die Gunst des Publikums teil! Und Henny Walden? Ob sie sich überhaupt um ein Engagement an einem der Revuetheater bemühte, das ihr, durch den ungleich aufwendigeren Werbeaufwand, unter Umständen eine größere Bekanntheit beschert hätte? Anzunehmen ist es. Selbst Claire Waldoff donnerte in einer Nummer von Friedrich «He-helene» Hollaender in Erik Charells Musik Revue «Von Mund zu Mund», die am 1. September Premiere feierte, in einem Kampfwagen in den römischen Senat und gab ein selbstironisches Emanzenlied zum Besten: «*Raus mit den Männern aus dem Reichstag*».

Bei dieser Revue lernte die Waldoff übrigens Henny Waldens ehemalige Schauspielmitschülerin Marlene Dietrich kennen, die zwar nur drei kleine Lieder sang, aber bereits mit ihrem zweiten Auftritt das Publikum zu stehenden Ovationen hinriß. Die Sängerin und Tänzerin Tilly Losch, die, wie wir sehen werden, auch Henny Waldens Lebensweg kreuzte, erinnerte sich: «Ich kannte die Dietrich damals, und sie war ein zähes kleines Ding. Aber im Gegensatz zu den anderen hatte sie irgendwie Glamour.»

Neben dem Glamour eignete der Dietrich vieles, was Henny Walden abging: Die Dietrich verstand es, sich immer und überall in Szene zu setzen und mit kurzen Auftritten in Revuen Eindruck zu hinterlassen. Sie verkehrte im «Romanischen», an verschiedenen Stammtischen und zog mit Gruppen junger Schauspielerinnen nachts durch die Bars am Kurfürstendamm, tauchte bei von Produzenten oder Musikern veranstalteten Partys auf. Ihr Biograph Donald Spoto führt aus: «[...] und wie diese [die Produzenten und Musiker] war auch sie freizügig und ungezwungen und immer darauf aus, Leute zu treffen, die ihrer Karriere nützen konnten.»

Wie anders verlief Henny Waldens Leben. Sie hatte einfach kein Talent dafür, sich selbst zu verkaufen. Während die Dietrich nachts den Markt sondierte und sich das Image einer Frau von erotischer Rätselhaftigkeit und unterhaltsamer Gesellschaftsdame zulegte, die keiner sexuellen Anzüglichkeit, keinem gewagten Tanz oder frivolen Witz abhold war, trug Henny Walden ihre Verzweiflung am Stammtisch bei «Aschinger» unter zuviel Alkohol zur Schau. Der Dietrich, die für ihre Abstinenz bekannt war, gelang die Mischung aus bürgerlichem Moralismus, der ihre Kindheit geprägt hatte, und aufregendem individuellem Stil. Henny Walden dagegen litt weiter an der Unvereinbarkeit ihrer Herkunft und ihrer Bohème-Existenz. Ihr fehlte die skrupellose Leidenschaft, der Biß, das unbedingte Wollen.

Die Dietrich hatte ein Händchen dafür, sich mit den richtigen Leuten anzufreunden. Hennys Freund Géza von Cziffra erinnert sich in seinen Memoiren: «Ihr Ehrgeiz war der Film, wenn sie es auch nicht zugab. Wir – unser Stammtisch bei Mutzbauer – versuchten alles, um ihr zu helfen. Es wurde kein Film in der Cicerostraße [hier saß die efa Film] gedreht, bei dem ich bei den Besetzungsgesprächen nicht mindestens einmal einen Stoß Fotos von der Dietrich vorgelegt hätte ...»

Die Bekanntschaft mit Claire Waldoff war, wie man heute weiß, von großer Bedeutung für Marlene Dietrichs Karriere. Beeinflußte die offensiv lesbische und bei den Berlinern ungemein beliebte Sängerin, deren eigenwilliger Stil sie zu einer Ausnahmeerscheinung in der Kabarett-Szene machte, doch den späteren Gesangsstil der Dietrich stark. Wie die Waldoff sang Marlene Dietrich nicht einfach, sondern schnurrte, flüsterte und sprach. Dazu entwickelte sie später, vielleicht bewußt im Gegensatz zum starken physischen Einsatz der Waldoff, die auf der Bühne herumtobte, einen ganz eigenen lässigen Stil, der ihrem Vortrag eine passive müde Eleganz verlieh.

An den Stammtischen und in den Bars wußte es nach der Premiere von «Von Mund zu Mund» bald jeder: Die Dietrich und die Waldoff haben eine Affäre. Obwohl die Dietrich aus vielen Beziehungen klug Kapital schlug, war sie kein kaltherziges Monstrum, das nur die Karriere im Blick hatte. Sie war in diesen Jahren tatsächlich das faszinierende Nachtgeschöpf, das mit Humor und Esprit, mit sinnlicher Lust und Lebensfreude das tolerante Leben, das ihr die 20er Jahre bescherten (obwohl sie bereits verheiratet und

Mutter einer kleinen Tochter war), genoß. Dietrich-Biograph Donald Sponto dazu: «Sie setzte Sex nicht als Tauschmittel ein, um einen Vorteil zu erlangen; für sie war Sex einfach eine Art Schmeichelei und Freundschaftsbeweis. Bei Männern versuchte sie vermutlich, jene Anerkennung zu erlangen, die ihr sowohl ihr Vater als auch ihr Stiefvater stets verweigert hatten; Intimitäten mit Frauen dagegen waren für sie eine ganz natürliche Angelegenheit.»

Im Gegensatz zu Henny Walden, die ihr ganzes Berliner Leben um eine persönliche wie künstlerische Identität rang, lebte Marlene Dietrich ihren exzentrischen Lebensstil einfach aus: sie war authentisch.

Während auf den Bühnen der Revuetheater echte Paradiesvögel durch die Kulissen stelzten und Marlene Dietrich in «Von Mund zu Mund» populär wurde, trat Henny Walden zwischen einem ungarischen Xylophon-Künstler und Pierre Le Chant, dem «größten Natur-Pfeifer von Paris» (er brachte laut Programm-Ankündigung «Meisterwerke von Wagner und Mozart mit dem Munde zu Gehör!»), im heruntergekommenen «Domino-Club» auf.

Ganz ohne Resonanz blieb Henny Waldens Programm dennoch nicht. Im «Berliner Tageblatt» lobte ein Rezensent:

«Für den verwöhnten Geschmack mögen die Attraktionen des Domino-Cabaretts Löffelerbsen mit Wurst sein. Doch ein Lichtblick in dem krausen Allerlei, das mit unangezogenen Damen und artistischen Zwergen auf der Bühne erscheint, ist doch zu finden. Manch einer mag sich noch an Henny Walden, die Soubrette aus dem Nichts erinnern. Sie empfängt uns wie im Chambre séparé, im seidigen Morgenrock auf einem Diwan auf der Bühne lagernd, plaudert sie halb singend, halb sprechend von Mode, Manieren und Moral. Sie parliert über Schönheitspflege und Sehnsüchte und spöttelt über einen Tropf namens Gustav. Mit dem Zucken einer Schulter entführt sie in parfümdurchrauschte Lüstersäle oder den miefigen Dunst eines möblierten Zimmers. Dabei tändelt sie mit einer Zigarette, dreht sie liebevoll in den Fingerspitzen hin oder stößt sie mißgestimmt beiseite. Man weiß es nicht, zürnt sie mit dem (überaus schlechten) Orchester oder mit dem Leben? Einmal ist sie girl, dann große Dame, dann wieder naiv, dann durchtrieben. Danach kommt eine Pudeldressur. Diese Revue hat nur ein Bild. Ich glaube, wir haben uns verstanden.»

Dieses Engagement festigte Henny Waldens Verwurzelung in einer Szene abseits des offiziellen Kulturbetriebs. Sicherlich waren der «Domino» Club wie auch das «Eldorado», wo sie bekannt war, keine schlechten Empfehlungen, doch Henny Walden besaß weder die Weltläufigkeit noch die Eleganz einer Dietrich, um ihre Auftritte in diesem Rahmen zur pikanten Extravaganz zu stilisieren. Im Gegenteil: Sie gehörte mittlerweile zum Inventar dieser als «zwielichtig» verschrienen Etablissements, in denen Schauspieler oder Bühnengrößen zum puren Amüsement als Gäste auftauchten. Sie tanzten, lachten, beklatschten, gewiß das eine oder andere Mal ehrlich begeistert, mit arroganter Nonchalance das gebotene Programm, vielleicht johlten sie zu fortgeschrittener Stunde den Refrain «Justav macht das schon» mit und gaben, bejubelt von Freunden und angefeuert vom Alkoholgenuß, selbst einmal eine überraschende Gesangs- oder Tanzeinlage zum Besten. Dann verließen sie in den frühen Morgenstunden frohgelaunt das Lokal. Am nächsten Tag eilten sie wieder ins Theater oder Filmstudio und wählten in der nächsten Nacht einen neuen Anlaufpunkt für ihre Vergnügungen. Henny Walden jedoch blieb zurück. Die Feiern der anderen waren für sie Arbeit.

Im Frühsommer 1927 trat sie im lesbischen Nachtclub «Mirakel» in der Skalitzer Straße auf.

Die großen Revuen und Lichtreklamen tauchten Berlin zwar in glitzerndes Neonlicht, der harmlose Jux nahm die neue Bürgerlichkeit liebevoll, ohne sie zu verletzen, auf die Schippe – wer wollte schon sein zahlendes Publikum vergrätzen? Daneben existierte, wenn auch weit weniger prominent als noch kurz nach Kriegsende, wo das vielzitierte «Laster» melodramatisch einen Boom feierte, eine bunte Szene von Transvestitenbars wie das «Für immer treu»; Homosexuellen-Clubs wie das «Eldorado» oder, wie Géza von Cziffra sie spitzfingrig beschreibt, «Lokale, in denen sich sapphische Damen trafen» – eben wie das «Mirakel».

Das Lied «Claire und Marlene», das Henny Walden für ein Programm im «Mirakel» schrieb, ist «Der pyramidalen Babette» gewidmet. Sollte tatsächlich die alte Bekannte aus Henny Waldens frühen Berliner Jahren damit gemeint sein? Das täppische Adjektiv «pyramidal» könnte ein Hinweis auf den Frauenclub «Pyramide» sein, den Henny Walden Anfang der zwanziger Jahre mit dem staunenden Blick des Neuankömmlings besuchte. Henny Walden outet sich mit keinem Wort als Lesbierin, obwohl sie mehrfach erwähnt, wie geborgen und wohl sie sich im «Mirakel» fühlt. Auch die Zueignung der Lieder, die Thematik und die Tatsache, daß sie noch weitere Lieder für ihre Auftritte im «Mirakel» schrieb, deuten auf eine Affinität zum Umfeld des von ihr so geliebten Nachtclubs. Vielleicht war Henny einfach bisexuell – in ihren Tagebuchnotizen jedenfalls findet sich darüber nichts. Da sie selbst ihren Nachlaß zusammenstellte, könnte sie entsprechende Aufzeichnungen auch vernichtet haben. Fest steht, daß sich mit der Beschäftigung im «Mirakel» ihre Lebensumstände und ihre Stimmung erheblich besserten. Im August 1927 bezog sie eine Einzimmerwohnung in der Katharinenstraße, einer kleinen Seitenstraße am unteren Ende des Kurfürstendamms.

Die in dieser Zeit entstandenen Texte sind von neuem Frohsinn und Lebensmut erfüllt. Vergnügt schickte sie Freundin Meta ein Geburtstagsgedicht, von dem ein Entwurf erhalten ist.

Für Meta zum Geburtstag

Heute an Deinem Ehrentage
Liebe Grüße gehn zu Dir
hier aus meiner Belétage
und ich wünschte, Du wärst hier.

Selten früher, meistens später –
Nimmt die schlechte Zeit Reißaus.
Freu Dich mit mir, liebe Meta,
Ich hab wieder ein Zuhaus.

Eigene vier Wände, ein «Zuhaus» – erschienen Henny Walden nach den Monaten im möblierten Zimmer – vielleicht war sie auch durch Hotels und Absteigen vagabundiert – genauso wichtig wie die Karriere. So wie sie das neue Heim feierte, wandte sie sich mit der ihr eigenen zupackenden Vitalität dem neuen Engagement und den damit verbundenen neuen Themen zu. Man kann davon ausgehen, daß sie Lieder wie «Gustav macht das schon», «Schwarz und Weiß» und natürlich «Vielleicht aus Paraguay» sang. Doch die Lieder «Claire und Marlene» und «Tilly», das mit Sicherheit auf die bereits erwähnte Tilly Losch, einer schillernden Figur in der Lesbierinnenszene gemünzt war, entstanden eigens für das «Mirakel».

Claire und Marlene

Der pyramidalen Babette zugeeignet

Wer träumt nicht von blondem Haar,
seidig unterm Fingerstrich?
Seligkeiten im Boudoir,
Doch der Geist ist jungfräulich.

Sehnt man sich nach Geisteskraft,
Die ein Intellekt verspricht –
Ist das Hirn oft fabelhaft –
nun, der Rest ist fürchterlich.

Clai-re und Marlene
Die eine Kopf, die andre Beene
Ach, was wär das eine Schau
Wär'n die beiden eine Frau!

Die eine groß, die andre klein.
Die eine klug. Die andre? Nein!
Die eine schön, die andre – fein!
Wie das klappt beim Stelldichein.

Welch ein Glück für unsere beiden,
Sie sind wirklich zu beneiden –
Wie zwei Hälften einer Frucht –
Sie trennt nur die Eifersucht.

Clai-re und Marlene
Die eine Kopf, die andre Beene
Ach, was wär das eine Schau
Wär'n die beiden eine Frau!

Daß Henny Walden in ihrer Liebesode an das «süße Menschenkind Tilly» nicht nur das gerade aufgekommene Symbol für lesbische Liebe, das Veilchen, besang, sondern sich frech den Claire Waldoff-Erfolg «Warum soll er mit ihr» («nicht mal konditern gehn») aus der Charell-Revue «An Alle» vornahm und vermutlich zu derselben Melodie vortrug, wird beim eingeweihten Publikum für zusätzliche Heiterkeit gesorgt haben.

Tilly

Warum soll sie mit ihr
nicht mal zum Segeln gehen
Warum soll sie beim Tango
Nicht mal vor ihr stehn?

Warum soll sie mit ihr
Wenn der Sommer lacht
Nicht zum Baden gehen
weit nach Mitternacht?

Tilly, Tilly, süßes Menschenkind
Wie ein Veilchen biegst Du Dich im Wind
Süß und duftend und im Schatten
wie so Veilchen sind.

Warum soll sie mit ihr
nicht mal was ausprobiern
warum soll sie sich immer
nur dafür genieren?

Warum soll sie mit ihr
nicht mal ein Eis vernaschen?
Warum soll sie sie nicht mal
zum Frühstück überraschen?

Tilly, Tilly, süßes Menschenkind
Wie ein Veilchen biegst Du Dich im Wind
Süß und duftend und im Schatten
wie so Veilchen sind.

Warum kann sie mit ihr
nicht mal im Park spazieren
Hand in Hand, Mund an Mund
Untern Linden flanieren?

Warum soll sie mit ihr,
nicht was sie will?
Wenn sie könnte, wie sie wollte
wenn sie täte, wie sie möchte
wenn sie lebte, wie sie wünschte
Wären die andren endlich still.

Henny Walden hielt den Kontakt zu Géza von Cziffra weiterhin aufrecht. Er lud sie immer wieder großzügig ein. In seinen Memoiren schreibt er, der nicht nur einen riesigen Freundeskreis hatte, sondern auch eine Vielzahl von Amouren, Affären und Verhältnissen quer durch Berlin, durch alle Berufsgruppen und sozialen Schichten unterhielt, immer wieder mit liebevoller Nostalgie von den vielen Frauen, die ihn in dieser Zeit eine Nacht oder länger begleiteten. Manchmal verschwieg er aus Diskretion ihre Namen, manchmal, gab er offen zu, hatte er sie schlicht vergessen. Henny Walden mag eine dieser vielen Bekanntschaften gewesen sein, die den umtriebigen von Cziffra verehrten, ihn amüsierten und ihm gefielen. Während sie abends im «Mirakel» auftrat, tauchte von Cziffra mit Sicherheit von Zeit zu Zeit auf. Ihr Tagebuch verzeichnet auch immer wieder Mittagessen im österreichischen Restaurant «Mutzenbacher» in der Marburger Straße, wo von Cziffra Mitglied einer seiner vielen Stammtische war. Mit Sicherheit war es von Cziffra, der Henny ermutigte, sich wieder journalistisch zu betätigen. Der Ungar war nicht nur bekannt wie ein bunter Hund, er war der Schnittpunkt vieler unterschiedlicher Kreise und in der Filmbranche wie im Literaturbetrieb und im journalistischen Milieu wie in der Theaterwelt als kritischer Beobachter anerkannt.

Von Cziffra war ein Kommunikator, ein kreativer Tausendsassa, der Menschen zusammenbrachte und in künstlerischen Notfällen mit einem Blick in sein dickes Adreßbuch aushelfen konnte. Als Kontaktbörse dienten ihm dabei die unterschiedlichen Stammtische, unter anderem im «Romanischen» oder im «Café Reimann». Einmal fragte ihn beispielsweise sein Landsmann, der Schriftsteller Franz Molnár nach einem Sachsen, der ihm einige Sätze in den sächsischen Dialekt übersetzen könnte. Molnár hatte in einer Novelle eine Figur konzipiert, die sächselte. Von Cziffra empfahl ihm Erich Kästner. Der lehnte diese Aufgabe zwar als billigen humoristischen Kunstgriff ab, die Episode illustriert jedoch von Cziffras Ruf, im richtigen Moment den passenden Namen parat zu haben.

Vor dem Hintergrund dieser Anekdote kann man sich gut vorstellen, wie von Cziffra eines Tages vielleicht gefragt wurde, ob er nicht einen Kulturkorrespondenten für die *Bécsi magyar ujság* (Wiener-Ungarische Zeitung) empfehlen könne. Jung sollte die Person sein, sich auskennen im Berliner Unterhaltungsgetriebe und vielleicht noch etwas Eigenes haben, das ihre Texte auf besondere Weise lesenswert und glaubwürdig machte. Und wenn man den Gedanken weiterspinnt, kann man sich vorstellen, wie Géza von Cziffra, der selbst für verschiedene ungarische, aber auch Berliner Zeitungen schrieb, seine Kollegen vor seinem inneren Auge vorbeiziehen ließ. Irgendwann kam er vielleicht auf Henny Walden, die zwar nur wenig journalistische Erfahrung, aber Wortwitz und Textsicherheit aufwies. Außerdem war sie, wenn auch nur am Rande (aber welcher Leser der «Wiener Ungarischen Zeitung» würde es schon selbst nachprüfen), Teil des Berliner Kulturlebens. Warum wurde nicht ein der ungarischen Zunge mächtiger Journalist mit dieser Aufgabe betraut? Henny Walden konnte natürlich kein Ungarisch, und sie wird ihr Honorar mit einem der vielen in Berlin lebenden Ungarn geteilt haben, der ihre Texte ins Ungarische übersetzte. Aber sie nahm das Angebot an und verfaßte bald Theaterkritiken und kurze Glossen, von denen einige Entwürfe in ihrem Nachlaß erhalten sind.

Die neue Aufgabe bot Henny Walden einen völlig neuen Zugang zum Berliner Kulturleben. Wenn sie nicht selber auftrat, fand man sie jetzt öfter als Berichterstatterin in den Revue-Theatern oder Lichtspielhäusern, am Stammtisch beim «Aschinger», den sie niemals völlig aufgab. Mit neuem Selbstbewußtsein näherte sie sich sogar dem verhaßten «Romanischen Café». Verwundert stellte sie, wie Notizen zu einem Artikel zeigen, fest, daß das Klima dort durchaus anregend und freundschaftlich sein konnte. *«Géza will mich an seinen Tisch holen. Ich wehre stolz ab: ich habe zu tun! Ich betrachte nämlich die Gäste! Wie konnten sie mir einst so groß und einsam erscheinen. Viele kenne ich. Betrunken, sich über dem Tisch erbrechend, eingenickt im Fauteuil eines Nachtclubs, in Begleitung von Verhältnissen, von denen keiner etwas wissen darf. Nur Menschen. Arme, ganz normale Menschen!»* (Tagebuch, Juni 1927)

In ihrem Artikel verlieh sie diesen «normalen Menschen» aber dennoch den Nimbus, den das «Romanische Café» so berühmt machte.

Berlin, Romanisches Café
Von Henny Walden

«Es gibt Menschen in Berlin, die sagen: ‹Ich lebe im Romanischen Café!› Das ist keine Übertreibung und auch keine Lüge. Denn alles, was außerhalb ihres Stammplatzes liegt,

wo sie ihr Getränk schlürfen, debattieren oder arbeiten, ist reine, fast tierhafte Existenz. Das Aufstehen, Rasieren, Ankleiden, der Gang durch die Straßen, der ihnen nur den einen Weg weist – alles nichts! Zu Menschen werden sie erst in der Luft des Romanischen. Das ist eine ganz besondere Luft, voller geheimnisvoller Stoffe, die einmal eingesogen sich in den Köpfen zu großen Ideen formt. In dieser Luft werden Romane geboren, Filme erdacht, Manuskripte vernichtet, bevor sie ein Buch sind, Poesien gedrechselt und Philosophien in den Kaffee gerührt.»

Henny Walden schrieb mehrere Feuilletons unter der Überschrift «Berliner Begegnungen». In einem verarbeitete sie ein zufälliges Treffen mit Bertolt Brecht, der seit 1924 in Berlin lebte und dessen «Mann ist Mann» 1926 gedruckt erschien.

«Der junge Mann war unrasiert und allein. Kaum, daß er aufblickte, als ich mich zu ihm an den Cafétisch setzte. Seine Tätigkeit, die schwarzen und weißen Figuren des Schachspiels auf dem Brett anzuordnen, unterbrach er nicht. Er hatte etwas Graues an sich, aber auch etwas Fiebriges – wie Asche über Glut. ‹Spielen Sie Schach?› – Ich blicke in spöttische, gleichsam brennende Augen. Wir spielten. Unwirsch schob er plötzlich das Brett von sich, als meine Dame ihn schachmatt setzte. ‹Ich spiele am liebsten mit mir selber.› Unvermittelter Aufbruch! Mütze auf und Abgang! Der Ober berechnete mir sein Bier. Ein hinzugetretener Freund lachte mich aus: ‹Mann ist Mann!› Ich nickte. Vielleicht ist es so: Von diesem Bertolt Brecht mag man viel erwarten, am wenigsten jedoch gute Manieren. Warum soll man nicht auch einmal die Wahrheit sagen?»

Hatte sie Brecht tatsächlich schon 1926 getroffen? Ist diese Episode so geschehen oder hatte sie sie sich ausgedacht? Möglich ist auch, daß Henny Walden hier eine Erzählung von Géza von Cziffra «ausleiht», der in seinen

Memoiren eine ähnliche Begebenheit mit Brecht erzählt. Die vielen Verflechtungen, das Zitieren, Verballhornen und Fabulieren, das skrupellose Wildern in den Texten der Konkurrenz, war schließlich in Berlin an der Tagesordnung, wie die oft frappierende Ähnlichkeit von Revue-Songs an den unterschiedlichen Theatern beweist. Und Bertolt Brecht selber schrieb einmal als Erwiderung auf einen – berechtigten – Plagiatvorwurf des renommierten Theaterkritikers Alfred Kerr: «... das erkläre ich mit meiner grundsätzlichen Laxheit in Fragen des geistigen Eigentums.»

Daß die «Wiener-Ungarische Zeitung» überhaupt ein Porträt mit dem damals noch recht unbekannten Brecht bestellte, der diametral zum mittlerweile von der intellektuellen Presse als «reaktionär» verschrienen Amüsierpöbel stand, könnte als Reflex auf das langsame Drehen des Windes gedeutet werden. Am Theaterhimmel dämmerte eine neue politische Ära.

Da Henny Walden jedoch weitgehend unpolitisch und mit Sicherheit wenig über die politischen Veränderungen in ihrer Umgebung informiert war, könnte es sein, daß sie die Begegnung mit Brecht vorschlug, zumal er inzwischen zum Kulturpersonal des Stammtisches gehörte.

Henny Walden erschloß sich den neuen Arbeitsbereich mit Eifer und augenscheinlich auch mit Spaß. Ihr Leben festigte sich in einem bescheidenen Rahmen, sie schöpfte Zufriedenheit aus ihrer Arbeit und dem geregelten Tagesablauf, der nach der Unrast der letzten Jahre für sie neu war.

«Es ist das Schreiben an sich, das Dich mit Glück erfüllt, schreibst Du. Wie dankbar mußt Du Dich schätzen, derlei vielfältig mit Begabung gesegnet zu sein. Ich konnte nur singen und, Du magst Dich an den vertrackten Tritonus erinnern, nicht einmal sonderlich gefällig. Schreibst Du wei-

ter Couplets oder bringst Du nunmehr Küchenlieder beim Plätten zum Vortrag?» fragte Freundin Meta, die Fröhlichkeit der Freundin aufgreifend, im Herbst 1927 brieflich an. Ohne Neid, aber auch ohne die spöttelnde Überheblichkeit mancher Kollegen verfaßte Henny Walden Texte, die oftmals ein Echo ihrer alten Berlin-Begeisterung widerspiegeln. Erhalten ist folgender Text, der sich mit der Mode der meist angloamerikanischen Girl-Truppen wie den Tiller-Girls auseinandersetzte, die in den 20er Jahren nach Europa kamen.

Hallo Girls
von Henny Walden

Was ist das? Es ist zehn Meter lang, hat 32 gepuderte Beine, 16 allerliebste Gesichtchen, die alle dasselbe verführerische Lächeln tragen. Diese wunderbaren Fabelwesen gibt es in Berlin überall zu bewundern, ob an den großen Bühnen oder in der kleinen Revue. Jetzt wird ein jeder Leser die Antwort auf das Rätsel wissen: Es sind die Girls. Sie kommen aus New York, Birmingham, manche auch aus Budapest und Berlin-Britz. Leichtgeschürzt werfen sie im perfekten Gleichklang ihre Beine, und jeder Zuschauer sucht sich sein Lieblingsgirl aus. Das ist gar nicht einfach, weil sie ja alle gleich aussehen. Die Spannung liegt darin, den ganz besonderen Unterschied unter den gleichen Kostümchen, den gleichen Masken zu finden. Welche ist mir die Liebste? Ist es die Kleine, deren Waden ein wenig runder sind? Oder die Große mit den klassischen Gesichtszügen? Kaum hat man sich eine ausgesucht, verschwindet sie schon wieder im Wirbel von verblüffend ähnlichen Beinen, Armen und Seidenplissees. Wer aber jetzt Anrüchiges im Sinn hat, der liegt ganz falsch. Die Girls sind die Nonnen der Moderne, sie proben fleißig am Morgen, tanzen in der Nacht und liegen nach der Aufführung brav in ihren Bettchen, denn die Zucht der Ballettmeister ist streng. Aber man kann sie am Tage durch die Straßen Berlins streifen sehen, wie ein bunter Vogelschwarm, der Voliere entflogen. Da zerfällt die Bewegungsmaschine in entzückende Einzelteile, die die Cafés der Großstadt mit einem ganz eigenen frischen Charme überstäuben. Abends dann verschmelzen sie zur Begeisterung des Publikums wieder zu einem wunderbar geformten Ganzen der guten Laune, alle sind ein einziger Tanzschritt, der die große Seele der Metropole in Schwung versetzt.

Trotz der anfänglichen Schwierigkeiten waren 1926 und 1927 glückliche Jahre für Henny Walden. Es gibt keine Hinweise darauf, daß sie im Jahr 1927 nach ihrem Engagement im «Mirakel» neue Auftritte annahm, dafür schrieb sie fleißig und nahm als Beobachterin aktiv am Berliner Kulturleben teil. In einer überschwenglichen Kritik der kleinen Revue «Optimisten Unter den Linden» drückte sie ihre professionelle Bewunderung für den «Kollegen» Ralph Benatzky aus.

«‹Ich kenn ein anderes Berlin› – wieviel Wahrheit liegt in diesem Satz aus der Revue ‹Optimisten Unter den Linden›. Ralph Benatzky komponierte sie, und es wird nicht lange dauern und ganz Berlin wird – nicht nur Unter den Linden – seine dünne Calorien-Carolin, die jetzt so mager und so dünn – besingen.»

Als Reimhandwerkerin mochte Henny Walden die gekonnte Kombination aus unverkennbar Wienerischem und modernem Berliner Tempo schätzen, die sich in dem Lied der Calorien-Carolin ausdrückte: «Calorien-Carolin / Ist jetzt so mager und so dünn / Wo sonst der Busen is', der Busen is' / Hat sie jetzt zwei Fliegenschirmchen / Durch die Haut schimmert mild / Zeigt sie sich unverhüllt / Ihr Röntgenbild.»

Die Reminiszenz an ihre alte «He-he-Helene»-Verbindung zu Friedrich Hollaender, mit dem sie seit der katastrophalen Inszenierung nie wieder zusammenarbeitete, mag ihre Parteinahme für Ralph Benatzky im damals tobenden Krieg zwischen beiden Komponisten begründen. Die Mißgunst zwischen den Künstlerpaaren Hollaender/Blandine Ebinger und Ralph Benatzky plus Ehefrau, der Chanteuse Josma Selim, trieb mitunter komische Blüten, die in Kollegen- und Pressekreisen ein gefundenes Fressen waren und an den Stammtischen durchgehechelt wurden.

Hollaender/Ebinger und Benatzky/Selim wetteiferten um die öffentliche Gunst nicht nur in Berlin. Sie waren auch im Ausland populär. Daß Benatzky, der später mit «Im Weißen Rößl» unvergeßlich wurde, seine Kreise störte, verärgerte den Societydarling Hollaender erheblich. Sein Lied «Wiener Stimmungssoubrette» ließ denn an Deutlichkeit nichts zu wünschen übrig:

Wo bezieht man die fetten, koketten Soubretten? Aus Wien, aus, aus Wien!

Die Tirade gegen Josma Selim gipfelte in der Boshaftigkeit: «Das ist Kitsch im Dreivierteltakt! Rattengift her! Rattengift her!»

Kein Wunder, daß sich Henny von soviel Häme (wahrscheinlich weil sie überdies die häßliche Beschreibung «fette, kokette Soubrette» auf sich und einen bestimmten Typ ihres Berufsstandes bezog) abgestoßen fühlte, und Benatzky wünschte, ganz Berlin möge sein keckes Chanson der Calorien-Carolin singen.

Ob Henny Walden Ralph Benatzky jemals kennenlernte, ist nicht bekannt. Wenn sie sich begegnet wären, hätten sie etwas gemeinsam gehabt: Trotz seiner Popularität als Entertainer und Komponist schlug Benatzky, ähnlich wie Henny Walden, kaum Wurzeln in Berlin. Maurus Pacher schreibt dazu in «Sehn Sie, das war Berlin»: «Benatzky, aus Trend-Notwendigkeit von Wien nach Berlin übergesiedelt, bleibt einer der ganz wenigen, die sich nicht integrieren. Seine Vergangenheit als k.u.k. Leutnant und die damit verbundene herrenhafte Überheblichkeit führen am Anfang zu gewissen Mißverständnissen, zumal sein Chanson-Filigran etwas in die Jahre gekommen ist.» Die Außenseiterin Henny witterte in Benatzky einen Seelenverwandten. Ihre begeisterte Kritik war eine der wenigen positiven Pressestimmen. Schlimmer noch: das Publikum wollte von diesem anderen Berlin, das als verträumte Idylle am Landwehrkanal daherkam, «wo vor kleinen Fenstern Geranien blühen», nichts wissen. Die Revue fiel durch.

Neben ihrer journalistischen Arbeit zog es Henny Walden im Winter 1927 wieder auf die Bühne, als Mitglied des fliegenden Kabaretts «Die Wespen». Ein Engagement, das über die Bekanntschaft mit Benatzky durchaus vorstellbar ist, denn prominentes Mitglied der «Wespen» war der Magdeburger Erich Weinert, der für Benatzky den Text zu «Ich kenne ein anderes Berlin» schrieb. Wieder müssen wir die Phantasie bemühen und uns vorstellen, daß Henny Walden, vielleicht in Begleitung von Géza von Cziffra, der Benatzky später als «Begründer des deutschen Musicals» bezeichnete, mit Benatzky und Weinert im «Café Reimann» oder bei «Mutzenbacher» tafelte. Möglich ist auch, daß Henny sich auf eine Annonce oder eine Empfehlung meldete. Jedenfalls vermerkt ihr Tagebuch in dieser Zeit regelmäßige Auftritte im «Hackebär», dem Hauptstandort der «Wespen», praktischerweise gleich um die Ecke vom «Aschinger» am Alexanderplatz gelegen. Mit den «Wespen» trat Henny Walden nicht nur im «Hackebär», sondern auch als Zwischenprogramm in den Tanz-Lokalen der Stadt auf.

Auch zu Erich Weinert, der übrigens 1946 im Russischen Sektor Berlins Vizepräsident der Zentralverwaltung für Volksbildung wurde, fühlte sich Henny Walden hingezogen. Denn Weinert, seit Jahren erfahren im künstlerischen Spagat zwischen politischem Agitationslied und heiterer Revueromantik, war ebenso wie sie ein Wanderer zwischen den Welten.

Eine Tagebuchnotiz über eine «wunderbare Probe mit Erich W.» beschreibt ihn als *«Poet der Wut. Wie ihm die Worte zuströmen, so hart und feurig und gleichsam so zärtlich und lyrisch. Leichte Muse und getragenes Kampflied – was für eine Mischung.»*

Daß ausgerechnet die apolitische Henny unter Weinerts Ägide bei den «Wespen» Texte wie *«Arbeiter, horch, sie ziehen ins Feld! / Doch nicht für Nation und Rasse! / Das ist der Krieg der Herrscher der Welt / Gegen die Arbeiterklasse!»* schmetterte, entbehrt nicht einer gewissen Ironie. Vielleicht fühlte sie sich von den Texten, die sie sang, betroffen und identifizierte sich als arbeitende Frau mit den proklamierten Idealen. Entscheidender jedoch war gewiß, daß jeder Auftritt ihr ein Zusatzeinkommen bescherte und sie somit ihre Wohnung bezahlen konnte.

Die letzten Monate des Jahres 1927 zeigen eine überaus aktive Henny Walden, die zwischen ihrer Wohnung, dem Stammtisch bei «Aschinger», dem «Hackebär» und den verschiedenen Theaterpremieren, über die sie schrieb, ständig auf Achse war. Das anstrengende Leben reichte jedoch nur für das Existenzminimum, und sie beklagte sich in ihrem Tagebuch bitter, daß sie ein paar neue Kleider gebrauchen könnte, *«aber das Geld reicht gerade für die warme Suppe am Mittag!»*

Neben den künstlerischen und journalistischen Anforderungen mußte sich Henny auch mit banalen Alltagsproblemen herumschlagen, wie ein Brief ihrer Schwester vom 12. November 1927 dokumentiert.

Liebe Jette,

vielen Dank für Deine lieben Zeilen. Es betrübt mich

natürlich, daß Du Dich so einschränken mußt und an neue Kleider nicht denken kannst. Wie gerne würde ich Dir etwas Geld schicken, doch mein Haushaltsgeld ist knapp bemessen und ich kann beim besten Willen nichts abzweigen, ohne daß Ernst es bemerkt. Jedoch kannst Du den Motten mit einem einfachen Mittel abhelfen, das mir die Voss auf meine Frage verriet. Ich schreibe es hier auf, in der Hoffnung, Dir ein wenig zu helfen. Zehn Pfund Sägespäne von hartem Kienholz, zwei Pfund gestoßene Lavendelblumen, vier Loth Rosmarienöl, zwei Loth Lavendelöl, zwei Loth Bergamottenöl, vier Loth gepulverten Kampfer und etliche sehr fein geschnittene Moschushäutchen gut mischen und in kleine Säckchen zwischen die Kleider legen. Mutter, die ich täglich besuche, geht es gut und sie sendet ihre Grüße. Vater laboriert mit einer Grippe und macht Mutter mit seiner Halsstarrigkeit das Leben schwer. Er will sich einfach nicht zu Bette legen. Bleibe Du bei guter Gesundheit. Ich schließe mit innigsten Grüßen, Deine Wilhelmine

Kurz vor Jahreswechsel erreichte Henny Walden eine Nachricht aus Neuruppin, die sie tief erschütterte. Ein vom 8. Dezember datierter Brief ihrer Mutter unterrichtete sie vom überraschenden Tod des Vaters. *«Um sein Andenken zu ehren, schreibe ich erst heute, drei Tage nach der Beerdigung an Dich. Er hätte nicht gewollt, daß Du kommst»*, teilte ihr die Mutter mit. In Henny Waldens Tagebuch findet sich die kurze Notiz: *«Brief von Mutter. Vater ist nicht mehr. Keine Worte.»*

Obwohl Henny unter der väterlichen Zurückweisung litt, bedeutete der Tod des Patriarchen auch den Weg zurück zur Mutter. Im Frühling 1928 begann ein reger Briefwechsel zwischen den Frauen, der bis zu Henny Waldens Abschied von Berlin im Jahre 1929 anhielt.

Die Erschütterung, die der Tod ihres Vaters auslöste, kommt in einem Gedicht oder Liedtext zum Ausdruck, der zu den tiefempfundensten und schönsten ihrer Texte zählt und Henny Waldens Begabung als ernst zu nehmende Lyrikerin unterstreicht. Gleichzeitig leitete die Beschäftigung mit ihrer Kindheit und die Frage nach Sinn und Bestimmung ihres Lebens die letzte Phase ihrer Berliner Jahre ein.

Vater

So manches Jahr sah ich vorüberfliegen,
Wie hat deine Liebe mir gefehlt.
So viele Jahre haben wir geschwiegen
Der Tod ist unerbittlich und es ist zu spät.

Vater, Vater – niemals wieder dieses Wort
Aus meinem Mund in diese Welt
Der Trost aus Kinderzeit und Kinderort
bleibt fern, ein Stern am Himmelszelt.

Vater, hast Du mir einmal vergeben?
Galt Dein letzter Atemzug auch mir?
All' der Kummer, den wir uns gegeben
Lastet fortan nun auf mir.

6 *«Ich bleibe unbeschrieben»*

1928–1929

Übrig bleibt von mir nur Zeit
die verrinnt, vorüber ist.
Wo einst meine Schritte weit
liefen, steht nun dies Gedicht.

(Kleine Verse für Berlin)

1928 hatte sich Henny Walden mit ihrem rastlosen Leben abgefunden. Die erhaltenen Notizen, Entwürfe, Theaterbilletts und Programmzettel bezeugen ihre fortgesetzte Tätigkeit als Berlin-Korrespondentin der «Wiener-Ungarischen Zeitung». Sie hielt Kontakt zu verschiedenen Filmproduktionen, wie einige mit «Film-Ideen» überschriebene Blätter zeigen, und beschäftigte sich mit neuen Liedtexten. Privat besuchte sie weiterhin den Stammtisch bei «Aschinger» und versöhnte sich mit ihrem Pianisten Karl Schulze, der auf einer Postkarte um Verschiebung einer angesetzten Probe bat. Sie tingelte hier und da als Ersatz oder auch als festes Chormitglied durch die Revuetheater. Meta Andersen geht in einem Brief darauf ein, daß Henny sich lieber etwas Beständigeres suchen sollte, als zwischen den Berliner Theater hin und her zu fahren. Auch im «Mirakel» trat sie 1928 wieder auf. Der äußeren Betriebsamkeit stand ein Rückzug in die Innerlichkeit gegenüber, denn oft fühlte sich Henny Walden einsam: *«Wie ein Krone trage ich die Einsamkeit»* (Tagebuch).

Die erhaltenen Texte aus dieser Zeit spiegeln mitunter Nachdenklichkeit bis hin zur Melancholie wider. Sie dienten nunmehr seltener als Ausgangspunkt für ein Bühnenchanson, sondern der persönlichen Lebensbewältigung. Gerade in diesem Jahr schien Henny Walden das Schreiben als ihr Medium zu entdecken – zweckfrei und nicht darauf aus, einen Erfolgsschlager zu produzieren.

«Schier unmöglich ist es, in einer so großen und von Ereignissen bebenden Stadt wie Berlin, allein unter vier Millionen Menschen zu leben, ohne sich eine glatte und widerstandsfähige Oberfläche zuzulegen, an der wie Wasser an einer Fensterscheibe alles herunterläuft, was anderswo wohlmöglich einen Regenschirm löchert.» (Tagebuch, März 1928)

Nicht ohne Wehmut fand sich die wenige Jahre zuvor quirlige und lebenshungrige Soubrette mit ihrer bescheidenen Eixstenz ab.

Nur eine Frage

Will denn keiner meine Lieder hören?
Einstmals glaubte ich es doch –
Kann meine Stimme nicht betören
Der Ton meines Herzens Gepoch?

Meine Seele, die war einst ein Lied.
Vom sanftem Glanz wie Engelsfedern
Haltlos durchströmt sie des Lebens Sieb
Liegt nun am Boden, unter Rädern.

Es ist anzunehmen, daß sie sich in dieser Zeit zunehmend mit ihrem Alter auseinandersetzte: Im gesellschaftlichen Verständnis galt sie mit ihren 28 Jahren als «spätes Mädchen» oder «alte Jungfer». Das war weniger in Berlin ein Thema als im heimatlichen Neuruppin, wohin sie durch den Briefwechsel mit ihrer Mutter wieder stärkere Bindungen unterhielt. *«Das Haus ist jetzt sehr groß ohne Vater und die Mädchen»*, schreibt die Mutter im Frühjahr 1928 an ihre Tochter in Berlin, wohl in der Hoffnung, diese möge diesen Satz als versteckte Einladung, nach Hause zu kommen, begreifen. Henny wird die Perspektive, als «verlorene Tochter», zudem ohne nennenswerten Erfolg, reumütig aus dem Sündenbabel Berlin in die provinzielle Idylle heimzukehren, wenig verlockend erschienen sein.

Die Geburtsanzeige ihres Sohnes Walter, die Meta ihr im Februar 1928 schickte, führte ihr die eigene Situation klar vor Augen.

Dennoch war sie im Frühsommer 1928 wieder von neuem Enthusiasmus erfüllt. Am 25. Mai findet sich eine Tagebuchnotiz, eine der wenigen übrigens, die sich auf aktuelle politische Ereignisse bezieht: *«Alles neu! Meine Pläne, meine Ziele, sogar die Regierung.»*

Ob motiviert durch ihre Mitarbeit bei den «Wespen» oder weil sich ein zunehmend stärkeres politisches Bewußtsein auch in den eindeutig als Unterhaltung definierten Künsten herausbildete: Der sonst so unpolitischen Henny Walden waren die Reichstagswahlen am 20. Mai 1928 einen Eintrag wert. Natürlich ist sie weit davon entfernt, fundiert zu analysieren. Das Ergebnis der Wahl, das den Sozialdemokraten einen Stimmenzuwachs von 26 auf nahezu 30 Prozent und somit mehr als ein Drittel der Reichstagsmandate bescherte, diente ihr lediglich zur Unterstreichung ihrer persönlichen Gefühle. Doch man kann vermuten, daß am Stammtisch, in den Cafés und Theatern politisiert wurde und das Thema Klassenkampf bei Henny Walden vor dem Hintergrund ihrer mageren Einkünfte auf offene Ohren stieß. Warum sonst hatte sie einen Leitartikel aus dem liberalen «Berliner Tageblatt» ausgeschnitten und aufbewahrt?

«Die innenpolitische Bedeutung der Wahl liegt in der

gründlichen Abwehr des deutschen Volkes von deutschnationaler Demagogie und Zwiespältigkeit in einem neuen starken Bekenntnis zur deutschen Republik, deren Gegner total geschlagen worden sind ... Diesen Sinn der Wahl gilt es auszunutzen durch die schleunige Bildung der Großen Koalition. Jetzt hat die Sozialdemokratische Partei das Wort.»

Erhoffte sich Henny Walden von den Sozialdemokraten tatsächlich eine Besserung ihrer eigenen Lebensumstände? Oder war sie einfach mitgerissen von der Bewegung, die der Linksrutsch in den Köpfen, in den Gesprächen an den Stammtischen auslöste?

Charakteristisch für Henny Waldens Biographie ist der Umstand, daß es ihr mit beinahe schlafwandlerisch anmutender Sicherheit immer wieder gelang, dort aufzutauchen, wo in der Metropole Berlin neue Trends aufschienen. Sie erlebte die Veränderungen des Nachkriegsdeutschland, beobachtete und begleitete Blüte und Verfall der Kabarett-Kultur. Sie war Zeugin des Theaterbooms und der Gigantomanie der Ausstattungs-Revuen. Durch ihre Komparsentätigkeit bei Langs «Die Nibelungen» und «Metropolis» und ihr Engagement in verschiedene Filmprojekte bekam sie den Siegeszug des Kinos als Massenunterhaltung hautnah mit. Kurz nach der Geburtsstunde des Radios war sie am Mikrophon mit dabei – und als im Sommer 1928 alle Welt von der «Dreigroschenoper» sprach, stand sie auf der Bühne, von der aus die deutsche Theaterszene über Jahre hinaus beeinflußt wurde – auf der Bühne des Theaters am Schiffbauerdamm. Als Frau aus dem «Volk».

«Nun erheitert es mich natürlich sehr, daß ausgerechnet meine Henny, die Du doch stets soviel mehr Dame als eine jede von uns damals am Theater warst, eine Bettlerin, eine Frau aus dem Volke, spielen sollst. Bringt das Engagement auch etwas ein?»

Die Frage der fürsorglichen Meta muß unbeantwortet bleiben. Daß für derartige Statistenrollen nicht viel bezahlt wurde, versteht sich von selbst. Wie so oft in ihrem Leben entzog sich Henny Waldens Handeln rationalen Motiven. Immer wieder nahm sie Jobs an, bei denen sie die Entstehung künstlerischer Produkte aus der Nähe beobachten konnte, ohne jedoch maßgeblich mitgestalten zu können. So oft sie sich selbst auch als Außenseiterin verstand, wenn das Leben ihr etwas Neues offerierte, griff sie bedenkenlos zu. Vielleicht auch, weil sie befürchtete, den Anschluß endgültig zu verpassen.

Die goldene Verheißung Berlin war für Henny Walden längst auf eine harte, wenig glamouröse Realität zusammengeschrumpft. Als am 3. Juli 1928 Anita Berber während einer Tournee in Damaskus stürzte, war sie, die die Berber selbst getroffen und gesehen hatte, tief erschüttert.

«Heute war nur Anita Berbers Unfall Thema bei Aschinger. M. kennt Freunde von ihr, die sie nach Berlin holen werden. Ein Teller geht herum. Sie ist doch eine von uns.» (Tagebuch, 12. Juli 1928)

Tatsächlich war Anita Berber, die Meisterin des Ausdruckstanzes, schwer verletzt und nicht nur bei «Aschinger» wurde für sie gesammelt. Wie Henny Walden trugen viele Künstler zu der von Anita Berbers Freunden organisierten Sammlung ihr Scherflein bei. Die Berber wurde nach Berlin in das Bethanien-Hospital in Kreuzberg transportiert.

Im August begannen die Proben für die «Dreigroschenoper». Daß der übellaunige Schachspieler Brecht, den sie einige Jahre zuvor in einem Feuilleton porträtiert hatte, der Held der Stunde war, war für Henny Walden nur eine weitere ironische Volte des Schicksals. Sie indessen führte weiterhin das Leben einer Randfigur mit dem Blick ins Innere einer Gesellschaft, in der sie fremd und unerkannt blieb.

«Wenn er vielleicht noch wußte, daß ich es war, die damals seine Rechnung beglich, so zeigte er es mit keinem Zucken in seinem immer noch unrasierten Gesicht. Auf einmal blickte er mich doch sehr aufmerksam an, wie einer, der sich einer Begegnung nur verschleiert erinnern kann. Wer hätte je gedacht, daß dieser Flegel so schreibt, daß man ihn inszeniert. Manchmal ist mir, als hätte ich all' diese Jahre umsonst geschrieben und gesungen. Dabei könnte ich das auch, wenn man mich ließe und mich bezahlte.» (Tagebuch, 8. August 1928)

Als Henny am Schiffbauerdamm engagiert wurde, wies nichts auf den bevorstehenden Erfolg hin. Hennys Freund Géza von Cziffra erinnert sich: «In den Berliner Künstlerkreisen sprach man in diesem heißen August 1928 nur noch über das neue ‹Theater am Schiffbauerdamm› und über den armen, ehrgeizigen Jungdirektor Aufricht, der mit Brechts Werk eine Niete eingekauft hatte.»

An den Stammtischen machte eine Anekdote die Runde: Der Bankier Herzfeld habe Ernst Josef Aufricht bei einem Termin zur Toilette geführt und gesagt: «Wenn ich Ihnen das Geld bar auszahle und Sie werfen es hier hinein und ziehen, dann ist es weg, und Sie haben keinen Ärger gehabt. Wenn Sie damit ein Theater eröffnen, ist es auch verloren, und Sie werden viel Ärger haben.»

Tatsächlich schien es an Irrsinn zu grenzen, die mit 45 Theatern überfütterte Bühnenlandschaft mit einem neuen Haus bereichern zu wollen, noch dazu mit einer, wie Aufricht meinte, «lustigen literarischen Operette mit einigen sozialkritischen Blinklichtern». Schließlich zog Erik Charell am Großen Schauspielhaus «Das Dreimäderlhaus» als Spektakel auf, die Komische Oper hatte sich für die Revue «Zieh Dich aus!» den publicityträchtigen Untertitel «Ein Abend ohne Moral in 30 Bildern» einfallen lassen. Wer wollte da schon eine «Dreigroschenoper» sehen? Zumal die Musik sich von gängigen Revue-Songs abhob. «Von der Musik des ‹Zwölftöners› Kurt Weill hörte man grausige Dinge», schrieb von Cziffra. Henny Walden jedoch war von der Musik begeistert, wie sie in einer Tagebuchaufzeichnung vom 10. August 1928 schrieb. Auch, weil sie bei den Proben einen alten Bekannten aus der Musikszene traf.

«Probenbeginn. Wiedersehen mit Ludwig, Karls altem Freund. Auf was für Unternehmen habe ich mich wieder eingelassen. Die Besetzung steht nun endlich. Ponto kommt aus Dresden. Neher hat abgesagt. Viel Geschrei. Nun ist Helene Weigel auch krank. Alle ziehen die Köpfe ein. Aber wie tief drückt diese Musik die Geschichte ins Herz! Mir purzeln die Melodien durch die Seele.» (Tagebuch)

Unter der musikalischen Leitung des bekannten Komponisten Theo Mackeben übernahm die siebenköpfige Band von Ludwig Rüth, der seine Truppe im grassierenden Jazzfieber in Lewis Ruth umbenannt hatte, den Orchesterpart. Daß die Besetzung der «Dreigroschenoper» unter einem schlechten Stern stand, ist heute allgemein bekannt: Für den erkrankten Peter Lorre mußte Erich Ponto einspringen, Helene Weigel litt an einer Blinddarmreizung und Carola Neher, die die Polly spielen sollte, schmiß vier Tage vor der Premiere alles hin und beschied dem entsetzten Aufricht: «Spielen Sie das Zeug selber!» Angeblich fand sie die Rolle zu klein. Géza von Cziffra, der die Neher gut kannte, hatte eine eigene Theorie: «Sie konnte die Brecht Songs, die er zum größten Teil von Villon abgeschrieben hatte, einfach nicht hören.» Schließlich war Villon Klabunds Lieblingsdichter gewesen, Carola Nehers erst am 14. August 1928 verstorbener Ehemann. Als Brecht 1929 die Texte aus der «Dreigroschenoper» veröffentlichte, kam heraus, daß er 25 Zeilen aus

«Gedichten» von Villon einfach abgeschrieben hatte, ohne den Übersetzer zu nennen.

In der Wiederaufnahme der «Dreigroschenoper» sang Carola Neher übrigens dann doch. Sie verriet Géza von Cziffra: «Wo ich auch hingehe, werden diese verdammten Songs gedudelt. Wenn ich dieser Pest entgehen will, müßte ich aus Deutschland auswandern. Dann sing ich sie lieber selber.»

Bemerkenswert an Henny Waldens Tagebuchnotiz zum Probenbeginn der «Dreigroschenoper» ist, daß sie, obwohl sie Weills Musik, diese neue Mischung aus Bänkelgesang, Jazz, Choral, Operngespött und Staccato nicht in Worte fassen konnte, das Meisterhafte der «Dreigroschenoper» erkannte und die Anziehungskraft spürte, die das Werk zu einem Welterfolg machen sollte. Und dies noch, bevor ein Kritiker geurteilt hatte.

Sie stellte die Musik Weills über die Worte Brechts, den sie in ihren Notizen bis auf zweimal beharrlich ausspart. *«Kein Mensch ruft ihn beim Vornamen. Nur Brecht, wie Tier, Mensch oder Gott. Engel* [Regisseur Erich Engel] *und er zanken ständig. Daß er nicht schön ist, ist viel gefährlicher. Alle Frauen hecheln ihm nach. Mich läßt er kalt.»*

Ansonsten beschränken sich in diesem heißen Monat August 1928 Henny Waldens Notizen auf lakonische Stichworte: *«Probe bis 5 Uhr morgens»*, *«Noch zehn Tage bis zur Premiere. Erschöpft.»*

Wieder steckte Henny Walden ihre ganze Energie in ein Projekt, in dem sie nur eine Nebenrolle spielte. Dabei war ihr deutlich bewußt, daß sie im Fall eines Mißerfolgs der «Dreigroschenoper» einmal mehr auf das falsche Pferd gesetzt hätte. Sie rechnte damit schon fast, wie ein Brief ihrer Mutter Mitte August belegt.

«... so wünschen wir Dir viel Glück an dem neuen Thea-

ter, von dem hier in Neuruppin noch keiner gehört hat. Es erfüllt mich mit Beruhigung, daß Du bei ungewissem Ausgang bereits um Anschlußarbeit suchtest.» (Brief von Mathilde Wuttke)

Wahrscheinlich machte Henny ihre Rolle in der «Dreigroschenoper» in den Briefen an die Mutter größer als sie war. Und daß sie die ständig besorgte Mutter mit der Aussicht auf «Anschlußarbeit» zu beruhigen suchte, war fürsorglich gemeint. Tatsache war, daß sie vor, neben und während der Proben zur «Dreigroschenoper» weiterhin an Texten und Gedichten arbeitete – unter anderen an einem neuen Konzept für einen Stummfilm. Henny Walden vermerkte nicht, für wen sie den Entwurf schrieb, ob es eine Auftragsarbeit oder eine eigene Idee war, die sie ausarbeitete. Wie bei ihrem Exposé zu «Romana – die Wüstenprinzessin» steht ein Wissenschaftler im Mittelpunkt der Handlung. Ein Liebesdreieck fehlt ebenso wie eine exotische Umgebung – statt in der Wüste spielt die Geschichte jetzt auf dem Mond.

Frau Luna
Ein Stummfilm in drei Akten
Wie, wenn der Mond aus Silber wäre?

1. Akt
Ein junger Wissenschaftler weiß durch seine Untersuchungen, daß auf dem Mond Silber zu finden ist. Seine Kollegen lachen über den augenscheinlichen Wirrkopf, sogar sein bester Freund. Nur seine reizende kleine Frau glaubt ihm. Der Wissenschaftler konstruiert ein Raumschiff und macht sich mit seiner Frau allein auf die Reise zum Mond. Doch auch ein Schurke ist an dem Silberschatz interessiert und begleitet die Reise zum Mond als blinder Passagier.

2. Akt
Der Mond ist voll silbrigem Sand und eisige Hügel und es wird in der Tat Silber gefunden. Der Schurke wird entdeckt, als er große Mengen Silber in das Raumschiff transportiert und alleine fliehen will. Es kommt zu einem Kampf zwischen den Männern, dem die Frau hilflos zusehen muß. Beim Kampf wird der Motor des Raumschiffes beschädigt. Der Schurke stirbt besiegt.

3. Akt
Auch der Wissenschaftler ist auf den Tod getroffen. Er stirbt in den Armen seiner Frau und flüstert ihr sterbend zu, daß sein bester Freund seine Konstruktionspläne hat und sicherlich kommen wird, sie zu retten. Die Frau steht im Mondstaub, eine Träne rinnt von ihrem Antlitz, sie ist allein, doch nicht ohne Hoffnung. Abgeschieden von aller Zivilisation wartet die Frau im Mond auf ihren Retter.

War es Zufall oder hatte Henny Walden ihre Verbindung zu Regisseur Fritz Lang neu belebt? Am 15. Oktober 1929 wurde Fritz Langs Science-Fiction-Abenteuer «Die Frau im Mond» uraufgeführt, was auf eine Entwicklung des Stoffes im Jahr 1928 hindeutet. Schlug Henny Walden ihm den Stoff vor oder wandte sich Lang an sie? War Henny Walden, Langs «kleine Zofe», wieder in die Rolle der Geliebten eines verheirateten Mannes gerutscht, wie im Jahre 1922? Damals verschwieg sie selbst ihrem Tagebuch den Namen ihres Liebhabers. Verband Henny Walden und Fritz Lang, der für Affären durchaus bekannt war, eine sorgsam verheimlichte Liebe? Bezog sich der euphorische Eintrag «Alles neu!» vom Mai des Jahres vielleicht auf eine Wiederbelebung dieses Liebesverhältnisses?

Zumindest ist auffällig, daß der Film «Die Frau im Mond» mehr als nur eine frappierende Ähnlichkeit mit dem in Henny Waldens Nachlaß gefundenen Manuskript aufweist. Zwar ging es im Film nicht mehr um Silber, sondern um wertbeständigeres und teures Gold, und im Film konstruierte nicht mehr der Wissenschaftler selbst das Raumschiff, sondern sein Freund. Aus der «kleinen» Frau wurde die Verlobte des Wissenschaftlers, die sich später für den Ingenieur entschied. Der in Henny Waldens Skript noch als einzelner Dieb charakterisierte Bösewicht wurde bei Lang zum Vertreter eines Konsortiums, das die Goldwirtschaft der Erde kontrollierte. Auch Henny Waldens feministisches, durchaus sozialkritisches Ende, das die Frau allein auf sich gestellt in einer unwirtlichen Umgebung zeigte, verdammt, auf einen Retter zu warten, der vielleicht niemals kommt, las sich bei Lang und – natürlich – bei Thea von Harbou, die das Drehbuch schrieb – anders. Der Wirtschaftsvertreter starb im Zweikampf, konnte aber das Raumschiff so beschädigen, daß es nicht mehr Platz für alle bot. Während der Wissenschaftler zur Erde zurückflog, um Rettung zu holen, blieb seine Verlobte mit dem Ingenieur, den sie mittlerweile liebte, auf dem Mond zurück.

Die Verbindung zwischen Lang und Henny Walden bleibt ungeklärt – mit Sicherheit wollte Lang einen Skandal vermeiden, was sein Schweigen erklären könnte. Und Henny Walden mag einfach zu klug gewesen sein, um sich Hoffnungen auf Lang zu machen. Es hätte ihr mit Sicherheit nichts eingebracht, wenn sie ihr Verhältnis publik gemacht hätte. Die Folgen wären im Gegenteil gewesen: das Aus in der Filmindustrie, schlechte Presse und ein ruinierter Ruf. So aufgeschlossen und tolerant sich die zwanziger Jahre gaben – die heimliche Geliebte eines Prominenten hatte in der Gesellschaft nur als Filmstoff, als Klatschthema oder als Ikone des Verrufenen einen Platz.

Am 31. August 1928 feierte «Die Dreigroschenoper»

Premiere. Von den Katastrophen, die diesen Tag heimsuchten, kein Wort in Henny Waldens Aufzeichnungen: weder von der Generalprobe, die erst um sechs Uhr morgens am Premierentag endete, noch von dem buntbestickten Seidenvorhang, der zu spät an diesem Tag geliefert wurde und schnell durch einen aus ungefärbter Sackleinwand ersetzt werden mußte, noch von der Panne mit dem lebensgroßen Pappschimmel, einer Requisite, die sich aufgrund falscher Berechnungen als direktes Transportmittel in den Zuschauerraum erwies.

Lotte Lenya, die Lebensgefährtin Kurt Weills, die mit ihrer Rolle der Hure Jenny Geschichte schrieb, erinnerte sich: «Bis zur zweiten Szene, die in einem Pferdestall spielt, blieb das Publikum kühl und teilnahmslos. Die Leute machten den Eindruck, als wären sie von vornherein überzeugt davon, daß die Aufführung eine Pleite würde. Dann kam der ‹Kanonen-Song›. Ein unglaublicher Sturm erhob sich. Das Publikum raste. Von diesem Moment konnte nichts mehr schief gehen. Die Zuschauer gingen begeistert mit. Wir trauten unseren Augen und Ohren nicht ...»

Für Henny Walden bedeutete der Erfolg der «Dreigroschenoper» vor allem das beruhigende Gefühl, jeden Tag Arbeit zu haben. Denn die zwei Telefone im Theater am Schiffbauerdamm standen nicht mehr still – zwei Tage nach der Premiere war das Theater bereits für drei Wochen ausverkauft. Natürlich reichte die Statisterie nicht zum Leben, doch der tägliche Abendauftritt gab ihrem Leben die Struktur, die sie sich immer gewünscht hatte.

«Abends nach dem Theater zu ‹Aschinger›. Nicht zu spät, denn ich arbeite den ganzen Vormittag. Nach Mittag gehe ich spazieren. Welch eine Beruhigung zu wissen, wo ich am Abend hingehe.» (Tagebuch)

Am Vormittag arbeitete sie an eigenen Texten oder Artikeln. Eine weitere Einnahmequelle erschloß sich Henny Walden in dieser Zeit, als sie – wir wissen nicht wo und wann – die verwitwete Bankiersfrau Gerda Rosenstock kennenlernte, die sie als Vorleserin engagierte.

«Wie freut mich die liebevolle Aufnahme im Hause Rosenstock und wie hätte es Vater gefreut, zu hören, daß Du seine geliebten Klassiker zu Gehör bringst. Wer weiß, vielleicht steckt sogar eine Gouvernante in meiner Henny und Du brauchst die Arbeit am Theater bald einmal nicht mehr.» (Brief von Mathilde Wuttke vom 3. September 1928)

Henny Walden war jedoch weit von den bürgerlichen Vorstellungen ihrer Mutter entfernt. In ihrem Tagebuch verzeichnete sie wiederholt Treffen mit «Rosa» (Valetti) und «Kurt» (Gerron), zwei Hauptdarstellern in der «Dreigroschenoper», die sie ermutigt haben dürften, weiter zu schreiben und aufzutreten. Das Vorlesen bei der stark sehbehinderten Witwe Rosenstock führte sie keinesfalls in die Versuchung, dem Theater abtrünnig zu werden, es inspirierte sie jedoch zu einem Gedicht.

Die Vorleserin

Eine nette alte Dame war's, die meinem Leben
Im vergangenen Oktober neuen Schwung gegeben.
Sie ist blind und kann nicht lesen. Ich hab Augen –
hier: zwei Stück!
Unsre tägliche Lektüre bringt mir Lebensmut zurück.
Denn im Lesen guter Bücher, liegt das wahre Frauenglück

Nicht nur um des Geldes wegen, les' ich täglich ihre Bücher.
Nicht nur, um die Wurst zu kaufen oder etwa bunte Tücher.
Vielmehr weil ich süchtig bin nicht nach Äther oder Gin
nein, nach all den tollen Kerlen, die sich literarisch
tummeln.

Die mein Herz mit Sausen füllen
wie ein Schwarm von Frühlingshummeln.
Wer kann heute schon wie Werther leiden,
daß das Herz zerspringt?
Wer kann schwingen so die Schwerter,
wie es Schiller kühn besingt?
Wo ist an dem Strand der Spree nur einzger Romeo?
Findet sich im Havelsande irgendwo ein Cicero?
Selbst im Park von Sancoussi trifft man nur Herrn Sowieso.

Ach, die wahren Frauenkenner, die sind heute leider tot
Nirgendwo schreibt mehr ein Klopstock einer Frau
die Wangen rot.
Zartes Sehnen, heißes Beben – Aus! Vergessen!
Unmodern!
Heute hat man, gar nicht zickig, sich ganz schnell
zum Fressen gern.
Liebe darauf reimt sich Triebe, fragen Sie einmal
die Herrn!

Wenn ich meiner alten Dame bring die Klassik
an die Ohren
Schwelge ich in Blütenträumen von verstorbenen Autoren.
Doch lebendig sind die Helden, die mir mit des
Dichters Wort
Zärtlich meine Seele streicheln, Blumen schenken
im Akkord.
Für die andren Herren hinieden, da empfehl ich:
Meuchelmord!

Ein anderes Lied, das sie Rosa Valetti zueignete, ist eine mit Spaß platt plagiierte Parodie auf den «Mackie Messer»-Song, in dem sie die beiden prominenten Theaterkritiker Herbert Ihering und Alfred Kerr aufs Korn nahm. Dabei zitierte sie aus deren Rezensionen und vereinte die miteinander verfeindeten Kritkerpäpste wenigstens im Tod.

Herbert Ihering hatte über die «Dreigroschenoper» geschrieben: «Es ist der Durchbruch eines nicht mondän, nicht snobistisch orientierten Theaters in die Publikumszone ... weil hier der Ton gefunden ist, der Moral weder bekämpft noch negiert, der Normen nicht angreift, sondern aufhebt, der ... weder parodistisch noch ernst ist, sondern eine andere Welt verkündigt, in der die Grenzen zwischen Tragik und Humor gefallen sind. Es ist der Triumph der offenen Form.»

Kerr dagegen witzelte sich am unbestreitbaren Erfolg des Stückes entlang: «Die älteren Diebesstücke mit Gesangseinlagen. Der kesse Räuber. Verschärft vom Abenteuerbuch.»

Henny Walden machte daraus:

Die Moritat von den unehrlichen Kritikern

(Rosa Valetti zugeeignet)

An der Havel blauem Wasser
Gehen die Morgenblätter ein.
Keiner will mehr Häme lesen –
Nun, das Volk ist halt gemein.

Scharf und spitz war einst die Feder,
Die der Herr Kri-tiker spitzt.
Sang der Haifisch mit viel Zähnen
Blieb sein Gift ganz unverspritzt.

Seit dem schönen blauen Montag
Grad Wochen ist es her,
Lieg'n zwei tote Kerls am Strand
die man Kerr und Ihering nannt

«Nicht snobistisch, nicht mondän»
lautete die Rezension.
Ach, zu spät, ihr werten Herrn!
ihr traft nicht den richt'gen Ton.

«Kesse Räuber, offene Form» –
«die Moral, auch nicht negiert»
Huren huren, Bettler betteln,
Eure Schreibe? Affektiert.

Aus den Höhen des Olympus
fern dem Schein des Bühnenlichts,
fallen sie wie Ikarus
Denn verstanden hab'n sie nichts.

Nein viel schlimmer noch, sie klauen,
was das Volk mit Wonne spricht,
Kritikern ist nie zu trauen,
Ehrlichkeit, die kenn'n sie nicht.

Darum hat man sie gefunden,
Mit nem Bleistift in der Brust,
Mackie Messer an der Ecke –
hat von all' dem nichts gewußt.

Fast altmodisch erscheint dagegen das Lied eines verliebten Mädchens, das Henny Walden in dieser Zeit im Stil eines Küchenliedes schrieb.

Lied eines verliebten Mädchens

Wenn der Frühlingswind so sacht, zaust die Blüten
grüner Linden,
Mädchen, Mädchen, dann gib acht – Und vermeide
Dich zu binden.
Schon der erste keusche Kuß

endet oftmals im Verdruß.
Männer gibt's an jeder Ecke, hübsche, arme, dünne, fette!
Schmusend machen sie Dich schwach, nach dem Kuß,
da gibt es Krach.

Wenn der Sommer steht in Blüte, siehst Du Dich im Kranz
als Braut
Dabei will der Abgebrühte, fassen nur die Mädchenhaut.
Heiratwunsch und Ehepflicht?
Daran glaubt der Schurke nicht.
Männer sind ein komisch Ding, hat auch mancher
Geld wie Heu.
Trägst Du nicht mal seinen Ring, ist von ihnen keiner treu.

Wenn die Herbstensonne scheint, rot auf Straßen und
auf Bäume
hast Du öfter schon geweint, und begraben Deine Träume.
Sanft geküßt wird auch nicht mehr
Nur: «He Weib, komm einmal her!»
Männer sind ja keine Menschen, sie sind Kind und
wildes Tier.
Drängen an die Mutterbrust und schrein dann nach
ihrem Bier.

Wenn der Winter fröstelnd kalt, legt sich auf die eisge Stiege,
denkst Du nicht mehr an den Frühling,
denn Du stehst an einer Wiege,
Hast das Kind Du in den Armen,
Kennt der Mann auch kein Erbarmen.
Kann er wirklich sicher wissen, daß das Kindchen ist
von ihm?
Fragt er höhnisch und gerissen: Warst Du nur mit
ihm intim?

An der Brust liegt nun Dein Kind und Du bleibst
allein zurück.

Mit dem Traum vom Frühlingswind, auch verflog
Dein Lebensglück.
Haut den Männern auf die Pfoten,
Maienliebe ist verboten.
Drum spaziere in lauer Nacht, keß mit Männern aller Arten
Der, der Dich zur Gattin macht, wird auch mit
dem Küssen warten.

Trotz des kecken Tonfalls und des soubrettenhaften Klangs, den man sich bei dem flott vorgetragenen Song – leider ist keine Melodie dazu überliefert – vorstellen kann, klingt das «Lied eines verliebten Mädchens» wie eine öffentliche Bankrotterklärung. Lag für Henny Walden wirklich das Glück der Frau in der Erwartung des erlösenden Ehemanns? Oder war das Lied als ironische Spitze auf die ewigwährende Naivität junger Mädchen zu lesen, die mit einer ungewollten Schwangerschaft ihre Zukunft aufs Spiel setzten? Wo war die lebens- und liebesbejahende Begeisterung der für Theater und Literatur interessierten Frau geblieben, die sich frei von familiären Verpflichtungen entfalten wollte? Und wo ihre in einem frühen Tagebucheintrag betonte Freude am Küssen, die Sinnlichkeit und die bühnenwirksam aufreizende Frivolität? Man muß davon ausgehen, daß Henny Walden nicht nur die aus dem Nachlaß rekonstruierbaren Liebschaften hatte, trotzdem stellte sie die sexuell erotische Leidenschaft in ihrer Gewichtung hinter die tiefe Freundschaft.

Vorbei

Ach wie gern ich früher küßte,
jeden Tag 'nen andren Mund.
Wenn ich heut' dafür nur wüßte,
einen guten, tiefen Grund.

All die Küsse waren sterblich
Alle Schwüre leicht verderblich.
All' die Lippen, die mir boten
kurzen, süßen Zeitvertreib
sind mir heut' nur Anekdoten
aus vergessener Jugendzeit.

Warum bleibt die Leidenschaft
stets nur kurz bei uns zu Gast?
Nur das Leiden nach der Liebe
scheint mir heute dauerhaft.

(Tagebuch, Sommer 1928)

Mit 28 Jahren regt sich bei Henny Walden eine neue Sehnsucht, die sie selbst überrascht, wie mehrere Tagebuchnotizen und ein kleines Gedicht zeigen.

«Heute im Park. Ich sitze auf der Bank und sehe den Kindern beim Spiel zu. Wie ärgerlich war ich, wenn Anneliese und Margot (die Kinder ihrer Gasteltern Kressin Anfang der 20er Jahre) *immer noch einmal um ein Reifenspiel bettelten. Heute erscheint mir ihr Bitten sehr süß und ich ertappe mich, wie ich kleinen Mädchen mit ihren fliegenden Röcken nachblicke und mir wünsche, ihre Mutter zu sein. Es ist, als ob in meinem Körper eine neuartige Wärme, wie eine sich ständig vergrößernde hell leuchtende Kugel nistet, die mich geradezu eine Bedürftigkeit nach einem Kinde verspüren läßt. Ein fremdes, ungewohntes Gefühl.»* (Tagebuch, 20. September 1928)

«In der Straßenbahn gab mir heute ein Mädchen, das für eine Karte lösen mußte, ihren kleinen Schützling für wenige Minuten in Obhut. Da stand ich mit einem braunhaarigen Kleinen an der Hand. Die kleine Hand legte sich so vertrauensvoll in meine. Ich konnte mich nicht sattsehen an der

Rundung seiner Wangen, den langen Wimpern, die wie Schmetterlingsflügel auf- und niedergingen. So recht verlassen fühlte ich mich, als das Kind erleichtert auf den Schoß des Mädchens krabbelte und mich mit unsicherem Gesicht betrachtete. Wie bin ich dumm. Was sollte ich mit einem Kind? Bin ich denn eine Taube mit Legezwang?» (2. Oktober 1928)

Henny Walden spürte also das Ticken der biologischen Uhr – und geriet zunehmend in einen inneren Konflikt. Zugegeben, in Berlin konnte sie unbehelligt ihr eigenes Leben führen – aber in Berlin war sie, die nicht zu Ruhm gekommen war oder einen Partner gefunden hatte, auch allein und einsam. Wie die meisten ihrer Kolleginnen hatte sie keine Kinder und war noch wenige Jahre zuvor bereit gewesen abzutreiben, als sie glaubte, schwanger zu sein. Das unabhängige Leben stellte die Frauen der zwanziger Jahre in Berlin vor neue und gleichzeitig uralte Probleme: Empfängnisverhütung beispielsweise. Die aufkeimende sexuelle Freiheit dieser Zeit bescherte vor allem den Männern Vorteile. Schon in frühen Tagebucheintragungen setzte sich Henny Walden erbittert mit den unterschiedlichen Maßstäben auseinander, die an einen Kavalier und an eine Frau gelegt wurden. Eine Beziehung mit glücklichem Hochzeitsende war immer die gesellschaftliche Norm, die der Frau den besten Schutz bot.

Wie stark sie sich mit ihrem Kinderwunsch auseinandersetzte, unterstreicht das folgende Gedicht.

An mein ungeborenes Kind

In dem großen, wilden Garten,
Wo die Seelen ausgesät;
In dem bunten Spiel der Karten,
Die das Schicksal später wählt –

Dort an diesem fernen Orte
wohnst auch du, mein liebes Kind
wartest du auf Zauberworte
Die noch nicht gesprochen sind.

Werde ich dich jemals sehen?
Oder bleibst du nur ein Traum?
Eigensüchtig scheint mein Sehnen
Denn hier hast du keinen Raum.
Nur wahre Liebe darf dich holen,
Hier zu mir aus deinem Garten
Doch mein Herz bleibt ungestohlen,
Und wir müssen beide warten.

Unter dem Gedicht steht der Vermerk: *Nur für mich geschrieben, an einem langen einsamen Sommerabend.* Henny Walden hätte ein Kind nur unter widrigsten Umständen aufziehen können. Schon aus finanziellen Gründen wäre es ihr nicht möglich gewesen, ihr Kind von anderen versorgen zu lassen. Zudem fehlte ihr das soziale Netz; ihre Kontakte blieben weitgehend unverbindlich. Man kann sich vorstellen, wie schmerzlich es für sie war, unter diesen Umständen von einem Kind zu träumen. Daß sie dabei war, den ersten Traum, berühmt zu werden, durch einen neuen Traum zu ersetzen, verdeutlicht die ironische Frage: «Bin ich denn eine Taube mit Legezwang?» Schlimmer noch: Die Sehnsucht nach einem Kind, die in ihrer Vorstellung eine bürgerliche Existenz voraussetzte, kam ihr vor wie der Verrat an den langen, harten Arbeitsjahren. Sollte ihre Zeit in Berlin dort enden, wovor sie einst geflüchtet war?

Obwohl der Stammtisch bei «Aschinger» eine Art von Zuhause war, obwohl sie in Bars und Cafés mit unzähligen Menschen zusammenkam, in Salons tanzte, trank, flirtete und arbeitete, wurde Henny Walden doch nie wirklich Teil einer Gemeinschaft und wünschte sich, müde geworden, immer stärker eine Familie, die Schutz und Zusammenhalt bot.

Es waren vor allem Männer, die ihren Lebensweg prägten: der Journalist Eichberg, ihre unglückliche Liebe, der Bankierssohn O., ihr Pianist Karl Schulze, Gottfried Benn, Géza von Cziffra, Fritz Lang. Außer zu Meta Andersen hatte Henny Walden keine tieferen Freundschaften zu Frauen aufgebaut. Ihre Beziehung zur lesbischen Szene ging über flüchtige Freundschaften und Bekanntschaften nicht hinaus. Henny Walden blieb eine Einzelkämpferin, die von Szene zu Szene driftete, in verschiedenen Cliquen auftauchte und wieder verschwand.

Sie hätte eine vielbeschäftigte Drehbuchschreiberin werden können. Sie hätte mit mehr Biß, mehr Talent – oder mit einer klügeren Karriereplanung einen gut situierten Mann heiraten oder eine Gesellschaftskolumnistin werden können. Doch, wie heißt es in der «Dreigroschenoper»: «Die Verhältnisse, sie sind nicht so!» Mit 28 Jahren hatte Henny Walden sich selbst nicht mehr, aber auch nicht weniger bewiesen, als daß sie in Berlin überleben konnte.

Dennoch war Henny Walden keine tragische Figur. Dafür fehlten die großen Katastrophen. Doch ist ihre Geschichte erzählenswert, weil sie typisch ist für eine Vielzahl von Frauenleben im Berlin der zwanziger Jahre. Sie, die eine von vielen hätte sein können, die im «Café Reimann» oder bei «Horcher» mit Bekannten aß, sich am Stammtisch bei Aschinger amüsierte, am Piano ihre Lieder übte, nachts im Lampenschein schrieb, hat nie existiert.

Die eigentliche Leistung einer Frau wie der fiktiven Henny Walden liegt nicht in ihrem Werk, sondern in ihrer Entschlossenheit zum Handeln. Als eine der ersten Frauen ihrer Generation rebellierte sie nicht nur innerlich gegen die ihr von der Gesellschaft zugedachte Rolle, sondern wurde tatsächlich aktiv. Wie viele andere Frauen ihrer Generation dagegen – beispielsweise ihre Schwestern – litten stumm, sehnten sich nach anderen Lebensmodellen und wagten nicht den entscheidenden Schritt? Dabei kam Henny Walden die neue Freizügigkeit, die die Metropole Berlin ihr bot, zugute. So nahm sie sich aus eigenem Antrieb ein Stück Leben und selbstbestimmte Lebenszeit und wurde damit zum frühen Prototyp der emanzipierten Frau, deren Weg bis heute nicht einfach ist und immer wieder von Zweifeln begleitet wird.

Im Herbst 1928 verließ Henny das «Theater am Schiffbauerdamm». Im Oktober/November trat sie wieder im «Mirakel» auf. Die kleine Revue mit dem Titel «Frauen, nach denen wir uns sehnen» war eine kabarettistisch-humoristische Persiflage auf die großen Revuen und brachte Henny Walden mit «Erika, der stärksten Frau der Welt» (*«Sie stemmt jeden Mann aus dem Publikum»*), dem weiblichen Vokaltrio «Die Veilchen» und der Frauen-Jazz-Band Ruth Gilbert auf die Bühne. Mehr noch als die Freude, wieder mit eigenem Programm auftreten zu dürfen, bedeutete ihr die freundschaftliche Wärme, die sie im «Mirakel» empfand.

«Mirakel, Mirakel! Du kleines Wunder in der kalten Nacht. Fast wie ein Zuhause. Man stellt mir den Wein ungefragt hin, man sorgt sich um mich. Das Geld stimmt und das Publikum, ach, Frauen sind soviel treuer. Ich liebe diese Frauen, wenn auch nicht so ...» (Tagebuch, Oktober 1928)

Während sie Wiedersehen mit dem «Mirakel» feierte, gab Henny Walden ihre Wohnung in der Katharinenstraße auf und zog in ein kleines Hotel in der Nähe des Alexanderplatzes. Darüber gibt ein Brief von Meta Andersen zu Beginn des Winters 1928 Aufschluß:

«Du ewige Nomadin, natürlich kann ich verstehen, warum Du nicht gar so traurig bist, aus der Katharinenstraße fortzuziehen. Das Hotel scheint für Deine Zwecke genau richtig; es kostet nicht zuviel und ist nah am Alexanderplatz. Übertriebene Häuslichkeit brauchst Du Dir doch jetzt nicht zu leisten. Dort kannst Du arbeiten, lesen und tun, was Dein Herz begehrt. Wie angenehm, daß in Deinem Stockwerk ein Badezimmer ist.»

Im Rückblick erscheint der Umzug bereits als der Beginn ihres Abschieds von Berlin. Statt sich mit einer Wohnung abzuplagen, glitt Henny Walden in einen neuen provisorischen Lebenszustand. Ob es sich bei der neuen Unterkunft um ein Hotel oder um eine billige Pension handelte, ist nicht festzustellen.

In dieser Zeit baute die «Wiener-Ungarische Zeitung» wegen des starken Zustroms von Ungarn die Berlin-Berichterstattung zu einer Lokalseite aus, für die Henny mit dem Kürzel «hw» Nachrichten, Premierenkritiken und kleine Glossen verfaßte.

Am 10. November 1928 starb Anita Berber. Henny Walden bedeutete der Tod der verehrten Tänzerin den Abschied vom alten Berlin, und erstmals formulierte sie in einer Aufzeichnung vom 14. November die Möglichkeit, Berlin zu verlassen.

«Ich fühle mich langsam aus der Mode gekommen. Bin nicht mehr schön und jung. Bin nur noch ‹und›. Ich glaube mir ja am allerwenigsten die Soubrette noch. Die Worte kommen weiterhin, aber die Gedanken drehen sich im Kreis. Wenn die Soubrette nicht mehr singt … ich wiederhole mich schon selber. Mit Anita Berber starb mir das Berlin meiner Jugend. Nicht, daß ich nicht mehr lachen kann, quält mich. Mehr noch quält mich, nicht noch einmal so traurig zu sein wie damals. Wo soll ich hin mit meiner Mittelmäßigkeit?»

Weihnachten feierte «Die lustige Witwe» mit Fritzi Massary am Metropol-Theater Premiere. Henny war im Publikum, sollte sie doch eine Kritik über die Inszenierung schreiben. Doch viel wichtiger als die Arbeit war ihr an jenem Abend eine private Begegnung, die sie – ganz die alte Henny – ihrem Tagebuch anvertraute.

«Friedrich Schwuchow war im Theater. Der kleine Schwuchow, über den Papa immer klagte, weil er ihm in der Schule Streiche spielte. Er erkannte mich gleich in der Pause und war ordentlich beeindruckt, daß ich über die Operette schreiben muß. Ein hübscher Mann und so lustig. Trug mein strenges Schwarzes. Da kann er zuhause nur Gutes erzählen. Er praktiziert als Arzt in N. Vertracktes Schicksal. Bin ich denn so krank? Ich bin die Frau, die immer einen Arzt gebrauchen kann. F. besucht hier Freunde. Er brachte mich mit einem Taxi nach Hause. «Ich lasse Sie doch jetzt nicht alleine fahren.» Wenn er wüßte, wie oft ich die Strecke schon zu Fuß gelaufen bin. Er will bald einmal wieder kommen.»

Über die Inszenierung der «Lustigen Witwe» finden sich nur einige kurze Notizen: *«Schleppkleid aus Silberspitze auf Rosa, Laméjacke – Massary: ‹Ja, das Studium der Weiber› – zündend!»* Die Massary nahm mit diesem Stück Abschied von der funkelnden Ära der Operette, deren Königin sie war. Friedrich Schwuchow meldete sich in den folgenden Monaten immer wieder, wenn er in Berlin war, um, wie Henny erfreut bemerkte, *«sich den Provinzstaub aus den Kleidern zu schütteln»*. Briefe von Schwuchow sind aus dieser Zeit nicht erhalten, obwohl Henny mehrfach notiert «Post von F.».

In Henny Waldens Nachlaß gibt es keine Pressekritiken über ihr Programm im «Mirakel», doch ihren Notizen zufolge wurde das Engagement verlängert. Das «Mirakel» war nunmehr ein eingeführter Nachtclub, nicht mehr nur das Eldorado für «sapphische Damen», sondern ein beliebter Treffpunkt für Schauspieler nach Theaterschluß. Hierhin verirrte sich im Jahre 1929 auch der Filmregisseur Josef von Sternberg.

«Josef von Sternberg. Ein Adliger! Was will der denn beim Film? Er lobte meine Stimme und – hurra! hurra! – ich soll zu Probeaufnahmen kommen. Er macht einen Tonfilm!» (Tagebuch, undatiert)

So richtig glaubte man Ende der 20er Jahre in Berlin noch nicht an den Tonfilm. Und daß dem Filmbeau Harry Liedtke in einer rasch eingefügten Szene des Films «Ich küsse Ihre Hand, Madame» die Stimme des gefeierten Tenors Richard Tauber aus dem Mund tönte, fand man höchstens komisch. Kritik und Kunst waren sich erst einmal einig: Der Tonfilm ist der Untergang der Filmkultur. Schließlich sind die ersten Filme wegen ihres knarrenden Tons eher abstoßend und desillusionierend. Luis Trenker, der damals die herrschende Meinung auf den Punkt brachte, prophezeite: «Das Publikum wird den Kinos fernbleiben, wenn der organisierte Lärm die Leinwandruhe zerstört. Aus dem Krachfilm kann leicht ein Filmkrach werden.» Aber wie viele andere behielt Luis Trenker nicht recht. Allen Unkenrufen zum Trotz war der Siegeszug des Tonfilms nicht aufzuhalten. Sogar Deutschlands anerkannt größter Schauspieler, Emil Jannings, aus den USA zurückgekehrt, wollte jetzt in einem deutschen Tonfilm spielen. Produzent Erich Pommer engagierte als Regisseur dafür Josef von Sternberg. Der Stoff war bald gefunden: Heinrich Manns Roman «Professor Unrat» aus dem Jahre 1905. Im Mittelpunkt aber stand keineswegs Heinrich Manns Kritik am wilhelminischen Philistertum, dafür die tragische Liebesgeschichte zwischen dem Professor und dem Tingeltangel-Mädchen Lola-Lola. Sternberg suchte sich in ganz Berlin eine Traumbesetzung zusammen, die den Star Emil Jannings entsprechend unterstützen sollte. Im Berliner Theater, wo gerade «Zwei Krawatten» von Georg Kaiser lief, fand er gleich zwei Schauspieler: Rosa Valetti und Hans Albers. Um die Rolle der Lola-Lola bewarben sich eine ganze Reihe Darstellerinnen, unter anderen Trude Hesterberg und Lucie Mannheim. Aber Sternberg hatte eine ganz bestimmte Vision für seine weibliche Hauptrolle im Kopf.

Sollte er dieses gewisse Etwas in Henny Walden vorerst gefunden haben, so wissen wir heute, daß er sich später doch anders entschied: Hennys ehemalige Mitschülerin am Max-Reinhardt-Seminar, Marlene Dietrich, stach alle Konkurrentinnen aus. Doch was Henny Walden bei dem Probetermin vorsang, ist unbekannt. Wie so häufig bei ihr, sind ihr Niederlagen keinen Eintrag wert. Die Probeaufnahmen wurden in den Ufa-Studios aufgenommen, doch Henny Walden ist in keinem Archiv registriert. Ob sie Heinrich Manns Roman je gelesen hatte oder sich gar der Tragweite dieser Einladung bewußt gewesen war, darf bezweifelt werden.

Ihrem Tagebuch ist ein knappes *«Engagiert!»* zu entnehmen. Darunter nur zwei Zeilen: *«Ob ich auch ein englisches Lied im Repertoire hätte? Als ich sage: Cream in my Coffee, winkte er ab. Das hatten wir schon. Ein merkwürdiger Mann.»*

Was Henny nicht wissen konnte: Auch Marlene Dietrich hatte, so ihre Tochter Maria Riva, «Cream in my Coffee» bei den Probeaufnahmen gesungen. Da Sternberg seine Lola bereits gefunden hatte, muß ihm der Vortrag desselben Songs wie Zeitverschwendung vorgekommen sein. Wahrscheinlich hatte der Regisseur Henny Walden von Anfang an gar nicht für die Rolle der Lola vorgesehen, sondern Perfektionist, der er war, sich auch um die sorgfältige Besetzung der Nebenrollen gekümmert. Und für den

Part einer unauffälligen Hupfdohle im Hintergrund war Henny allemal gut.

Daß sie sich so wenig um eine verpaßte Chance grämte, kann darin begründet sein, daß sie gar nicht wußte, welche Chance ihr entgangen war. Welchen Grund hätte von Sternberg auch gehabt, sie so prominent zu besetzen? Schon das Engagement der Dietrich, die doch ungleich populärer war als Henny Walden, mußte er erkämpfen.

Auch ereignete sich in ihrem Leben ein ungleich interessanteres privates Erlebnis als die Dreharbeiten zu «Der blaue Engel».

Im September 1929 notierte sie: *«Daß es das doch wieder gibt! Ich bin verliebt, verliebt, verliebt. Dreimal kam er ins M*(irakel), *nur um mich zu hören. Gestern dann hat er sich ein Herz gefaßt und mir rote Rosen auf die Bühne geschickt. Daß es schon wieder einmal der Falsche ist, daß er schon wieder einmal verheiratet ist, was kann ich gegen mein Herz tun? Albert, Albert. Ach, ich wollte nur noch Liebeslieder schreiben.»*

Fast drei Wochen schwebte Henny im Liebesglück: *«A. mit Blumen»*, *«Süße Depesche von A.»*, *«A. zum Frühstück»*. A war, wie sie ihrem Tagebuch anvertraut *«... so beschäftigt als Richter, wie man es sich nur denken kann. Die Zeit fließt so langsam, wenn er nicht da ist. Ich verabscheue es, aber was soll ich tun, wenn er mir Geld gibt; sonst müßte ich die Stunden, die ich vergeblich auf ihn warte, doch mit Arbeit füllen.»*

Einige der Stunden füllte sie mit den Dreharbeiten zu «Der blaue Engel». Doch bedauerlicherweise für den interessierten Biographen nahm der unbekannte Albert einen weitaus größeren Raum in ihren Aufzeichnungen ein. Ein einziger unvollendeter Brief an Gussy Holl gibt Auskunft über die Entstehung des «Blauen Engel».

Liebe Gussy,

ich hoffe sehr, Du verzeihst mir, und ich bitte Dich, auch Deinem Gatten meine Entschuldigung vorzutragen. Er mag mich ja gar nicht mehr anschauen. Ich weiß, daß es mir nicht zustand, zu sagen, was ich sagte und ich bedaure es von tiefstem Herzen. … Doch es war die Wahrheit: Du verstehst soviel mehr vom Singen als Marlene. Die, da kann Herr Jannings auch soviel brüllen wie er mag, auch ihm nicht gefällt. Außerdem hat Marlene es mir nicht übelgenommen. Sie zuckte nach dem Ausbruch von Herrn Jannings nur mit den Schultern und hat mich mit einem vernichtenden Blick gestraft. Es tur mir nur in der Seele weh, daß ich Dich in diese prekäre Situation gebracht habe. Wer bin ich schon? Eine kleine Nebendarstellerin, die sich, unsere persönliche Bekanntschaft ausnutzend, unzulässig in Belange der Großen eingemischt hat. Aber ich kann nicht verstehen, warum Du nur mehr Frau Jannings bist und …» (Hier bricht der Brief ab.)

Aufgrund des Briefes kann man sich die «prekäre Situation» lebhaft vorstellen, für die sich Henny Walden entschuldigen wollte: Marlene Dietrich hatte ein Lied geprobt, und in die dem Vortrag folgende Diskussion zwischen Sternberg, Jannings und dessen Ehefrau Gussy Holl mischte sich plötzlich Henny Walden und empfahl, letztere möge Marlene einmal vormachen, wie so etwas gesungen werde! Mehr noch, Henny redete sich um Kopf und Kragen, als sie ihrem Unverständnis Ausdruck verlieh, warum die Freundin nicht mehr singen durfte, seitdem sie Frau Jannings war. In der Tat, zu verstehen ist der drastische Rückzug der populären Diseuse Gussy Holl in die Ehe kaum. Eine Wendung, der zu verdanken ist, daß Gussy Holl heute weitgehend unbekannt ist. Kurt Tucholsky schrieb einmal: «Frankfurt hat zwei große Männer hervorgebracht: Goethe und Gussy Holl.» Genau diese

Qualität, die gedankliche Kraft und der genialische Zug, die die Holl mit ihrem Die-Frau-an-Jannings-Seite-Leben Lügen strafte, vermißte Henny Walden schmerzlich an der alten Bekannten.

Die vertrauliche Formulierung «Marlene», nicht «Frau Dietrich» oder «Marlene Dietrich», läßt darauf schließen, daß sich die drei Frauen ziemlich gut kannten. Die Lässigkeit der Dietrich mit dem untrüglichen Gespür für ihre Wirkung kann man sich leicht ausmalen. Die coole Blonde konnte sich die Attitüde damals auch schon leisten: Jannings mochte zwar die Hauptrolle spielen, sie aber hatte die Titelrolle.

Dieser Vorfall führte Henny Walden überdeutlich vor Augen, welcher Platz ihr zustand: in der Hierarchie dieser Filmproduktion war sie ein Wurm, ein Nichts. Sie hielt es sogar für nötig, sich bei Gussy Holl dafür zu entschuldigen, daß sie sie kannte. Welche Demütigung müssen fortan die Dreharbeiten für sie gewesen sein. Jedes System ist stärker als der einzelne, im streng pyramidal organisierten Filmteam allemal. Grenz- und Kompetenzüberschreitungen werden erbarmungslos geahndet: «Was will die denn?» oder «Weil sie selber in irgendwelchen Spelunken singt, glaubt die, hier den Max markieren zu müssen!» – so oder ähnlich werden die Reaktionen auf Henny Waldens unüberlegte Worte gewesen sein.

Verstrickt in eine unmögliche Liebschaft mit einem verheirateten Mann, war ihr die bittere Ironie gewiß nicht entgangen, ausgerechnet an einem Film zu arbeiten, der eine ähnliche Tragik zum Thema hatte. Während sie nach der Arbeit nach Hause eilte, um sich heimlich mit ihrem Geliebten zu treffen, begleitete sie nicht nur die Erkenntnis, immer noch in der zweiten Reihe zu spielen, sondern auch die Szenen, die an diesem Tag gedreht wurden. «Der blaue Engel» führte ihr plastisch vor, daß ihrer Liebe zu Albert keine Hoffnung beschieden war. War sie nicht selbst eine Lola und er die feinere Variante eines Professors Unrat, jedoch im Unterschied zum Titelhelden Lichtjahre davon entfernt, seine Hingabe an die Soubrette seiner gutbürgerlichen Existenz zu opfern? Gerade die fehlende Auseinandersetzung mit «Der blaue Engel» spiegelt Hennys Rückzug ins Private wider.

A., der verheiratete Richter, dessen Identität die stets loyale Henny, wie zuvor die des Liebhabers O., schützte, überschüttete Henny nicht nur mit Blumen, Geschenken und Geld, sondern wollte sie, wie sein einziger erhaltener Brief zum Ausdruck bringt, gern als Dauergeliebte installieren.

Mein Einziges,

wie könnte ich je von Dir lassen, wo ich so lange brauchte, Dich zu finden. Du weißt, wie wir Berliner sagen? Du hast mir gerade noch gefehlt. Nun fehlt unserer Liebe noch ein eigenes Heim, das nur Dir und mir gehört. Habe noch ein wenig Geduld, dann wird alles gut. Wäre nicht eine eigene Wohnung günstig? Ich habe eine Occasion am Lehniner Platz. Unser Liebesnest! Ich zähle die Stunden bis morgen abend.

Auf ewig, A.

Géza von Cziffa beschrieb in seinen Erinnerungen eine Wohnanlage am Lehniner Platz zynisch als «Junggesellen-Silo, im Volksmund ‹Stoßburg› genannt». Diese anonymen kleinen Garçonnieren waren auch als Unterkunft für die Geliebten beliebt. Henny Walden verarbeitete das Ansinnen ihres Liebhabers, der ihr mit diesem Vorschlag klarmachte, daß eine legale Verbindung nicht in Frage kam, in einem Gedicht. Der Text ist programmatisch mit «Nie wieder» überschrieben. Darin warf sie ihm, mehr verletzt als wütend, den Satz «Du hast mir gerade noch gefehlt» wie einen Fehdehandschuh vor die Füße.

Nie wieder

Auf Deinem perfekten Leben
Bin ich nur der Zuckerguß.
Soviel Liebe kann ich geben.
Doch sie stirbt mit jedem Kuß.

Einmal nur die Einzg'e sein
Nicht die Nebenfrau mit Tränen.
Die kein Recht, Dir nah zu sein.
Die nur eines darf: Sich sehnen.

Eine Wohnung willst Du kaufen –
Die sei unser Liebesnest.
Vom Büro nicht weit zu laufen
Manchmal wünsch ich Dir die Pest.

Du bist's nicht, der mir gefehlt.
Du bist, der die Träume tötet.
Du hast mich genug gequält,
Hast Dein Lied längst ausgeflötet.

Anfang Oktober 1929 trennte sich Henny Walden von A. Jedenfalls erwähnte sie ihn nicht mehr. Tief verletzt und am Ende ihrer Kräfte schrieb sie in der wohl längsten Tagebucheintragung zu dieser Affäre.

«Manchesmal hatte ich gefürchtet, ach, sogar geahnt, daß ich als große Einsame noch meinen 60. Geburtstag allein in diesem Zimmer verbringen würde. Ich bin so müde, so herzzerreißend müde manches Mal. Verwundet und geschlagen. Die Liebe hat mir nur wehgetan, immer und immer wieder. Ich will nun gar keinen mehr lieben. Und singen mag ich auch nicht mehr. Nur auf der Bühne konnte ich doch mein Leiden vergessen, wie war das schön. Ich lachte und weinte und sang und das war herrlich. So glaubte ich doch wieder an diesen Abenden, daß das alles

einen Sinn gehabt hätte. Das Schreiben in der Kälte, das Probieren und Antichambrieren. Immer wieder das unvermutete Glück, wenn ein Reim, eine Melodie gelang, wenn Menschen lachten oder einer, auch nur ein einziger, mitsummte. Aber es war nie genug und meine Seele, mein Gehirn, selbst mein Herz, läßt mich doch zuletzt im Stich. Nun kann ich mich selbst beim Singen nicht mehr vergessen. Ich fühle mich, mein klägliches, kleines Ich, bei jedem Atemzug. Dabei weiß ich doch, daß tief in mir, etwas Wunderbares wartet, das ans Tageslichte drängt. Doch ich kann es nicht finden. Ich habe keine Worte mehr, die ich der Welt sagen kann. Alles abgegriffen, selbst das Alphabet meiner Gefühle. Ich möchte ausruhen. Jetzt verstehe ich Tucholsky, der mir vor so langer Zeit von Stille sprach. Solche Stille sehne ich nun selbst herbei. Ich spüre es doch bei jedem Auto, das in der Dunkelheit an mir vorbeibraust, bei jedem Hupen eines Omnibusses, beim Ruf der Zeitungsjungen, beim Lachen der Männer in den Bierlokalen, daß Berlin mich nicht zu lieben vermag.»

Die nächsten Wochen ihres Lebens liegen im Dunkel, sie schien nicht mehr aufzutreten, nicht mehr zu schreiben. Auf einer der letzten Tagebuchseiten faßte sie melancholisch ihre Karriere zusammen: *«Der Lack ist ab, wo ist er geblieben? Ich bleibe unbeschrieben.»*

Nicht nur Henny Waldens persönliche Biographie wies eine negative Bilanz auf. Die Zeichen standen allgemein auf Sturm: der Tonfilm machte zahllose Stummfilmmusiker arbeitslos. War diese Gattung oft nur eine von mehreren Attraktionen in einem Varieté-Programm gewesen. 1926 gaben die Ufa-Theater 4,6 Millionen Mark nur für Stummfilmmusik aus und damit 15,8 Prozent des Gesamtetats. Mit der neuen Technik wurden die teuren Orchester und die Musiker überflüssig. Ein dunkler Vorbote für den 25. Oktober 1929, den «schwarzen Freitag» an der New

Yorker Börse, dessen Schockwellen die deutsche Wirtschaft erschütterte und zweieinhalb Millionen Arbeitslose zur Folge hatte. Der kometenhafte Aufstieg der Nationalsozialisten, die bei der Wahl 1930 107 Sitze bekamen, war ein weiterer tiefschwarzer Fleck in der Ergebnis-Rechnung der vielgerühmten goldenen zwanziger Jahre. Sie waren unwiderruflich zu Ende.

Auch für Henny Walden, die mehr aus persönlicher Zwangslage denn aus politischer Weitsicht beschloß, Berlin noch vor Jahreswechsel zu verlassen. Obwohl in mehreren Notizen der Hinweis nicht fehlt, daß sie sich in den vergangenen Monaten öfter mit dem Gedanken beschäftigt hatte, überrascht der jähe Abbruch ihres Berliner Lebens dennoch. Wir erinnern uns, daß sie sich seit 1928 immer wieder ein Kind wünschte. Aber ihr Entschluß, Friedrich Schwuchow, den alten Bekannten aus Neuruppin, zu heiraten, kam plötzlich. Freilich wissen wir nicht, wie lange und intensiv diese Beziehung war, da Henny Walden bis auf ein Schreiben keinen Brief von Schwuchow aufbewahrt hat. Auch fehlt in ihren Aufzeichnungen die Auseinandersetzung mit dieser Lebenswendung. Liebte sie Friedrich Schwuchow? Kein Gedicht, kein vollendeter Brief, keine schwärmerischen Zeilen, die auf eine Überführung der freundschaftlichen Bindung in eine Liebesbeziehung hinweisen, sind erhalten. Hatte Henny diese Aufzeichnungen mit in ihr neues Leben genommen, oder war die Liebe zu Schwuchow so vollkommen verschieden von den Beziehungen davor, so daß sie verstummte und die Worte der Sehnsucht und Leidenschaft überflüssig geworden waren? Oder war die Ehe mit Schwuchow eine Entscheidung der Vernunft, die ihr jetzt, wo sie glaubte, ihr *«Alphabet der Gefühle»* sei verbraucht, die erhoffte «Stille» bescherte?

Wann oder wie Friedrich Schwuchow ihr einen Heiratsantrag machte, bleibt ungeklärt. Wie so oft schwieg sich

Henny Walden über ihre intimsten Gefühle aus. Doch sie fällte den Entschluß, ihre Berliner Jahre zwischen Atemlosigkeit, Hoffnung, Glück und Bitterkeit nicht mit nach Neuruppin zu nehmen. Vielleicht wollte sie den neuen Lebensabschnitt ohne wehmütige Erinnerungen beginnen. Vielleicht war ihr, der Rastlosen, die Entscheidung einfach nur unheimlich. Der Lederkoffer, den sie mit den Zeugnissen ihrer Berliner Zeit füllte, mochte ihr wie eine Rückversicherung erschienen sein, denn sie spürte, daß sie mit ihrem Herzen niemals ganz aus Berlin fortgehen würde.

Kleine Verse für Berlin

(mein letzter Winter in Berlin, 1929)

Warst nur manchmal mein Zuhaus
Große Stadt, so menschenschwer.
Lichterfunkeln, Hinterhaus –
Straßenfluchten, kreuz und quer.

Berlin, Du hast so viele Seiten.
Einmal möcht ich dort noch gehen
Waten durch der Stadt Gezeiten
und die Linden wiedersehen.

Da am Brandenburger Tor
Wo ich einst geweint, gelacht
Wo ich oft mein Herz verlor
und es wieder heilgemacht.

Übrig bleibt von mir nur Zeit
die verrinnt, vorüber ist.
Wo einst meine Schritte weit
liefen, steht nun dies Gedicht.

Gerade auf den letzten Seiten ihrer erhaltenen Tagebuchseiten kehrt sie zurück zu ihrem alten dokumentarischen Stil. Es ist, als wollte sie jeden Tag, jede Stunde, die ihr in Berlin verblieben, intensiv erleben. Leicht, so spürt man, fiel ihr der Abschied nicht. Die Trauer und das Wissen, einen Lebensabschnitt bewußt und unwiederbringlich hinter sich zu lassen, bestimmen Ton und Inhalt ihrer Niederschriften. Henny Walden sagte Berlin Adieu.

«Zimmer gekündigt. Bei Aschinger die letzte Rechnung bezahlt. –

Im Mirakel das Kleid abgeholt, ein letzter Wein mit Babette und den Mädchen von der Kapelle. Sie alle wünschen mir Glück. Werde ich in N. glücklich sein? Die Mädchen sagen Ja, sie streicheln mir über die Haare, dann reden sie über die Neue, die nächste Woche auftreten wird und während ich noch unter ihnen bin, bin ich doch schon, nein, nicht vergessen, Henny, nie vergessen – aber doch nur noch eine Erinnerung, die sich bald auflösen wird im Scheinwerferlicht und im Trubel der nächsten und der nächsten Nacht.» (15. Dezember)

Wenig später:

«Noch einmal mit Géza bei Schlichter. Er wünscht mir Glück und zum Ende schenkt er mir ein Kompliment: ‹In deinem Herzen bleibst du ein Filmmensch, Henny. Du weißt doch, wir sind Realisten. Du tust das Richtige.› Ich muß ihm gleichwohl versprechen, nicht aufzuhören zu schreiben. Auch in N. kann ich schreiben. Natürlich werde ich nicht mehr auftreten, aber für einen Illustriertenroman und ein paar Kinderbücher habe ich schon Geschichten im Kopf. Vielleicht auch einmal wieder Gedichte?» (Tagebuch, Dezember 1929)

In der alten, neuen Heimat rüstete man sich inzwischen für Hennys Rückkehr. Ihre Mutter, in deren Haus Hedi, die mittlere und mittlerweile verwitwete Tochter mit ihren zwei Kindern eingezogen war, schrieb kurz vor Weihnachten: «*Wie freue ich mich auf die Festtage. Das ganze Haus ist Aufregung und vor allem die Kleinen können sich vor Fragen nach der ihnen noch unbekannten Tante Jette nicht lassen. Denke Dir, Dein Friedrich besuchte uns gestern und berichtete, daß die Wohnräume im oberen Geschosse weidlich fertiggestellt sind. Du wirst nach Jahreswechsel ohne Umstände Dein neues Heim in Besitz nehmen.*»

Während in Neuruppin die Festvorbereitungen liefen und Friedrich Schwuchow die Handwerker letzte Hand an die gemeinsame Wohnung anlegen ließ, ging Henny Walden zum letzten Mal die vertrauten Wege ihres Berlins.

Ende Dezember 1929 packte Henriette Wuttke, zukünftige Schwuchow, ihre Schriften und Erinnerungsstücke, die sie all die Jahre durch die verschiedenen Wohnungen, Absteigen und Hotelzimmer begleitet hatten, in einen Koffer. War es der Koffer, mit dem sie vor zehn Jahren in Berlin angekommen war? Sie brachte ihn an den Ort, der ihr in Berlin ihr Zuhause gewesen war: Ins «Aschinger» zu Max Krummbiegel.

Freundin Meta sagte brieflich ihr Kommen zur Hochzeit zu, Schwester Wilhelmine beschrieb die Fortschritte bei der Aufbesserung ihres eigenen Brautkleides für die geliebte Heimkehrerin und Friedrich Schwuchow schickte ihr ein kleines Billett, das durchblicken ließ, daß Hennys Jawort vielleicht doch nicht nur Torschlußpanik gewesen war.

«*Meine Liebste, heute ist Dein Piano angekommen! Es steht in der guten Stube und freut sich auf Deine lieben Hände. Du mußt mir nun versprechen, recht viel zu spielen und mir vorzusingen. Mag Mutter auch nur den Kopf schütteln, Du wirst Dein eigenes Zimmer bekommen, mit einem Schreibtisch, auf dem Deine Schreibmaschine Platz findet. Denn ich möchte Dich, ganz und gar, wie Du bist. Werde mir bloß keine anständige Neuruppinerin, sondern bleibe immer meine schöne, kluge, dickköpfige Henny. Mein Liebling, ich bin so glücklich. In Liebe, Dein Fritz*

Während Berlin in die finsterste Epoche seiner Geschichte eintauchte, nahm Henny Walden den Lebensfaden, den die Jahre in Berlin unterbrochen hatten, wieder auf: Sie kehrte im Januar 1930 als Braut in ihre Geburtsstadt Neuruppin zurück. Nicht ganz desillusioniert, innerlich hatte sie ihr Herz *heilgemacht* und in jedem Fall mit der tröstlichen Aussicht, zumindest weiter schreiben zu können.

Der letzte Eintrag auf ihren losen Tagebuchseiten lautet: *Ich gehe, wie ich gekommen bin. Ohne Ruhm und Reichtum. Doch mit dem Schatz meiner Erinnerungen.*

Für Henny Walden schloß sich der Kreis.

Über ihr weiteres Leben ist nichts bekannt. Verbrieft ist nur, daß Henriette Wuttke am 3. Februar 1930 in Neuruppin den Arzt Friedrich Schwuchow ehelichte. Das Standesamt von Neuruppin verzeichnet noch die Geburt von Maria Magdalena Schwuchow im Januar 1931. Doch während des Zweiten Weltkriegs verlor sich Hennys Spur und die ihrer Familie.

Literaturhinweise

Behr, Hermann: Die Goldenen Zwanziger Jahre. Das fesselnde Panorama einer entfesselten Zeit. Hammerich & Lesser Verlag, Hamburg 1964.

Benn, Gottfried: Sämtliche Werke. Stuttgarter Ausgabe. In 7 Bdn. Klett-Cotta, Stuttgart 1989.

Berliner Illustrirte Zeitung. Zeitbild, Chronik, Moritat für Jedermann. 1892–1945. Zusammengestellt und herausgegeben von Christian Ferber. Ullstein Verlag Berlin.

Brentano, Bernard von: Wo in Europa ist Berlin? Bilder aus den zwanziger Jahren. Insel Verlag, Frankfurt/Main 1981.

Cziffra, Géza von: Es war eine rauschende Ballnacht. Eine Sittengeschichte des deutschen Films. Herbig Verlagsbuchhandlung, München und Berlin 1985.

Cziffra, Géza von: Kauf dir einen bunten Luftballon. Erinnerungen an Götter und Halbgötter. Herbig Verlagsbuchhandlung, München und Berlin 1975.

Dagover, Lil: Ich war die Dame. Franz Schneekluth Verlag, München 1979.

Koch, Thilo: Die goldenen Zwanziger Jahre. Akademische Verlagsgesellschaft Athenaion, 1970.

Könneker, Marie-Luise: Mädchenjahre. Ihre Geschichte in Bildern und Texten. Sammlung Luchterhand, Darmstadt und Neuwied 1980.

Pacher, Maurus: Sehn Sie, das war Berlin. Weltstadt nach Noten. Verlag Ullstein, Frankfurt/Main und Berlin 1987.

Riva, Maria: Meine Mutter Marlene Dietrich. Bertelsmann Verlag, München 1992.

Sanders-Brahms, Helma: Gottfried Benn und Else Lasker-Schüler. Giselheer und Prinz Jussuf. Rowohlt. Berlin, Berlin 1998.

Schulze, Hagen: Kleine deutsche Geschichte. Deutscher Taschenbuch Verlag, München 1999 (1. Auflage 1996).

Schulze, Hagen: Weimar. Deutschland 1917–1933. Aus: Die Deutschen und ihre Nation. Neuere Deutsche Geschichte in sechs Bänden. Siedler Verlag, Berlin 1982.

Spoto, Donald: Marlene Dietrich. Deutsch von Ulrike v. Sobbe. Wilhelm Heyne Verlag, München 1992.

Stern, Carola: Die Sache, die man Liebe nennt. Das Leben der Fritzi Massary. Rowohlt. Berlin, Berlin 1998.

Tucholsky, Kurt: 1890–1935 Ein Lebensbild. Herausgegeben von Richard von Soldenhoff. Quadriga Verlag, Weinheim und Berlin 1987.

Lebensgeschichten

In loser Folge erscheint eine Reihe ganz besonderer Biographien bei rororo: Lebensgeschichten aus dem Alltag, in denen sich das Zeitgeschehen auf eindrucksvolle Weise widerspiegelt.

Friedrich Dönhoff / Jasper Barenberg
Ich war bestimmt kein Held *Die Lebensgeschichte von Tönnies Hellmann, Hafenarbeiter in Hamburg Mit einer Einleitung von Marion Gräfin Dönhoff*
(rororo 22245)
Seit Jahren korrespondieren Gräfin Dönhoff und Tönnies Hellmann miteinander. Denn so kraß der Klassenunterschied zwischen ihnen, so verbindend ist die Erfahrung des Widerstands gegen den Nationalsozialismus.

Anne Dorn
Geschichten aus tausendundzwei Jahren *Erinnerungen*
(rororo 13963)

Maria Frisé
Eine schlesische Kindheit
(rororo 22294)
In einem liebevollen Bericht erzählt Maria Frisé das Leben auf einem Gutshof in Schlesien in der Zeit zwischen den beiden Weltkriegen.

Melissa Green
Glasherz *Eine Kindheit*
(rororo 22362)

Hermine Heusler-Edenhuizen
Du mußt es wagen! *Lebenserinnerungen der ersten deutschen Frauenärztin*
(rororo 22409)

rororo Biographien

Eva Jantzen / Merith Niehuss (Hg.)
Das Klassenbuch *Geschichte einer Frauengeneration*
(rororo 13967)

Halina Nelken
Freiheit will ich noch erleben
Krakauer Tagebuch Mit einem Vorwort von Gideon Hausner
(rororo 22343)
Beim Überfall der Deutschen auf Polen war Halina Nelken ein Mädchen von fünfzehn Jahren – ein Mädchen, das Tagebuch führte. Und ähnlich wie das Tagebuch der Anne Frank haben Halina Nelkens Aufzeichnungen die Vernichtungswut der Nazis überdauert.

Tracy Thompson
Die Bestie *Überwindung einer Depression*
(rororo 22396)

Weitere Informationen in der **Rowohlt Revue**, kostenlos in Ihrer Buchhandlung, und im **Internet: www.rororo.de**

3655/2